# 落实核心素养 关注差异发展

李玲 ◎ 主编

上海社会科学院出版社
SHANGHAI ACADEMY OF SOCIAL SCIENCES PRESS

图书在版编目(CIP)数据

落实核心素养　关注差异发展/李玲主编. -- 上海：上海社会科学院出版社，2020
ISBN 978 - 7 - 5520 - 2971 - 0

Ⅰ.①落… Ⅱ.①李… Ⅲ.①中学化学课-教学研究-高中 Ⅳ.①G633.82

中国版本图书馆 CIP 数据核字(2019)第 271994 号

## 落实核心素养　关注差异发展

主　　编/李　玲
责任编辑/何红燕
封面设计/郁心蓝
出版发行/上海社会科学院出版社
　　　　　上海顺昌路 622 号　邮编 200025
　　　　　电话总机 021-63315947　销售热线 021-53063735
　　　　　http://www.sassp.cn　E-mail：sassp@sassp.cn
照　　排/北京林海泓业文化有限公司
印　　刷/上海龙腾印务有限公司
开　　本/787 毫米×1092 毫米　1/16
印　　张/15
字　　数/340 千字
版　　次/2019 年 12 月第 1 版　2019 年 12 月第 1 次印刷

ISBN 978 - 7 - 5520 - 2971 - 0/G・887　　　　　定价：69.80 元

# 编 委 会

**主　编** 李　玲

**副主编** 李红梅

**编　委**（以姓氏笔画为序）

　　　　边飞燕　纪淑文　陈　贤

　　　　李红梅　李　玲

# 前 言

"教育者，非为已往，非为现在，而专为将来。"
——蔡元培

　　教育是面向未来的崇高事业，学校是培养国民核心素养的重要场所，教师是发展学生核心素养的关键引领者，落实与发展核心素养是教育改革的灵魂与使命。学生发展核心素养就是指学生应具备的、能够适应终身发展和社会发展需要的必备品格和关键能力，因此落实学生核心素养是贯彻立德树人根本任务的一项重要举措。化学学科核心素养是学生发展核心素养的重要组成部分，包括以下五个方面：宏观辨识与微观探析、变化观念与平衡思想、证据推理与模型认知、实验探究与创新意识、科学精神与社会责任等。化学教师不仅要明确课堂上"教什么"，更要明确"为什么教"；不仅要明确今天的学生"会什么"，更要明确我们的学生今后"能会什么"。为今后的发展应具备怎样的必备品格和关键能力，这些必备的品格和关键能力怎样通过化学教学去落实？在三十多年的化学教学中，我也逐渐懂得了眼中有"人"，比眼中有"分"更重要，我的每一节课都在思考，若干年后除了被学生忘却的化学知识与概念，还能给学生留下什么，我的课还能为他们的将来发展提供什么帮助？我逐渐知道了，一门学科对学生发展的价值，除了学科领域的知识以外，从更深的层次看，还应该给学生认识世界提供独特的视角、思维的方法和特有的逻辑。我力争在每一节课上不失时机地渗透化学学科思想与方法，因为它们有着超越课堂的持久价值和迁移价值。我的这种认识与思考得到了我工作室成员以及更多的化学教师的高度认可，通过化学学科素养的培养来实现学生发展核心素养的提升，已成为化学教师的普遍共识，也是我们工作室成员教学研活动的共同点。

　　学校的教育使命是保障和促进每一个学生的学习与发展，力求学生的多元智能的提升。我们也清楚地认识到我们的教育对象是一群性格迥异、个性鲜明的学生。要体现"以人为本"的教育理念，就要尊重学生的差异性，并为学生的差异性发展助力。通过我们的教育教学使学生的核心素养得以提升的同时，学生的个性也能在不同层面得以张扬和健康发展。当今的化学教育已经从知识为主转变为素养为主，既要面向全体学生又要最大限度地促进学生个性发展，从而培养多种类型的优秀人才。教师对此观念已达成共识。在操作层面上如何得到更好的效果，是需要在实践中提高水平、同伴交流互助中得以升华的。

　　本书是一本记载了工作室成员教育理念的提升和教育实践技能发展轨迹的汇编书，汇集了宝山区教育系统第四届名师工作室——"李玲名师工作室"的全体成员在"基于培养学生核心素养、关注学生差异化发展"的理念引领下,在提高理论素养、更新教学理念、提升化学学科底蕴、研究化学课堂改进为具体研修内容的实践中的认识和操作。

第一部分是教师关于发展学生核心素养促进学生差异化发展的一些学习体会和认识。如果说提升学生的学科素养使学生获得终身发展的必备能力是我们教学的终极目标,那么差异化教学则是实现这一终极目标的强有力的行动与手段之一。差异化教学必将带来学生的差异化发展,从而造就多方面的优秀人才。叶澜教授曾在《叶澜自选文集》中说:"承认每一个学生都具有自己的独特性,承认他们每个人都是唯一的,相互之间存在差异,这是学生观中'差异性'的主要含义。有了这样的观念,就能注意克服教育中追求完全趋同、整齐划一的弊病。因为每个人不可能都站在同一起跑线上,不可能用同样的速度,沿着同一的途径,达到相同的终点。"华国栋教授在《差异教学策略》一书中指出:"差异教学是指'在班集体教学中,立足学生的个性差异,满足不同学生的学习需要,促进每个学生最大限度发展的教学'。差异教学就是要求在关注学生共性的同时也要照顾学生的个性差异,在教学中将共性与个性辩证地统一起来,使教学与每个学生的学习和发展最大限度地匹配。"

身为教师我们充分认识到教育教学中要照顾学生的个体差异,努力使教学适应每个学生的需要。让每个学生找到适合自己的"生长点",从而达到最大限度的发展。在上海新高考改革实行"3+3"模式的大背景下,对于选修化学与非选修化学的班级、同类同质班级中的学生也会存在学习动机、学科基础、学习品质等诸多方面的差异。如何在课堂中实现个体的差异化发展,通过运用"同质分组"和"异质合作"等诸多策略,让不同水平的学生都能获得核心素养的发展,为打造以化学知识为载体落实核心素养的高中化学课堂,我们一直在努力。

第二部分是基于以上理念下的具体课堂教学设计。课堂是落实学科核心素养的场所,课堂教学是教育活动和教育改革的主要阵地和基本途径。学生的学科核心素养的培养如何进入课堂,让学科能力和素养培养真正"落地",并惠及千差万别的学生?这不仅仅取决于教师的学科能力素养水平,以及对于由知识教学为本向能力素养教学为本转变的认识与能力,需要的是在日常教学设计与行为中的落实,更需要对落实能力素养的课堂教学不断加以切磋和改进。

第三部分是课外拓展教学中研究性学习的典型案例。课外活动是课堂学习的延伸,为学生的个性发展搭建了舞台,为研究性学习提供了广阔空间。由于课堂教学受时间、内容和教学进度的限制,还不能完全满足学生对化学世界探究的渴求。课外活动作为课堂教学的补充和延续而显示出勃勃生机。在化学社团和化学兴趣小组中,同学们可以完全根据自己的爱好和关注的问题制订研究计划和五花八门的实验方案,教师经认真研究筛选后向学生提出建议、提供活动场所和实验条件,以合作者的姿态参与到学生的研究性学习之中。工作室的教师们把研究性学习也作为一个落实化学学科素养、张扬学生个性的优良载体。"研究性学习"形式上是"研究",实质上仍是学习,是一种在学生产生疑问进而通过自觉、主动、竭尽全力地去观察、思考和探究来解决问题的综合性学习。课外活动和研究性学习在落实发展学生核心素养方面有着超越课堂的独特魅力与价值。

感谢关注和支持本书出版的领导和专家们。限于作者的知识面有限,不足之处恳请专家、同仁批评指正。

谨以此书纪念我们的成长,激励我们不断进取。

李玲

2019年6月于吴淞中学

# 目 录

## 第一部分 教育教学论文

差异性教学在高中化学教学中的实践探究 　　　　　　　　　　　　　陈　贤(003)

基于核心素养"科学态度与社会责任"培养的课例研究
　　——二氧化硫的用途和酸雨 　　　　　　　　　　　　　　　　　郭姿英(009)

关于在高三一轮复习中进行差异化课后作业设计的一些尝试 　　　　　侯佳筠(015)

借助数据分析,在高中化学课堂中实行差异教学 　　　　　　　　　　纪淑文(020)

探索落实核心素养有效途径的实践研究
　　——设置认知冲突,激发课堂问题生成,促进学生自主探究 　　　　李红梅(025)

从新老教师同课异构谈对学生化学核心素养的培养 　　　　　　李　玲　乔心悦(034)

"单元作业设计"是落实并发展学生核心素养目标的有效路径
　　——"开发海水中的卤素资源"作业、试卷案例编制意图及体会 　　李　玲(041)

化学核心素养引领下的单元作业、试卷设计
　　——以"烃的衍生物"为例 　　　　　　　　　　　　　　　　　李　蔚(053)

开展差异化教学　提升核心素养
　　——以"海水中的氯"教学为例 　　　　　　　　　　　　　　　乔心悦(059)

认知负荷理论在化学用语教学中的应用实践 　　　　　　　　　　　　孙莉莎(063)

提高化学课堂教学效率　落实学科核心素养 　　　　　　　　　　　　吴　芳(067)

高中化学"知识结构化"的实践研究 　　　　　　　　　　　　　　　吴振峰(071)

新高考改革下,高中化学异质教学班开展差异化教学的策略研究 　　　许　健(080)

问题教育在高中化学"差异化教学"中的应用 　　　　　　　　　　　许意达(095)

基于化学核心素养培养的课堂问题系统构建策略研究 　　　　　　　　朱忠伟(100)

## 第二部分 课堂教学设计

共价键(第一课时　共价键的形成和共价分子) 　　　　　　　　　　陈　君(107)

以情境教学为抓手,实施高中化学核心素养教育
　　——以"电化学的起源"为例 　　　　　　　　　　　　　　　　李　蔚(112)

"共价键"教学设计 　　　　　　　　　　　　　　　　　　　　　　吴振峰(121)

基于核心素养提升的高中化学课堂实践
　　——电解质的电离　　　　　　　　　　　　　　　　　　　　　　朱忠伟(127)
"影响化学反应速率的因素"教学设计　　　　　　　　　　　　　　边飞燕(133)
盐溶液的酸碱性　　　　　　　　　　　　　　　　　　　　　　　　吴　芳(138)
探究气体体积的规律　　　　　　　　　　　　　　　　　　　　　　许　健(142)
从黑火药到酸雨(除夕爆竹话硫黄)　　　　　　　　　　　　　　　陈　贤(148)
关于"水"的那些事　　　　　　　　　　　　　　　　　　　　　　侯佳筠(153)
"二氧化硫"教学设计　　　　　　　　　　　　　　　　　　　　　李红梅(157)
氯气　　　　　　　　　　　　　　　　　　　　　　　　　　　　　乔心悦(165)
培养核心素养的教学课例
　　——工业合成氨　　　　　　　　　　　　　　　　　　　　　　孙莉莎(171)
铝的重要化合物(学生实验)　　　　　　　　　　　　　　　　　　魏婷婷(176)
基于核心素养视角的教育设计
　　——以"醛"为例　　　　　　　　　　　　　　　　　　　　　李　蔚(182)
乙炔(第二课时)　　　　　　　　　　　　　　　　　　　　　　　许意达(189)
海带提碘　　　　　　　　　　　　　　　　　　　　　　　　　　　边飞燕(192)
海洋中化学资源的提取　　　　　　　　　　　　　　　　　　　　　纪淑文(197)
配制一定物质的量浓度的溶液　　　　　　　　　　　　　　　　　　许　健(202)
PASCO化学传感器在"1mol气体的体积"教学中的应用实践(第一课时)　朱海英(208)

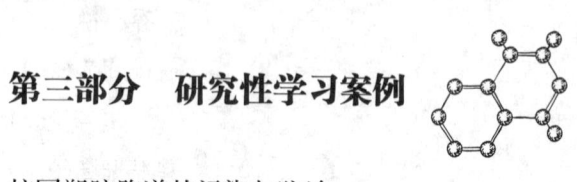

# 第三部分　研究性学习案例

校园塑胶跑道的污染与防治　　　　　　　　　　　　　　　　　　　焉　砚(217)
"变废为宝——制作再生纸"活动设计　　　　　　　　　　　　　　焉　砚(224)

# 第一部分
# 教育教学论文

# 差异性教学在高中化学教学中的实践探究

上海市行知实验中学　陈　贤

**摘要**

差异教学既立足于学生的差异，又与新课标下的核心素养息息相通，紧密结合。差异教学创造各种机会和教学手段，让每个学生的学习态度、潜能、综合素质都在原有的基础上得到充分发展。

**关键词**

差异性　高中化学

在教育教学过程中，虽然学生的身心发展在一定年龄阶段上具有一定的稳定性和普遍性，但由于每个人的素质、环境和所受教育的影响不同，以及主观努力等各方面的差异，处在同一年龄阶段中的不同学生的身心发展水平又表现出其特殊性和差异性。课堂教学中，我们需要具体问题具体分析，尊重学生的个体差异，抓住主要矛盾，才能有的放矢，帮助学生收获最佳的学习效果。因此，开展差异性教学首要环节是角色的更新与转变，教师的重要工作是组织课堂内的有效活动与探索学习。

## 一、走进差异教学

世上没有完全相同的两片树叶，"一刀切"的教学无法满足学生的不同学习需要。布卢姆等人在1956年把认知领域的教育目标公布出来，该领域的教育目标包含由从低级到高级，由简单到复杂的六个水平：记忆、理解、应用、分析、评价、创造。六个层次的思维水平是教师进行差异教学的基础，给学生不同难度的挑战，这六个层次更是进行差异评估的基础。布卢姆等人把认知领域教学目标的六个层级阐释为能从长时记忆中找到和识别接收到的信息；得到信息后，能用自己的话表达其中的意义；能在给定的情景中执行或使用信息；将信息分解，确定各部分间、各部分与总体间的关系；能以得到的信息为准则作出判断；能基于得到的信息，重新组织成新的模型或结构。

面向全体学生，特别是高中学生，其个体差异已日趋明显和分化，这些差异来源于学生的成长环境、习性、爱好、能力和认知等多方面，教师要针对学生的个体差异，即不同的基础水平、兴趣，开展差异教学，此教学方式已逐渐成为未来教学的新趋向。21世纪初美国学者汤姆林森在其

《多元能力课堂中的差异教学》一书中指出"差异教学的核心思想是,将学生的个别差异视为教学的组成要素,教学从学生不同的准备水平、兴趣和风格出发来设计差异化的教学内容、过程与结果,最终促进所有学生在原有的水平得到应有的发展。"

"差异教学"不仅承认差异,更重视利用和照顾差异。教师如何利用学生资源,照顾学生差异,促进学生发展,是差异教学能否成功的关键。

"差异教学"是建立在教育测查和诊断基础上的教学,教师的测查和临床诊断是指"应用心理学、教育学等理论和方法技术对测查和诊断学生个体内和个体间的差异和教学上的不同需求,找到学生的优势和不足,为他们制订的教育计划,促进其发展"。

"差异教学"的教学目标是"保底不封顶",促进学生的最大发展。坚持"导优补差"的原则即挖掘学生优势,给每个学生提供"处于学生最近发展区且学生乐意接受的具有挑战意义的学习内容"。

"差异教学"是适应学生差异性的教学,教学活动具有多元性和复杂性。差异教学坚持学生是教学活动的主体,关注学生的体验生活,关注学生的发散思维,关注学生的自由,是建立在学生乐学、能学、会学的基础上的学习环境。

"差异教学"是综合性教学模式,是有效教学、掌握教学、自主性学习、策略性教学、情意教学的综合。差异教学是个性与共性的统一,小组与班级教学的统一,测查与安置的统一,多元与整体协调发展的统一。

## 二、产生学习成绩差异的主要原因

对于在校的学生最显性的是学习成绩,学生的学习成绩差异不可回避。同时学生的学习成绩也是衡量教学质量的重要手段。美国当代著名心理学家和教育家布卢姆研究认为,学生学习成绩的差异主要由三个方面的因素造成,即认知前提行为、情感前提特性、教学质量。通过一系列的实验研究结果,他认为,学生先前成绩对后来的成绩有影响,而且这种影响主要是认知前提行为和情感前提特征共同作用的结果,情感前提特征与学生成绩的相关系数在0.25以上,即学生学习成绩的差异25%由情感前提特征决定;而他认为认知前提行为决定了学习成绩差异的50%;通过研究,布卢姆还估计教学质量对学生学习成绩差异的作用应在25%以上。

## 三、目前差异教学的模式

"平衡编班,学科分层,自主选择,丰富选修,改革评价"。

### (一)平衡编班

高一新生入学仍可采取传统的编班原则进行平衡编班,按成绩分层,即便就文化学习而言也没有达到因材施教的目的。不难发现,有的学生总成绩虽然不错,但个别学科较差,而教学上若是按尖子班的要求教学,那么这些学科就成为他永久的"跛子"。也有不少学生,他们的总成绩虽然不高,可还是有一两科拔尖,但在低层次教学中,他们的强项会逐渐弱化,总体会更差,从而成为真正的"矮子"。

## (二) 学科分层

上海市高考改革的示范,从过去的3+1模式到现在3+3模式,即语数英和3门选课作为+3学科,同时要求除了语数英以外的学科经过合格考试。

## (三) 自主选择

学生在选择分科时遵循自主原则。

## (四) 丰富选修

学生除了高考科目以外,还有社团活动。

## (五) 改革评价

上海除了高考分数以外,还有高考综合评价。

# 四、差异教学的策略与实践

根据布卢姆的研究结果,采纳如下几点应对差异的教学措施。

## (一) 充实和完善学生的认知前提条件

认知前提条件是指学生对所学内容的必备知识和技能的掌握情况。根据布卢姆的研究,这是影响学生学习结果的最主要因素。而莱顿研究也得出同样的结果,如果在学习新课之前,让实验班学生掌握了与新知识有关的旧知识与技能,改善了认知前提条件,其教学效果比两个对比班高 0.7 个标准差。教育心理学研究也表明:学习具有迁移作用,原有的认知水平将对新的学习产生影响。由此可见,充实和完善学生的认知前提条件,尽量缩小学生的认知前提差距,对提高教学效果具有非常积极的意义。由于课堂时间有限,在课上教师可以用来给学生复习与补救的时间极为有限,因此,在预告新课的同时,有必要向学生通告学习新课需要用到的旧知识,必要时给学生留几道相关的练习题,让学生在上新课之前就有意识地去充实和完善自己的认知体系。

另外,还应注重学前的铺垫辅导。学生成绩的差距,往往就在于学生学习新知前就不在同一起跑线上。加强学前的铺垫辅导对促进学习困难生的学习,有着事半功倍的作用。这些学生基本上能较为顺利地进入后续的学习,且表现出了较为积极的学习态度。

## (二) 改善学生学习的情感特征

学生学习的情感特征指的就是学生参与学习动机的强度,受学生对学科兴趣、对任课教师的

亲和程度、对成功与失败的学习体验的制约。要改善学生的学习情感特征,至少应做好如下两点:

### 1. 要建立起良好的师生关系

古人云,亲其师,信其道。经验也告诉我们,师生间的亲和程度愈高,学生愈容易接受教师的教育与引导,学习的效率愈高;相反,如果教学中缺乏温暖和谐的师生关系,则教师难以真正有效地引导学生学习。对于师生关系,笔者的理解:教师不仅是传道授业解惑者,更是学生心灵健康的呵护者,同时还应是学生优点的发掘者。也就是说要建立起良好的师生关系,教师首先必须精通教学业务,要尊重学生、理解学生,还要善于发现学生的优点,并给予适时的表扬。

### 2. 要强化学生成功的学习体验

心理学提出,每个人都有获得成功的心理需求。成功的学习体验,会增强学生学习的自信心和积极性;相反,失败的学习体验,会使学生的心理受到消极的影响,反复的失败体验会使学生逐渐丧失学习的积极性及自信心。强化学生成功的学习体验,用人们常说的话来讲就是,要让学生跳一跳都能摘到果子。具体来讲就是,教学既要解决学习困难生的可接受性问题,又要满足学习优秀生的好奇与探求的学习需要,让每一个学生都能品尝到学习的快乐。

## (三)创设适合各种不同层次学生的课堂环境

### 1. 设计多个层次的教学目标与教学内容

教学目标是教与学双边活动中师生共同期望达成的学习结果,它对学生而言是学习目标,对教师而言是授课目标。设立适当的学习目标对学生而言是一种良好的学习动机,而不适当的教学目标则会影响学生的发展与学习的积极性。对于不同水平、不同能力层次的学生而言,适合于他们的学习目标是不一样的,因此,教学中教师应多准备几个不同层次的目标和内容,给学生选择的机会。

### 2. 课堂教学低起点,重条理,分层次

心理学指出,学生思维的发展是一个渐进的过程。为了保证全体学生都能进入到教学中,开课时应从较低起点的问题开始,并在理清知识脉络的基础上,按学生通常的思维方法与习惯,以清晰的线索展开教学。它满足了低层次学生学习速度慢、需要反复多次练习的学习需求,还可以满足基础较好的学生好奇与探求的学习需要。

### 3. 课堂教学立足基础,适当分化

由于不同层次的学生在相同的时间内达到的目标不一样,对于相同的学习内容,不同层次的学生所需的时间也不相同。因此在教学中,应立足于基础,并适当分化对不同层次学生的教学,以满足不同层次学生的学习需求。其具体方法是:在完成基础内容的教学后,安排一组测试练习,在规定时间内通过者,进入下一阶段具有挑战性、趣味性的教学,不通过者,则继续完成另一组基础测试题;也可以给出几组难度不同的题目,让学生根据自己的能力,按由易到难的原则,完

成不同难度不同数量的题目。

　　学生间的差异是客观存在的,差异的存在增加了教学的难度,也考验了教师的教学策略与水平。

## 五、差异教学的价值取向

### (一) 促进每个学生最大限度的发展

　　差异教学的内在价值取向的核心在于以人为本,在于关注、尊重个性差异和追求、实现每个人的发展。

### (二) 实现高水平、高质量的教育

　　国务院关于《基础教育改革的决定》中也明确将实施高水平、高质量的教育作为基础教育发展的目标之一。高水平、高质量的教育要求教学适应每个学生的不同发展需要,使每个学生的优势和潜能都得到发展,从而达到教育的均衡发展要求。差异教学正是尊重人才成长规律,尊重每个人成长的独特需要,不搞"一刀切",将发展放在第一位,通过个人的发展来促进社会的发展,实现科学的发展。

### (三) 推进社会的民主进程

　　教育不仅要满足个人成长发展的要求,而且还要满足社会的要求。对于教学价值,不仅应从个体发展的角度进行分析,还应从社会发展的角度去分析。教学对社会的物质生产、文化传播等活动起到了正面影响或推动的作用。

　　当然,学生中广泛存在的差异会给在集体教学中照顾学生差异带来一定的困难,可以这么说"差异教学"以其前所未有的高难度、复杂的、多元的、科学的教学展示在教学舞台上,不仅为课程改革增添了一个新的亮点,而且对教师提出了新的考验。它呼唤着专家型、诊断型、人性化型教师为之登台献艺。"差异教学"自倡导以来,虽还需实践的检验,但它一定能在实践中走向成熟和完善。

## 六、差异性教学在高中化学学科教学中的实践

　　对高一、高二学生进行高中化学学习兴趣、学习水平的问卷调查。考虑学生学习能力的差异,关注学生学习能力与学习目标之间的关联,恰到好处地关注不同层次学生的学习程度,会大大提升课堂教学效率。

　　以高中化学中的无机物——氯、硫、氮、铝、铁、钠的教学为例,探索差异教学在高中化学教学中的实践方法,组内进行校本教材的编写。改善当前高中化学教学方式,促进学生差异化发展,

提升学生化学学科核心素养。

当前高中化学教学存在的主要弊端,例如:传统教学中将某一物质作为重点教学,可是新课改之后更加注重科学推理的方法,这时候就容易造成教师过分将传统教学中的重点,即某一物质推到教学重点中,从而忽略科学方法的学习和训练。老教师对教学内容的把握欠缺极易造成上课效率不高,学生的积极性不高,难于得到全面发展。针对这一症状,对高中化学中"无机物"差异性的教学研究和实践,能为学校提供借鉴。

## 七、引发的思考

我会尝试着识别学生偏好的学习模式,学会综合运用视觉、听觉、嗅觉、触觉等多种学习方式,使教与学在差异化课堂中得到最佳匹配,达到最好的教学效果,力求不放弃任何一个学生,促进不同层次的学生发展,提升学生化学学科核心素养,真正使学生成为课堂的主人。

总之,教师要把自己定位为教练或者导师,既要了解学生的知识储量,又要在教育、教学中照顾学生的个体差异,针对不同学生的不同特点,采取特殊措施,以适应每个学生的需要。创设多种学习途径,不断培养学生的学习自主性,并在教学过程中使其承担更多的学习责任,使每个学生获得最大发展,强化学生关键能力培养,引导学生具备独立思考、逻辑推理、信息加工、学会学习、语言表达能力。提高学生践行知行合一、动手实践和解决实际问题的能力。培养创新能力,激发学生的好奇心和创新思维。

**主要参考文献**

[1] Tomlinson C A. 多元能力课堂中的差异教学[M]. 刘颂,译. 北京:中国轻工业出版社,2003.

[2] 华国栋. 差异教学论[M]. 北京:教育科学出版社,2001.

[3] 王晞,教育民主化发展中的两难问题[J]. 福建论坛:经济社会版,1998(1).

[4] 姜智,华国栋. 差异教学实质刍议[J]. 中国教育学刊,2004(4).

[5] 谢秋莲. 差异教学的探讨与实践[J]. 药学教育,2004(3).

[6] 朱宇新. 普通高中差异教学模式初探[J]. 中国教育学刊,2004(6).

# 基于核心素养"科学态度与社会责任"培养的课例研究
## ——二氧化硫的用途和酸雨

上海市海滨中学　郭姿英

**摘要**

课堂是落实学科核心素养的前沿阵地，笔者尝试以"二氧化硫的用途和酸雨"为例，将教学内容进行整合，使学生掌握从化学的视角认识事物、解决问题的方法，促进学生从化学的视角解释和解决社会生活中的真实问题，重点培养学生严谨求实的科学态度和社会责任感。

**关键词**

科学态度与社会责任　　二氧化硫教学设计　　酸雨

2017版的《普通高中化学课程标准》中提出普通高中的培养目标是进一步提升学生综合素质，着力发展核心素养，使学生具有理想信念和社会责任感，具有科学文化素养和终身学习能力，具有自主发展能力和沟通合作能力。课程标准的基本理念中提出结合学生已有的经验和将要经历的社会生活实际，引导学生关注人类面临的与化学有关的社会问题，培养学生的社会责任感、参与意识和决策能力。化学学科核心素养的五个方面中，"科学态度与社会责任"这一核心素养属于人文范畴，在教学中往往被忽视，但是，它却起着非常重要的作用——进一步揭示了化学学习更高层次的价值追求。"科学态度与社会责任"素养发展的具体表现是用科学合理辩证的观点认识社会发展中各领域的问题；能依据建立的化学视角从物质组成、性质和转化的相关知识分析解释环境、健康、材料和能源资源中涉及的相关问题，形成可持续发展的核心观念；能应用物质转化、反应原理的知识解决生活问题，依据可持续发展的核心观念做出科学合理的决策。

课堂是落实学科核心素养的前沿阵地，笔者尝试以"二氧化硫的用途和酸雨"为例，将教学内容进行整合，使学生掌握从化学的视角认识事物、解决问题的方法，促进学生从化学的视角解释和解决社会生活中的真实问题，重点培养学生严谨求实的科学态度和社会责任感。

# 一、教学设计

## （一）教材分析及化学学科核心素养的挖掘

本案例是沪教版高一年级第二学期第五章《评说硫、氮的"功"与"过"》5.1节"从黑火药到酸雨"的最后一个课时。学生已经从分类观、价态观等物质结构的角度认识了二氧化硫的化学性质，体现了"结构决定性质"的观念。笔者的设计意图是通过二氧化硫的用途和酸雨的学习加深对二氧化硫性质的理解，从而形成"性质决定应用"的观念，能联系物质的性质解释生活中一些化学问题。学生对于二氧化硫的印象大多是负面的，提起二氧化硫往往只想到酸雨。课前，学生通过查阅二氧化硫的用途，感受化学对人类生活的积极影响，学会用辩证的眼光看待化学物质，初步养成严谨求实的科学态度。播放有关酸雨危害的视频，让学生从惊心动魄的画面中树立保护环境的意识，增强社会责任感。通过对酸雨的成因及形成途径的分析，培养学生发现问题，基于证据进行分析推理解决问题的能力，同时，社会责任感进一步提升。通过讨论酸雨的防治措施，将环保意识逐渐内化至"绿色化学"及可持续发展的理念。

## （二）教学流程

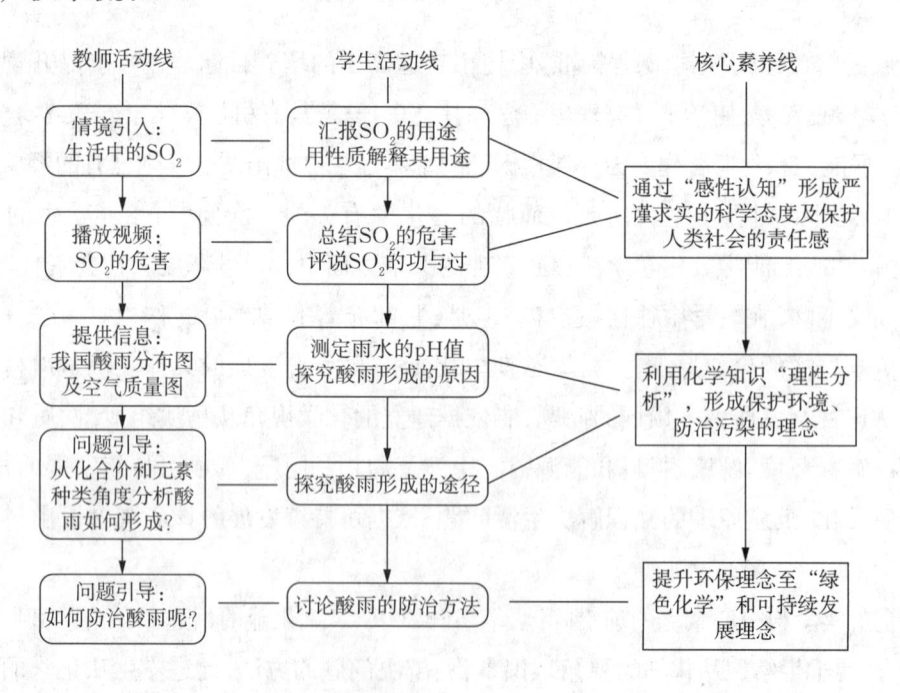

| 教师活动线 | 学生活动线 | 核心素养线 |
|---|---|---|
| 情境引入：生活中的$SO_2$ | 汇报$SO_2$的用途 用性质解释其用途 | 通过"感性认知"形成严谨求实的科学态度及保护人类社会的责任感 |
| 播放视频：$SO_2$的危害 | 总结$SO_2$的危害 评说$SO_2$的功与过 | |
| 提供信息：我国酸雨分布图及空气质量图 | 测定雨水的pH值 探究酸雨形成的原因 | 利用化学知识"理性分析"，形成保护环境、防治污染的理念 |
| 问题引导：从化合价和元素种类角度分析酸雨如何形成？ | 探究酸雨形成的途径 | |
| 问题引导：如何防治酸雨呢？ | 讨论酸雨的防治方法 | 提升环保理念至"绿色化学"和可持续发展理念 |

## （三）教学过程

**1. 结合生活情境，通过"感性认知"形成严谨求实的科学态度及保护人类社会的责任感**

环节一：二氧化硫的用途

【情境引入】展示学生课前搜集的有关二氧化硫用途的图片。

【学生活动】整理收集的资料,分别用一句话描述二氧化硫的不同用途。

【教师补充】二氧化硫对食品有漂白和防腐作用,使用二氧化硫能够达到使产品外观光亮、洁白的效果,是食品加工中常用的漂白剂和防腐剂,但必须严格按照国家有关范围和标准使用,否则,会影响人体健康。

【问题引导】化学上常说"性质决定用途",同学们能否用二氧化硫的性质解释其用途呢?

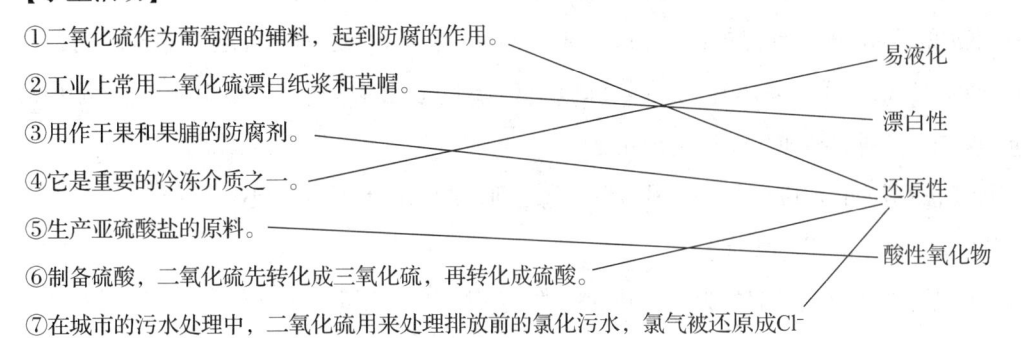

【学生活动】
①二氧化硫作为葡萄酒的辅料,起到防腐的作用。　　　　　　　　　易液化
②工业上常用二氧化硫漂白纸浆和草帽。　　　　　　　　　　　　漂白性
③用作干果和果脯的防腐剂。
④它是重要的冷冻介质之一。　　　　　　　　　　　　　　　　　还原性
⑤生产亚硫酸盐的原料。
⑥制备硫酸,二氧化硫先转化成三氧化硫,再转化成硫酸。　　　　酸性氧化物
⑦在城市的污水处理中,二氧化硫用来处理排放前的氯化污水,氯气被还原成$Cl^-$。

设计意图:本环节学生通过查阅资料了解二氧化硫在生活及生产中的用途,并收集关键文字及图片,体验"查阅资料—整理归纳—汇报展示"的科学研究方法。通过亲身体验深刻认识到二氧化硫对于人类生活形成的积极影响,初步养成严谨求实的科学态度。理解物质的性质与用途之间的关系,形成"性质决定用途"的观念。

**环节二:酸雨的危害**

【播放视频】酸雨的危害。

【学生活动】归纳总结酸雨对人体健康的直接危害、使土壤和河流酸化、破坏植被、腐蚀建筑等。

【问题引导】二氧化硫对人类生活的影响有"功"有"过",你们怎么看待呢?

【学生回答】

生1:部分地方的个体商贩或有些食品生产企业,在食品中违规使用或超量使用二氧化硫类添加剂。不是二氧化硫的错,是人类没有正确地使用它。

生2:我们应该多看到二氧化硫对人类生活积极的影响,扬长避短,减少它对环境的污染。

生3:二氧化硫本身无功无过,就看人类怎么利用它,怎么让它功大于过。

设计意图:通过观看视频,归纳总结的方式,培养学生提取重要信息及表述信息的能力。学生看到一幕幕触目惊心的画面获得感性认识,会自然而然地升腾起一种要保护自然、保护人类的社会责任感。通过评说二氧化硫的功与过,学生体会到化学过程对人类健康、社会发展可能带来的双重影响,学会用辩证的眼光全面看待化学。

2. 利用化学知识"理性分析",形成保护环境、防治污染的理念

**环节三:雨水 pH 值的测定及形成酸雨的原因**

【学生活动】提早两个星期将 pH 试纸发给学生,测定并记录本地某处雨水的 pH 值。(3月份雨水较多)

| 日期 | 地点 | pH 值 |
| --- | --- | --- |
|  |  |  |

酸雨的 pH<5.6,有的同学测出为 5,有的同学测出为 6,测定的精确度不够,不能确定是不是酸雨。

**师**：介绍测定 pH 值的另一种方法,用数字 PH 计测定,精确度为 0.1。

**师**：正常的雨水一般为弱酸性,pH 值在 5.6—7 之间。一年之内的降雨有的是酸雨,有的不是酸雨,一年中出现酸雨的降水过程次数,除以全年降水过程的总次数为酸雨率。一般用酸雨率和年均降水 pH 来判别某地区是否为酸雨区。

展示我国酸雨分布范围图及空气质量图,造成酸雨的原因是什么? 小组讨论。

【学生活动】讨论酸雨的成因。

学生从空气质量图中了解到大气污染物主要有 PM2.5、臭氧、二氧化氮和二氧化硫等,分析出大气中的氮氧化物和二氧化硫是造成酸雨的主要气体,硫酸和硝酸是形成酸雨的主要成分。当问及造成酸雨的原因时,学生几乎都认为是汽车尾气的排放造成的,未提及工业生产中燃料燃烧产生的废气污染。

【教师引导】酸雨中含有硫酸、硝酸和其他的一些有机酸,但以硫酸为主。汽车尾气排放的主要污染物为碳氢化合物、氮氧化合物、一氧化碳、二氧化硫、含铅化合物及固体颗粒物等。其中,氮氧化物含量较高,是形成硝酸的主要来源。二氧化硫主要来自哪里呢? 请大家根据我国酸雨分布范围图,利用地理学科知识,从人口分布及能源的角度分析一下我国酸雨集中区有什么特点。

【学生活动】小组讨论。

生 1：酸雨集中区分布在我国中部及南部地区,那里人口密度大,耗能高。

生 2：我国四大工业基地：辽中南工业基地、京津唐工业基地、沪宁杭工业基地、珠三角工业基地都处于酸雨区,有些酸雨率还特别高。我国工业所用能源主要是煤和石油。煤和石油燃烧产生大量的二氧化硫废气,从而造成了酸雨。

生 3：工业区中化工生产中产生的废气也是污染源。

【教师补充】我国的燃料主要以煤和石油为主,这两种燃料含有硫元素。我国的煤炭资源居世界第二,但是以高硫煤为主,燃烧释放出大量二氧化硫是造成酸雨的主要原因之一。除此之外,硫矿石的冶炼,硫酸工业等化工生产过程产生的工业废气也是造成酸雨的主要原因。

**设计意图**：让学生感受化学是一门与工农业生产、环境保护、日常生活、能源、资源等有着密切联系的学科,激发学生热爱化学,提高学习化学的兴趣。重视化学与其他学科之间的联系,帮助学生拓宽视野,开阔思路,综合运用化学及其他学科知识分析解决有关问题。同时,培养学生发现问题,基于证据进行分析推理解决问题的能力。通过对大气污染的了解,同学们体会到保护环境、防治污染的重要性。

**环节四：形成酸雨的途径**

【问题引导】从化合价和元素种类角度观察 $SO_2$ 到 $H_2SO_4$ 的变化，推测硫酸型酸雨形成的原因和途径，并用化学方程式表示。

【学生活动】硫元素化合价升高，$SO_2$ 被氧化，应该是跟氧气反应；有氢元素，应该是跟水反应了。

书写相关的化学方程式：

途径1：$2SO_2 + O_2 \rightleftharpoons 2SO_3 \quad SO_3 + H_2O \longrightarrow H_2SO_4$

途径2：$SO_2 + H_2O \rightleftharpoons H_2SO_3 \quad 2H_2SO_3 + O_2 \longrightarrow 2H_2SO_4$

设计意图：从化学核心素养出发，基于证据对物质间的变化提出可能的假设，并通过分析推理加以证实；建立观点、结论和证据之间的逻辑关系。培养学生多角度、动态地分析化学变化，运用化学反应原理解决实际问题。

3. 通过讨论防治酸雨的方案，提升环保理念至"绿色化学"和可持续发展理念

**环节五：酸雨的防治**

【问题引导】防治酸雨最根本的措施就是减少人为硫氧化物和氮氧化物的排放，我们应该如何做呢？

【学生活动】分组讨论。

引导学生思考：从形成酸雨的原因出发，阅读教材第9页的相关资料，结合生活实际，总结出以下途径进行防治：

①调整以煤、石油等矿物燃料为主的能源结构，增加无污染或少污染的能源比例，比如发展太阳能、核能、水能、风能、地热能等不产生酸雨污染的能源。

②采用低硫煤燃烧。

③加强技术研究，减少不达标的废气排放，采取原煤脱硫、烟气脱硫技术等。

④改造污染严重的企业，加强对废气的吸收。

⑤在污染重的地区可栽种一些对二氧化硫有吸收能力的植物。

⑥绿色出行，多用公共交通工具，少开私家车，用新能源车。

【教师追问】结合 $SO_2$ 的性质和可能发生的反应讨论如何吸收 $SO_2$？

【学生活动】回顾二氧化硫的化学性质和可能发生的反应，以下物质：酸性高锰酸钾溶液、氢氧化钠溶液、石灰水、溴水、氨水等都可以吸收 $SO_2$。将吸收二氧化硫的物质进行分类：

实验室吸收 $SO_2$ 的试剂。

工业生产吸收 $SO_2$ 的试剂。

从原料的成本和吸收效率综合来看，化工生产中用氨水或石灰水吸收二氧化硫较合适。

【教师补充】硫酸生产工业中一般以硫黄或者硫铁矿为原料，尾气中含有少量的 $SO_2$，用氨水进行吸收。化工厂要严格执行国家关于"三废"的排放标准；同时，还应尽可能地把"三废"变成有用的副产品，实行综合利用。只有环保型的化工生产，才符合我国的基本国策，实现可持续发展。

$$SO_2 \xrightarrow{\text{氨水}} (NH_4)_2SO_3 \xrightarrow{H_2SO_4} \begin{array}{l} (NH_4)_2SO_2(\text{作化肥}) \\ SO_2(\text{纯度较高，返回车间作生产硫酸的原料}) \end{array}$$

化工生产中产生的废气、废水、废渣严重地污染着人类生存的环境，"绿色化学"就是从源头上防止这种污染。"绿色化学"是指工业生产的过程中没有(或极少有)有毒、有害物质排出，合成产品的原子利用率尽量达到百分之百。按照这种先进理念设计的生产，可以避免环境污染。

设计意图：引导学生从理论上治理 $SO_2$ 的污染到实际生产过程中的应用，再到认识 $SO_2$ 的资源化利用，在不断质疑、释疑的过程中，在问题的不断驱动下使学生的社会责任感不断提高，将环保意识逐渐内化至可持续发展的理念。使学生意识到防治酸雨就在我们身边，保护环境是每个人的责任和义务。通过了解硫酸工业废气的处理方式，让学生具有"绿色化学"观念，针对化学工艺设计，能从循环利用的角度节约生产成本、防止污染。

## 二、案例分析

本节课主要是围绕"科学态度与社会责任"这一化学核心素养展开。以学生已经掌握的知识为基础，查阅资料为手段，用二氧化硫的性质解释其用途，使学生关注化学在改善生活、科技进步中的重要作用，培养学生用科学的态度辩证地看待问题的能力，增强学生的责任意识，使核心素养得以生根。通过分组讨论的方式总结酸雨的危害、成因及形成途径，能运用所学化学知识分析和探讨某些化学过程对人类健康、社会可持续发展带来的影响，感受环境保护的重要性，使社会责任感进一步提升，化学核心素养得以发芽。通过讨论在生活及生产中如何防治酸雨，拓宽学生的思考空间，形成理论联系实际的观念，逐步形成节约成本、循环利用、保护环境等观念。通过结合自己的生活环境，学生体会到保护环境要从我做起，从身边做起，使核心素养得以成长，最终内化到学生的意识中。本课时既是二氧化硫化学性质的重要补充，又对培养学生"科学态度与社会责任"核心素养起到举足轻重的作用。

"科学态度和社会责任"这一核心素养属于人文范畴，一般不构成知识重点，在教学中往往得不到重视。这一核心素养的培养也不是一两节课可以完成的，需要教师有育人的理念，充分挖掘教材开发教学资源，抓住每一个合适的时机"润物细无声"，才能使学生具备科学的态度和社会责任感，高度体现化学学科的育人价值。

**主要参考文献**

[1] 王磊. 基于学生核心素养的化学学科能力研究[M]. 北京：北京师范大学出版社，2017.

# 关于在高三一轮复习中进行差异化课后作业设计的一些尝试

上海市罗店中学　侯佳筠

**摘要**

传统的高三化学课后作业由于受到课程理念、考试等因素的限制，很多学生纯粹是为了完成作业而写作业，为了考试而写作业。且作业形式单一、枯燥、机械性重复较多，注注又让学生陷入了题海战术。尤其是"3+3"高考施行以后，学生在化学学科上更没有多少精力，如果此时还是一如既往地采用老办法，学生势必会失去学习化学的兴趣。差异化的课后作业设计充分尊重了学生个体的差异性，满足了不同学生的发展需求。

**关键词**

差异化　课后作业　高三复习

## 一、问题提出的背景

目前市面上流通的一些教辅材料缺乏针对性，题目千篇一律甚至有很多超纲的内容，其中还不乏一些题目在相互抄袭的过程中已经面目全非，长期使用这样的资料，看似省力实则对学生的发展并没有帮助，还会对一些基础知识不扎实的同学产生误导。

结合我校选修化学的学生的一些特点：①基础知识不够扎实；②解题灵活度不够；③知识面狭窄；④缺乏一定的生活常识（每年在一模二模考试中这块内容不占优势）。所以笔者在这几年连续带教高三的过程中，尤其是在高三一轮复习中积攒了一些关于课后作业设计方面的经验，供大家交流分享。

## 二、对差异化课后作业设计的认识

"3+3"施行以后，化学学科的地位已经不同于往日，学生的重视程度也大不如前。所以要吸引住学生的注意力，让他们始终保持着学习化学的热情是比较困难的。而一个班级中学生的认知水平也参差不齐,"一刀切"的作业给学生抄袭作业提供了便利。基础好的学生"吃不饱",基础差的学生"吃不了"。所以在课后作业的设计中如能尊重学生个体的差异性,使学生发挥自身的主体地位,让他们能够变"消极心态"为"积极心态"。

## 三、差异化课后作业设计的具体做法

### (一) 作业板块内容的确定

作业板块制订是根据《教学基本要求》中的六大板块,其中每课时的课后作业也是根据每个单元进行编排,根据每个单元的知识点的不同能力要求,可以分为1至3课时的作业。

### (二) 作业呈现形式

基础型作业,要求每人都做。创新型作业,学生自愿选择。每次的课后作业可以选用一个较为新颖的标题,如:"你了解物质的结构吗?""二氧化硫的自述——我不是坏人""关于'水'的那些事""平衡就在你身边",等等。

**例1** 在复习物质的组成和结构这一板块的内容时,可将课后作业进行如下设计:

基础性作业:可以参照《教学基本要求》P2、P3的具体要求进行设计。

创新型作业:可以以图示、简答、比较、列表等形式进行。

1. 我们已经学习了可以用不同的化学语言来表示核外电子排布,你认为这些表示方法有哪些不同?如何去记忆才不会混淆,说说你的点子。

2. 图中 A、B 分别是某微粒的结构示意图,回答下列问题:

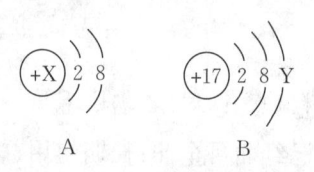

$$+X)2)8 \qquad +17)2)8)Y$$
$$\quad A \qquad\qquad B$$

(1) 若 A 表示某稀有气体元素的原子,则该元素的单质的化学式为_____。

(2) 若 B 表示某元素的原子,则 Y=_____,该元素的原子在化学反应中容易_____(填"失去"或"得到")电子。

(3) 若 A 是阳离子的结构示意图,则 X 可能是下列中的_____(填字母序号)。

　　a. 8　　　　b. 10　　　　c. 11　　　　d. 12

(4) 若 A 中 X=13,则 A、B 所表示的元素形成化合物的名称为_____。

3. 请你找到氢的三种同位素原子,并从各方面进行异同点的比较,看谁找得多。你可以用喜欢的形式呈现出来。

**例2** 在复习元素周期律和化学键晶体板块时,可以将创新型作业进行如下设计:

由于这部分内容要求较高,且有很多知识点学生会混淆,如分子稳定性与分子熔沸点。所以建议设计成简答题的形式,用"为什么"来取代"是什么"。

1. 决定氯化氢和溴化氢熔沸点高低的因素是什么?决定它们稳定性的因素是什么?为什么会有这样的差异?

2. 用最高价氧化物水化物的酸性强弱来比较元素的非金属性,是不是适用于所有的元素?请举例说明。

3. 什么是金属性和非金属性?什么是氧化性和还原性?它们有何区别?

4. 在比较各类晶体熔沸点时,你有什么比较好的方法能帮助大家进行记忆?

5. 你对各类晶体的结构了解吗?请你画一画氯化钠、二氧化碳、金刚石、二氧化硅的晶体结构图。然后办一个班级画展,请同学们来点评一下。

6. 你还知道哪些早期的元素周期表的样式吗?给大家介绍一下。说一说哪个最吸引你。

**例3** 双休日可以集中在一个时间段进行QQ在线作业。这个时间段可以让学生事先整理出一周以来在作业中的疑难问题,然后可以以生生、师生等形式进行在线答疑。当然,可能有部分学生会觉得不好意思,他会以小窗口的形式问你。这种在线答题的形式,具有较强的灵活度与及时性,且运用合适的网络表情包能够很好地拉近与学生之间的关系,培养良好的师生关系。

**例4** 如在复习浓硫酸的性质时,基础型作业就可以比较中规中矩地设计成选择题、简答题的形式。创新型作业就可以更加深入,如鉴别两瓶液体浓硫酸和稀硫酸,看谁想到的方法多。这种设计思维容量大,涵盖了物理性质和化学性质的方方面面。又如在复习浓硫酸的强氧化性时,常出现书写铜、木炭和浓硫酸反应的化学方程式。基础型作业设计时就可以简单一些,书写化学方程式即可。而在创新型作业中,可以对两个化学方程式进行多角度比较。从反应中,理解浓硫酸的作用、物质的量的关系、反应的程度、电子转移情况等。这样学生就能更加深入、深刻地认识化学反应原理。

**例5** 利用化学知识、学会健康生活。在复习有机化学中关于高分子的内容时,基础型作业设计,基本上就是围绕聚乙烯、聚氯乙烯开展,无非就是书写反应方程式,了解两种不同塑料的用途。而创新型作业就可以让学生收集有不同标志的塑料制品,然后记录下来。利用网络资源,写上每一种塑料代表的数字、成分、应用、注意事项。做一个热爱生活、会科学生活的高中生,让化学不再是做题、刷题。再比如复习合金的相关知识时,可以让学生课后去超市做一个调查,超市有哪些不同材质的锅?它们的主要成分是什么?你会如何进行选择?事实上,现在随着网络技术的发展,每天网上都会有一些疑似科学的伪科学报道,我们学习了化学就要理性科学地看待问题,不造谣,不传谣,也要适时地提醒家人不要盲目地轻信谣言。

**例6** 在进行电解质板块的复习时,基础型作业一般提问方式较简单,但是题目显得枯燥、直白。而创新型作业可以找寻一个切入点,如水,这个大家再熟悉不过的物质,通过"关于水的那些事"将电解质理论、计算、物质结构等相关知识整合起来,学生会发现原来化学这么平易近人,化学原理并不是那么高高在上。

**例7** 对于实验的复习可以采取几种形式:①教师演示实验;②学生演示实验;③实验视频。由于教学学时和教学用品的限制,可能有些实验无法在课堂上完美地呈现,教师可以根据实际情况开展教学。但是必须要对实验安排课后作业。基础型作业可以就事论事,问什么答什么。而创新型作业就要关注实验间的综合性。课本上的演示实验可以进行重新编排与整合,不一定非得按照教材上出现的时间顺序。实验是一个载体,根据需要选择让它出现在合适的地点与场合。在高一至高二的学习中,学生已经陆陆续续观察了很多化学实验,但是随着时间的推移,很多都已经遗忘了。高三一轮复习时可以将性质相同的实验归在一起。如将钠镁铝与水的反应与铁和水蒸气的反应放在一起,铁和水蒸气的反应可以通过网上找视频,把这些视频放在一起进行剧烈程度、反应产物的比较,可以得出金属的活泼型的差异。再比如让学生设计实验证明醋酸是弱电解质的方案或是对已有方案进行合理评价,可以帮助学生更为清晰地理解科学探究过程。

**例8** 虽然学业水平考试对于画图没有太高要求,但我认为适当地对于某些经典的知识点进行绘画也是有必要的。如在复习各类晶体时,基础型作业可以让学生根据所给的晶体结构图进行辨识,而创新型作业就要求学生会画典型物质的结构,如氯化钠、二氧化碳、金刚石、二氧化硅、石墨的结构。学生只有自己画了以后才会对此有较为深刻的印象,经过实践,这个效果是非常好的。

在学习影响化学反应因素的内容时,基础型作业可以让学生分析图像的含义,明确各条曲线代表的意义以及如何去正确地解题。而创新型作业就要让学生进行 $v-t$ 图像的绘制训练,从图像上发现信息,得出结论。一定要让学生有这样的学习体验。

**例9** 进行化学方程式默写时,基础型作业就比较简单,只要求根据题目要求会正确书写即可。而创新型作业要求较高,学生要能运用关系图,例如用氯化氢生成氯气有多少种不同方法?每种方法有何优缺点?还可以让学生以小组为单位,整理出各自需整理的化学方程式,实现资源共享。

**例10** 在复习生活中的化学平衡知识时,取材要新颖。除了课本上出现的一些平衡习题,还可以让学生去收集其他的化学平衡。如牙膏中的化学平衡,痛风患者体内的化学平衡,打开瓶盖后冒泡这一现象中蕴含的化学平衡,等等。将化学原理与生活联系在一起,才是化学学科核心价值的体现。

## 四、目前遇到的一些障碍

1. 需要学生和教师一种密切的联系与互动,两者之间有高度的信任感。

2. 作业的设计整理与完善需要消耗教师大量的时间与精力。所以每学期只能整理出几篇完整的习题集,这是一个持久战。

3. 每一届学生的特点与层次不同,所以需要经常调整作业的内容。

4. 由于每次都是中途接手高三的班级,所以对于学生在高一、高二的学习水平与学习特点需要一段时间的了解与适应。

### 主要参考文献

[1] 俞新亚,孙天山,靳培培. 试题命制:一种行之有效的教学策略 [J]. 中学化学教学参

考,2018(23).

[2] 柏品良.基于核心素养的常识性知识内容的教学策略:以"人类重要的营养物质"为例[J].中学化学教学参考,2018(23).

[3] 华国栋.差异教学策略[M].北京:北京师范大学出版社,2009.

[4] 王磊.基于学生核心素养的化学学科能力研究[M].北京:北京师范大学出版社,2017.

# 借助数据分析，在高中化学课堂中实行差异教学

上海市罗店中学　纪淑文

**摘要**

学生的学习能力、性格特点存在着一定的差异。教师在组织学生集体学习时，要关注学生的个体差异，采用差异化的教学方法和手段，尽量使每个学生得到充分发展。在教学过程中，还要随时把握学生的学习情况，及时调节，才能达到预期效果。

**关键词**

差异教学　差异化　自主学习　交流研讨

伟大的教育家孔子曾经明确提出了"有教无类""因材施教"的思想，但现在的学校教学多采用班级授课制。由于班级教学是基于共性的教学，很难适应现代教育尊重个性、发展个性的需求，班级授课制存在一定的局限性。

在现有条件下，为了尊重学生的个体发展，培养学生的核心素养，需要探寻更优化的课堂教学模式、教学手段和教学策略，行之有效的办法之一就是实行"差异教学"。

以下是在高中化学课堂教学中，实行差异教学所做的尝试。

## 一、理论基础

苏联教育家苏霍姆林斯基曾说过："人的心灵深处，总有一种把自己当作发现者、研究者、探索者的固有需要。"布卢姆通过对学生学习的研究，指出学生在学习能力和学习速度上有一定差异。如何在课堂教学中，培养学生的学习能力，很多专家、学者、教师做了研究。

陶行知先生的"小先生"制的思想认为："小孩子最好的先生，不是我，也不是你，是小孩子队伍里最进步的小孩子！我们现在最要紧的工作便是：帮助进步的小孩子格外进步，由他们'联合自动'，领导全体小孩子及时代落伍的成人，一同进步！"

2000年后，美国兴起了"翻转课堂"，林地公园高中两位科学教师和萨尔曼可汗倡导的学习知识在家里、内化知识在课堂的教学模式，翻转课堂翻转了教学结构。

丁念金教授强调"学习的自主化"和"学习的个性化"，提倡学习方式包括"自主收集各种相关资料""讨论交流""广泛的自学"等，并以此培养学生的创造力，主张进行"课程策划"。

华国栋教授主张差异教学,认为"差异教学是指在班集体教学中立足学生差异,满足学生个别的需要,以促进学生在原有基础上得到充分发展的教学。"他指出"差异教学"是在班集体教学中,利用和照顾学生个体差异,建立在教育测查和诊断基础上、"保底不封顶",促进学生最大发展为教学目标,多元化弹性组织管理的教学。

关于什么是个性差异化教学,美国学者汤姆林森认为:"在差异教学课堂中,教师会根据学生的准备水平、学习兴趣和学习需要来主动设计和实施多种形式的教学内容、教学过程与教学成果。"

## 二、技术支持

高中教学不仅要考虑学生的个体差异的需要,还要兼顾最重要的任务——为高校输送生源,所以差异教学必须要建立在教育测查和诊断基础上,保证适应社会和升学的需要。

互联网、计算机、信息技术等现代科技的发展,改变了人们的生活,同时也催生了很多高端的应用,我们也可以利用这一技术,为教学服务。

例如,可以使用"必由学"学习诊断系统,为我们的诊断测查提供及时、准确的技术分析。

这种大数据下的学习评价,比以往的只有分数的分析要更科学和精细,能够从各个角度用精确的数据分析学生每一个知识点的掌握情况,和班级内部以及年级之间在每一个点方面的得分率比较。不仅有历次的考试试卷和学生作答情况,还可以有个性化的错题集,并可以记录笔记,需要时,教师可以随时调阅任何一位学生的历次成绩分析,通过跟踪学生学习轨迹,掌握学生的学习情况,再根据学习目标,制订合理的计划,采取相应的补救措施,改进自己的教学。

## 三、实践过程

针对参加上海高中学业水平考的等级考的2个班级(简称A班和B班),为了满足学生整体和个性化的需要,笔者进行如下尝试:

### (一) 了解学生个性差异

这是实现个性差异化教学的前提。每个人都是独特的,学习品质和心理素质各不相同,只有了解学生的特点,发现学生的优势和不足,才能采用恰当的方式组织学生学习。这种对学生的分析和学习能力预测应贯穿于整个教学过程的始终。

通过不断的分析了解,两个班学生的特点是:

共同之处:都是选修化学的学生,有着共同的学习任务和学习目标,多数学生有学习毅力,学习注意力较持久;智力水平几乎相同,班级起始成绩几乎相同。

不同之处:

A班:性格外向者少,内敛者较多,不喜欢表现自我,表达能力较差;少数学生思维活跃,敢质疑者少；有学生在课上发言时，其他同学会认真倾听，即使发现问题，一般也不主动提出，等待教师进行分析和评价，课堂气氛沉闷；有的同学反对课堂上多让同学讲解，认为同学动作慢，讲不清，浪费时间。

B班：性格外向者多，内敛者少，喜欢表现自我，表达能力强；多数学生思维活跃，敢于质疑；有学生在课上发言时，其他同学会认真倾听，如果发现问题，会积极主动表达自己的观点，如果简单问题同学有错，他们会积极提示并且鼓励同学，课堂上经常有欢声笑语和掌声。所有的同学都希望上课多给学生表现的机会，喜欢上研讨课，喜欢课堂有"翻转"。

### （二）教学方法的差异化

课堂教学常用的方法有：讲授法、讨论法、谈话法、演示法等，教学中，要多种方法结合运用，才能使课堂教学不单调，达到好的教学效果。

1. 对于不同的班级，教学方法的差异化

基于上述对学生的了解，课堂上，A班很少用讨论法，有时虽然精心准备学习内容，但讨论难于进行，因为学生多数不肯主动表达。B班经常采用讨论法，在课堂上，学生不仅掌握了知识，而且身心愉悦。

例如：有这样一节课，内容是"勒夏特列原理(Le Chatelier's principle)的应用"，计划这节课采用的教学方式有自主学习、互动交流、主题研讨等。

课前教师布置了预习任务(研讨内容)，查阅收集资料，并印发给学生，要求学生熟悉勒夏特列原理，预习、收集身边有关化学的平衡实例并加以分析。课上需要研讨的内容如下：

（1）化学课上学过的平衡有哪些？当外界条件改变时，平衡的变化情况可用什么理论判断和解释？

（2）用勒夏特列原理解释：

①人体是怎样保持血液pH值的？

②一氧化碳导致人中毒的机理是什么？怎样救治？

③为什么用热的纯碱溶液可以清洗油污？

④自然界溶洞中的石笋、石柱是怎样形成的？

⑤酸碱指示剂的颜色变化？

⑥污水处理中，为什么可用石灰除去水中的镉离子($Cd^{2+}$)，或汞离子($Hg^{2+}$)？

整节课教学方式，计划以学生为主体，教师为指导，充分发挥学生的主观能动性，使学生学会筛选信息，自主学习，体验学习的过程，回归学习的本质；通过交流研讨，促进知识的迁移。

具体实施时，同样的教学内容和设想，在不同的班级，产生了不同的效果。

A班：学生按照座位邻近进行了分组，每组6人左右。上课时，虽然笔者竭力引导、启发，结果学生还是很少主动发表见解，不得已，原本计划的讨论法行不通，只好改为了谈话法和讲授法，教师讲解、提问，学生回答，虽然也完成了学习任务，但效果并不令人满意。在课堂上，似乎没有碰撞出思维的火花,也没有产生灵感。

B班:学生自己选择分组,每组6人左右。上课时,同组同学坐在了邻近位置,不需要教师启发引导,学生有序地自行走上讲台发表演说,陈述有理有据,所有学生思维活跃,学生提问和应答都很踊跃,精彩不断。整堂课有条不紊,节奏感强。课上生成了很多有价值的问题,如:碳酸钠水解后,产生的碳酸氢根是否会再电离?从此可看出有的学生对水解平衡理解还不到位。酸碱指示剂自身电离出的氢离子是否会影响溶液pH的测定?可见,学生对酸碱指示剂的作用原理的理解还不够透彻。对于这些问题,笔者在当时的课堂上给予了解决。

经过后续几次检测,根据"必由学"学习诊断系统数据显示,对上述学习内容,B班同学理解很透彻,可以达到综合运用的水平;A班只有部分同学理解掌握,但综合运用能力欠缺,另有部分同学,不仅没有理解"为什么",甚至识记"是什么"也出了问题,例如对"纯碱溶液可以清洗油污"的事实,有几位学生在后来的测试中反复出错。

可见,不同的群体效应,会产生不同的学习效果。同样设想的讨论法教学,B班学生发挥出了他们的特长,事半功倍;而对于A班同学,这种讨论法不大适用,采用讲授法和谈话法等,才能完成相应的任务。班与班之间学生整体风格的差异,决定了教学要采用差异化的策略和方法。

2. 对于同一班级不同的学生,教学方法的差异化

在目前班级授课制的条件下,能够进行差异教学的教学方法主要体现在讨论法和谈话法上。在讨论研讨教学过程中,可以上"不封顶",所以,有些提升能力的内容可以让学生任意发挥。但是一定要注意的是下要"保底",底线是《上海高中化学学科教学基本要求》中的内容,同时要培养学生的化学学科核心素养。在安排研讨之前,先查看"必由学"系统中的相关数据,找出对相应知识点掌握不够好的同学,上课时,指定这样的同学先发言,然后,其他同学再补充,这样才能做到"保底不封顶"。

谈话法教学与讨论法类似,也要注意符合"保底不封顶"的要求。而且,在教学中,还要考虑学生的特质,善于表达的可以请他"说",不善于表达的可以布置给他"写"的任务;对于有自卑心理的多鼓励,对自负的同学常鞭策。总之,要以学生个性差异为基础,开展差异化教学,满足学生个体学习的需要。

## 四、借助"必由学"数据分析系统,随时跟踪,及时补救

例如,由于两个班的学生群体特征不同,使得在高一和高二的每次考试中,B班的成绩一直好于A班。在高三的上学期,B班优势还在,但是到了下学期,优势似乎不明显,在区通测中,A班的成绩反而高出B班很多,这令人疑惑。查看"必由学"学习诊断系统中的相关数据,发现B班学生在这次测试中,基础知识失分较多,记忆出现了暂时的遗忘。

经过分析,导致这一反常现象的原因可能是:B班学生对某一阶段知识的学习内容兴趣高,理解和运用很到位,但是不愿记忆,导致很多内容综合在一起时,优势不明显;A班同学虽然学习

兴趣不很高，但是凭借学习的意志力，对学习内容会自觉巩固练习，简单的基础知识掌握准确。

总之，在B班的教学中，"保底"工作有欠缺，《上海高中化学学科教学基本要求》中的学习内容没有及时巩固好，同时学生的化学学科核心素养也有待提高。

于是，笔者马上对学习内容进行了重新策划，针对学生存在的问题，在B班进行专题研讨，强化学生记忆，并从思想上，让学生意识到基础知识的重要性。

功夫不负有心人，经过努力，在5月上海市学业水平考的等级考中，B班表现出色，优势明显，成绩达到优秀的学生人数之多令人难以置信。

## 五、得到的启示

合作学习、研究讨论在高中化学教学中是一种好的差异教学策略。实施时要注意学生的差异，因人而异、因班级而异。

差异教学必须借助学生成绩的诊断分析系统，才能保证教师实时了解每个班级、每个学生的学习状况，并加以跟踪，摸清学生的"最近发展区"，随时调整教学，力争让每个学生的潜能都在原有的基础上得到充分发展。

差异教学要注意"保底不封顶"，培养学生的核心素养是教学的根本任务，对《上海高中化学学科教学基本要求》中具体内容的学习和落实，是教学的"底线"，也是教师的责任。

总之，教学并无捷径可走，只有具备责任心、耐心、爱心，保持沟通、反思、改进，才能不断进步。

**主要参考文献**

[1]　方明.陶行知教育名篇[M].北京：教育科学出版社，2005.

[2]　华国栋.差异教学策略[M].北京：北京师范大学出版社，2009.

[3]　金陵.翻转课堂与微课程教学法[M].北京：北京师范大学出版社，2015.

[4]　董君武，方秀红.空间引发的学习变革[M].上海：上海教育出版社，2016.

[5]　何翔.化学教学中实施合作学习的意义及策略[J].中学化学教学参考，2015(7).

[6]　丁念金，冯震.创造力训练课程开发的基本思路[J].课程·教材·教法，2015(6).

# 探索落实核心素养有效途径的实践研究
## ——设置认知冲突，激发课堂问题生成，促进学生自主探究

上海市高境第一中学　李红梅

**摘要**

在课堂教学中，关注学生的体验，合理地运用多样化的教学方法，创设认知冲突，让学生的认知在"平衡——不平衡——新的平衡"的平衡化过程中得到深化，从生成问题到解决问题，使学生始终处于自主探究式学习当中，主动建构新的认知体系。文中以"氧化还原反应"为例，详尽分析和探讨了利用认知冲突激发课堂问题生成，让学生在问题的驱动下主动进行自主探究解决问题，在教学环节的阶梯式循环中，思维得到深化，能力得到提升，核心素养得到发展。

**关键词**

核心素养　体验活动　认知冲突　课堂问题生成　自主探究

## 一、问题的提出

### （一）研究背景与意义

传统的人才培养模式最突出的问题在于学生的主体地位不突出，学习方式单一僵化，不重视学生的认知体验、情感体验和心理体验，使学生处于无目标、无意义的"空中楼阁"式的学习状态中，得不到自主发展。2017版新课标坚持反映时代的要求，"关注学生个体化、多样化的学习和发展需求，促进人才培养模式的转变""立足于学生适应现代生活和未来发展的需要，充分发挥化学课程的整体育人功能，构建全面发展学生化学学科核心素养的高中化学课程目标体系。"因此，中学化学教学必须超越对具体知识本身的追求，实践"素养为本"的教学理念。

重视开展"素养为本"的教学，以教师的"引导"为手段，以学生的"发现"为目的，教师不再是课堂的主体，教师要创设问题情境，是问题的策划者和引导者，并且是学生进行问题解决的指导者、支持者和合作者；学生在问题解决过程中需要主动提出问题、分析问题、提出假设、验证假设、最终建构知识与问题解决策略，学生的学习会变得更加自主，更具有体验性和建构性。重视开展

"素养为本"的教学,能更加突出学生在学习过程中的主体地位,能让学生在"发现"的过程中对知识达到深层次的理解,并将其内化为能力、思想、观念,进而将知识转化为智慧与素养。

因此,本课题以"学生体验活动"为真实学习情境,以"创设认知冲突激发课堂问题生成"为切入点,以"学生自主探究式学习化学"的过程为依托,探索在教学实践中加强核心素养落实的有效途径。在课堂教学中,若能巧设认知冲突,造成学生认知结构的不平衡,将学生带入"愤悱"的学习心境,不仅能促成新的认知结构的形成,而且能激发学生的思维,激发课堂问题生成,培养学生自主探究式学习化学。自主探究式学习真正体现了学生是教学活动主体的思想,把学习的时空还给学生,让学生真正成为学习活动的主人,使学生的学习过程成为一个再创造、再发现的过程。这种学习方式决定着学生对化学知识的深入理解和灵活应用,影响着学生未来学习和未来发展,对发展学生的核心素养具有重要价值。

### (二) 心理学依据

知觉具有恒常性。人们已有的知识和经验具有相对稳定性,使知觉往往不随问题情境的变化而改变,因此在经验的影响下做出错误的判断。"认知冲突"正是利用了知觉的恒常性,先使学生"上当",然后再解脱。

从引起注意的角度看,新奇的刺激容易成为注意的对象,而枯燥的讲解、机械的重复很难引起学生的注意,因此改进教学方法,设置一些悬念,造成新异性,就容易引起学生强烈的学习兴趣,积极主动地参与学习。

从记忆的角度看,有意识地造成认知上的矛盾,然后再加以否定,通过这样的正误对比能使学生记忆深刻。

### (三) 关键词界定

**认知冲突**:认知冲突是一个人已建立的认知结构与当前面临的学习情境之间暂时的矛盾与冲突,是已有的知识和经验与新知识之间存在某种差距而导致的心理失衡。教育心理学认为设置认知冲突是提高学生课堂参与度的重要因素。学生的认知冲突是学生学习动机的源泉,也是学生积极参与思维活动的重要原因。所以,教师在教学中要不断设置认知冲突,让课堂焕发出生命活力,激活书本知识,唤起学生学习的内在需要,使学生在近乎真实的学习背景或解决实际问题的过程中,感受存在的矛盾和冲突,感悟新旧知识之间的联系,形成学习能力。

**课堂问题生成**:是指在课堂上学生学习过程中产生的问题。苏霍姆林斯基认为,在人的心灵深处,都有一种根深蒂固的需要,这就是希望感到自己是一个发现者、研究者、探索者,在儿童的精神世界中,这种需要则特别强烈,问题情境能满足这种需要。"读书先要会疑。于不疑处有疑,方是进矣。有疑而不疑者,不曾学,学则须疑。"这是晋代学者张载的读书名言,它充分说明学习是一个不断质疑和释疑的过程。化学新课程强调学生探究能力的培养,要求学生具备较强的问题意识,能够发现和提出有探究价值的化学问题,敢于质疑,勤于思考,因此"问题生成"就成为主要教学手段之一。

**自主探究**：是当今新课程理念所提倡的一种学习方式。它要求学生要做课堂的主人，根据一定的情景自己提出问题，并在教师的引导下发挥自己的主观能动性，调动自己的各种感觉器官，通过动手、动眼、动嘴、动脑，主动地去获取知识，即学生有计划、有目的、有步骤地进行研究与探索，从而获得结论的学习方法。

## 二、探索利用认知冲突促进核心素养落实的教学模型

新课标中提出"学生化学学科核心素养的发展是一个自我建构、不断提升的过程"。课堂上的体验活动为学生自我建构、不断提升创造了广阔的舞台，体验活动是否能有效触发学生的认知体验、情感体验和心理体验，取决于激发体验热情的导火索——认知冲突。学源于思，思源于疑，认知冲突是激发思维的第一步，有利于课堂问题生成，有利于激发学生的认知，需要有自主探究的愿望，促进学生进行知识的自我建构，从而提升学生的思维能力和自学能力，促进核心素养的落实。

在教学实践中，通过"设置认知冲突，激发课堂问题生成，促进学生自主探究"的教学途径，在体验活动中落实核心素养，收到了比较好的教学效果。教学中总结提炼出教学模型如下：

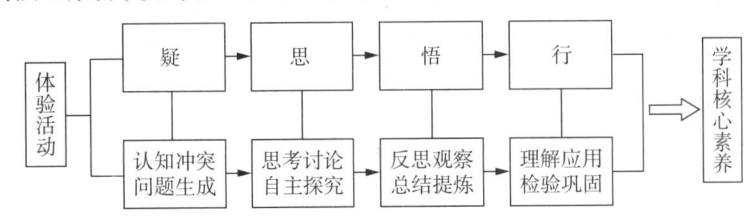

体验活动 → 疑（认知冲突 问题生成）→ 思（思考讨论 自主探究）→ 悟（反思观察 总结提炼）→ 行（理解应用 检验巩固）⇒ 学科核心素养

疑——创设合理情境，投石激浪，引发学生的认知冲突，打破原有的认知平衡，唤醒学生的质疑思维，因势利导，从而激发学生的认知渴求。

思——在思考中自主探究，主动建构认知体系。

悟——在反思中领悟、总结、提炼，建立新的认知平衡体系。

行——在应用中践行新的认知体系，能力得到提升。

课堂上的体验活动，从矛盾冲突打破原有认知的平衡开始，通过"疑、思、悟、行"解决矛盾，建立新的认知体系。当一个认知冲突解决之后，变换情景，诱发新的认知冲突，更能进一步激活学生的思维，优化认知结构。每个教学环节不是简单的重复性体验活动，而是教师的预设和课堂的生成交融在一起，引导学生的思维阶梯式地向纵深发展，最后建立新的完整的认知平衡体系。体验活动体现循序性、递进性，在多次认知冲突下的体验循环中逐步提升学生的综合能力。

## 三、课堂教学实践与思考——以"氧化还原反应"教学设计为例

本课题的关键是认知冲突的设置。巧设认知冲突，就能够激发学生学习的热情和学习的动力，促进学生在认知体验、情感体验和心理体验中的自我建构。只要教师潜心研究，就会挖掘出设置认知冲突的问题素材，就会让学生的体验焕发勃勃生机。

## （一）由新旧知识的结合点生成认知冲突

学生认知发展规律是化学课程内容选择与编排的重要原则，这就使得同一类型的知识在不同的教学阶段反复出现，但在内容的深广度上存在较为明显的差异。探寻新旧知识的联系，并将此作为新知识的起点，可以促进新知识的学习。研究表明，那些和学生已有的知识有一定的联系，学生知道一些，但是凭已有的知识又不能完全解决的问题，也就是说在"新旧知识的结合点"上最能激发学生的认知冲突，使其原有的认知结构受到冲击，思维陷入矛盾之中，从而远离认知结构"平衡态"，引发课堂问题生成，学生的好奇心和旺盛的求知欲形成内驱力，使学生有目的地进行积极地探索。

**教学环节一　旧知再现　从实现 Cu→CuO→Cu 的转化说起**

【师】用你所学的化学知识，如何实现 Cu→CuO→Cu 变化？写出对应的化学反应方程式。

**设计意图：** 从得氧失氧的角度，回顾氧化还原反应的概念，为接下来生成认知冲突做好铺垫。

**教学环节二　分组实验　矛盾冲突激发探索欲望**

【分组实验】实现 Cu→CuO→Cu 的转化。用镊子夹取铜片在酒精灯上灼烧，然后浸入实验台上小烧杯中的神秘未知溶液中，注意观察铜表面的变化。

【学生交流】

（1）描述实验现象：铜表面由红变黑，又由黑变红。

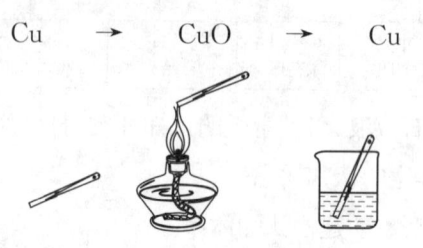

$$Cu \longrightarrow CuO \longrightarrow Cu$$

（2）学生从得氧失氧的角度，分析铜表面发生变化的原因。

$$Cu \xrightarrow[\text{被氧化}]{\text{得氧}} CuO \xrightarrow[\text{被还原}]{\text{失氧}} Cu$$

【教师引导】这种神秘的溶液是什么呢？是酒精！反应中酒精发生什么变化呢？请看化学方程式：

$$C_2H_6^{18}O + CuO \xrightarrow{\triangle} C_2H_4^{18}O + Cu + H_2O$$
$$\text{乙醇(酒精)} \qquad\qquad \text{乙醛}$$

【认知冲突 问题生成】有氧化就一定有还原，二者同时存在。如果 CuO→Cu 的转变是失氧被还原，那么酒精就应该是得氧被氧化，但是，同位素示踪法证明了反应前后酒精中的氧元素没发生变化，就是说，酒精被氧化没有发生得氧，这是为什么呢？难道氧化还原反应不是都伴随有得氧和失氧吗？

【思考讨论 自主探究】对于上述反应，铜元素除了由化合态 CuO 转化为游离态 Cu，还伴随着什么变化呢？比较一下上述这些反应，分别从得氧失氧的角度和元素化合价变化的角度，分析反应的相同点和不同点。从 $C_2H_6^{18}O$ 到 $C_2H_4^{18}O$ 没有得氧，但酒精的确将氧化铜还原了，自身被氧化了。由此看来，氧化还原反应中不一定发生得氧失氧，从得失氧的角度认识氧化还原反应是片面的，不科学的。

【反思观察 总结提炼】氧化还原反应的特征是元素的化合价发生改变。从元素化合价升降的角度总结氧化剂与还原剂、氧化反应与还原反应等概念。

【理解应用 检验巩固】练习：判断所列化学反应是否是氧化还原反应：

$$Cl_2 + H_2O \rightleftharpoons HCl + HClO$$

$$H_2 + Cl_2 \xrightarrow{\text{点燃}} 2HCl$$

$$CaO + H_2O \longrightarrow Ca(OH)_2$$

$$CaCO_3 \xrightarrow{\text{高温}} CaO + CO_2\uparrow$$

$$2HClO \xrightarrow{\text{光照}} 2HCl + O_2\uparrow$$

$$Zn + 2HCl \longrightarrow ZnCl_2 + H_2\uparrow$$

$$Fe + CuSO_4 \longrightarrow Cu + FeSO_4$$

$$NaOH + HCl \longrightarrow NaCl + H_2O$$

$$MnO_2 + 4HCl(\text{浓}) \xrightarrow{\triangle} MnCl_2 + 2H_2O + Cl_2\uparrow$$

设计意图：酒精被氧化却没有得氧，旧知不能解释新的问题，原有的认知平衡被打破，引发认知冲突。矛盾冲突激发了探索欲望。这些活动的设计基于原有知识，而原有知识又不能解决当前问题，由此就会促使学生产生一种"愤悱"状态。此时，师生共同分析化学反应中各元素化合价变化的特点，就可以发现两者的共同特征在于化合价发生变化，从而将"氧化还原反应"的学习由表及里引向深入。在思考讨论、反思总结的过程中，教师注重引导学生从宏微结合的视角分析与解决由认知冲突而生成的问题，使学生在体验活动中解决问题的能力得到提升，促进了学科核心素养的落实。

## （二）由经验与事实相悖而引发认知冲突

学生对原有的知识经验与眼前所观察到的实验事实的矛盾冲突感到惊讶、困惑，进而产生强烈的学习动机，非常想对矛盾的根源所在一探究竟。正如亚里士多德所说："思维从对问题的惊讶开始。"心理学研究也表明，思维通常是与问题联系在一起的，意识到问题的存在是思维的起点。当一个人感到需要弄清"是什么""为什么""怎么办"的时候，他就能把自己的思维调动起来。

**教学环节三　分组实验　反常现象引发深入思考**

【分组实验】利用实验台上提供的烧杯、石墨电极、导线、电流表、锌片、铜片、稀硫酸等实验用品，进行分组实验，将锌板和铜板同时插进稀硫酸中，注意观察锌板和铜板上的现象，然后用导线连接铜和锌，中间串联一个电流表，再重新将锌板和铜板插进稀硫酸中，形成闭合回路，注意观察锌板和铜板上的现象。

【学生交流】导线连接前，锌板有气泡生成，铜板无现象；导线连接后，电流表指针偏转，开始锌板上有气泡，过段时间，锌板气泡减少，铜板上气泡增多。

【认知冲突 问题生成】铜不能与稀硫酸反应，为什么导线连接后铜的表面有气泡？

导线连接前后现象比较

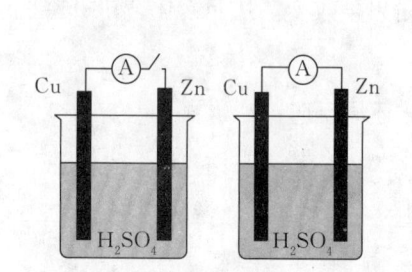

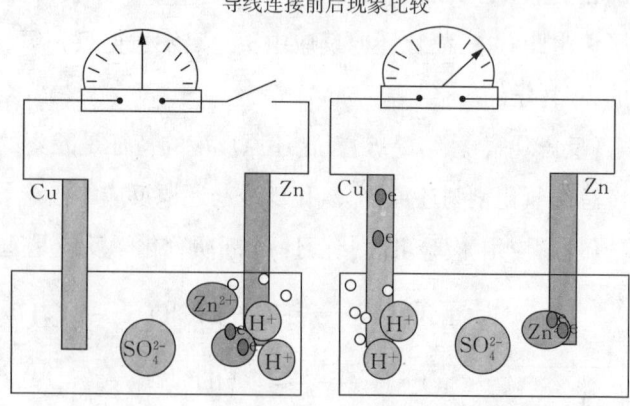

【思考讨论 自主探究】电流表的指针为什么发生偏转？有电流生成说明导线中有带电粒子的定向运动，什么粒子？导线中只能是电子，电子从何而来呢？导线连接前，$H^+$直接在锌板上得到电子生成氢气；导线连接后，锌失电子，电子通过导线流到铜板，$H^+$在铜板上得到电子生成氢气，因为电子做了定向移动，产生了电流，所以电流表的指针发生偏转。

【反思观察 总结提炼】这个实验充分证明了：发生氧化还原反应时电子发生了转移。

【动画演示】动画模拟微观粒子的运动情况，加深认识。

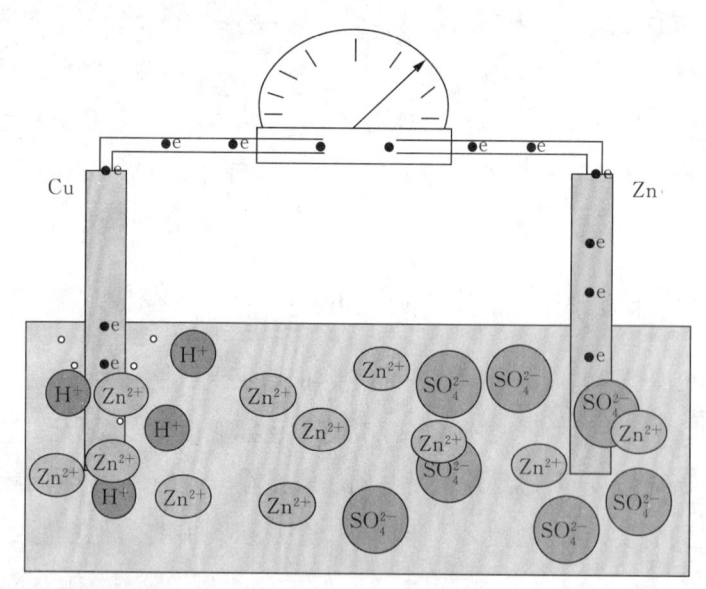

【思考讨论 自主探究】元素化合价的改变和电子的转移与原子结构的稳定性有必然的联系吗？要求学生以钠在氯气中燃烧为例探究。

学生以氯化钠的形成为例进行分析、研究，得出：Na原子最外层有一个电子不稳定，易失去一个电子达到稳定结构，Cl原子最外层有七个电子不稳定，易得到一个电子达到稳定结构。当Na原子和Cl原子接近化合时，Na原子将最外层的一个电子转移给Cl原子，从而使双方都达到稳定结构，形成了$Na^+$和$Cl^-$。$Na^+$和$Cl^-$分别表现出化合价为$+1$和$-1$。然后$Na^+$和$Cl^-$又通过静电作用形成稳定的化合物NaCl。

【反思观察 总结提炼】学生通过自主探究得出的结论是：电子的转移引起了元素化合价的改

变,氧化还原的本质是电子发生转移。进而从电子得失的角度总结氧化剂与还原剂、氧化反应与还原反应等概念。

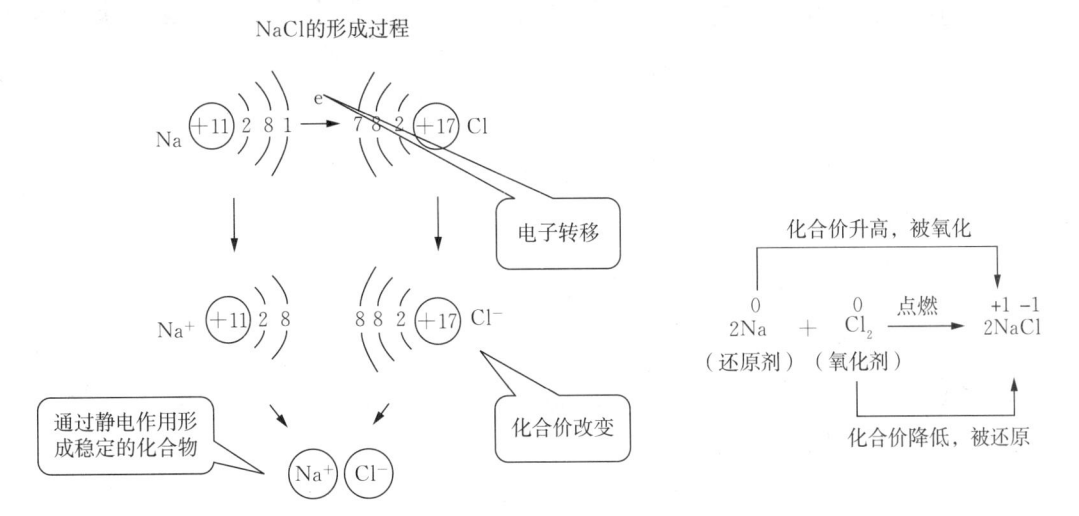

NaCl的形成过程

$$2\overset{0}{Na} + \overset{0}{Cl_2} \xrightarrow{\text{点燃}} 2\overset{+1\ -1}{NaCl}$$
（还原剂）（氧化剂）
化合价升高,被氧化
化合价降低,被还原

**设计意图：** 反常的实验现象又一次引发认知冲突,学生带着问题一步一步向氧化还原反应的实质逼近。这些认知冲突的产生及问题的最终解决使学生的认知结构又趋于新的平衡,认知水平又螺旋式地上升到一个新的高度。从得氧失氧、元素化合价改变到电子转移,体验活动中学生完成了对氧化还原反应概念的由表及里再认识。体验过程中,在教师有效的"引导"和学生不断的"发现"中,学生的"宏观辨识与微观探析""证据推理与模型认知""科学探究与创新意识"核心素养得到充分发展。

## （三）理论与具体问题相遇诱发认知冲突

学生满心欢喜地运用新建立的认知体系去解决实际问题,但是在解决问题的过程中,还会遇到各种复杂的情况,它们就像云雾一样笼罩在事物的表面,错综复杂,很难看清事物的本质,这时就很容易被一些表面现象诱发认知冲突,这种冲突自然会引起学生的极大好奇,所以,在实际应用中不失时机地创设一些认知冲突,不仅能使学生避免进入思维误区,认清问题的本质,更能完善学生的认知结构,更能培养学生科学探索与创新能力。

**教学环节四  原理运用  实际问题深化反应真谛**

【理解应用】判断：下列关于双氧水与酸性高锰酸钾溶液的反应是氧化还原反应吗？化学方程式的配平哪个正确？（    ）

A. $2KMnO_4 + H_2O_2 + 3H_2SO_4 = K_2SO_4 + 2MnSO_4 + 3O_2\uparrow + 4H_2O$

B. $2KMnO_4 + 3H_2O_2 + 3H_2SO_4 = K_2SO_4 + 2MnSO_4 + 4O_2\uparrow + 6H_2O$

C. $2KMnO_4 + 5H_2O_2 + 3H_2SO_4 = K_2SO_4 + 2MnSO_4 + 5O_2\uparrow + 8H_2O$

D. $8KMnO_4 + 2H_2O_2 + 12H_2SO_4 = 4K_2SO_4 + 8MnSO_4 + 11O_2\uparrow + 14H_2O$

【认知冲突 问题生成】初中学生就知道,化学方程式的配平遵循质量守恒定律,反应前后原子守恒,并且方程式的系数是唯一的。以上四个化学方程式的配平都满足了原子守恒,哪个是对的？难道都是对的吗？如何辨别真伪？

【思考讨论 自主探究】教师引导学生思考，氧化还原反应中氧化反应和还原反应同时发生，元素化合价有升必有降，电子有得必有失。于是，学生围绕电子得失引起元素化合价的改变展开讨论，根据反应前后元素的价态升降变化数目，进而得出"得电子总数和失电子总数必然相等"的结论。

【反思观察 总结提炼】氧化还原反应方程式的配平不仅要满足原子守恒，还要满足得失电子守恒。

【理解应用 检验巩固】在实验室制氯气的反应中，

$$MnO_2 + 4HCl \xrightarrow{\triangle} MnCl_2 + Cl_2\uparrow + 2H_2O$$

氧化剂和还原剂物质的量之比为多少？学生根据电子守恒分析不难得出，盐酸只有一半被氧化，所以氧化剂和还原剂之比为1∶2。

**设计意图**：在这样实际运用的教学环节中，刚建立的认知新平衡遇到无法解释的问题，求知的欲望自然引发，于是教师因势利导提出，不仅氧化还原反应的配平要满足得失电子守恒，而且涉及氧化还原反应的计算时也要充分利用得失电子守恒。这样一来，澄清了学生的模糊认识，学生对知识的理解更为透彻，教学更加有效。在思考讨论、反思总结过程中，培养了学生严谨的科学态度和解释现象、发现本质的科学探究能力，核心素养进一步得到落实。

总之，氧化还原反应概念的转变过程就是认知冲突的引发及其解决的过程，也是核心素养有效落实逐级深化的过程。

## 四、结束语

创设认知冲突，应设法唤起学生已有的认知，引起学生对所学内容更深层次的思考和把握，也就是要触动、激发学生思维。有效的认知冲突设计要立足学生的实际，接近学生的最近发展区，难易适中。过难或者梯度跨越太大，学生思维力不及，过于简单直白，引不起思维的碰撞，一定要让多数学生在课堂上有一种"跳一跳"才摘到桃子的感觉。所以，教师根据教学内容，要善于挖掘学生的认知盲点，有效利用认知冲突激发课堂问题生成，让学生在教师精心设置的活动或者情境中，以问促思，以问导学，同时引领学生进行有目的的思考、探索，让学生感到自己是一个发现者、研究者、探索者，进而养成勤思、善想、好问、深钻的良好思维习惯和不断探索的科学精神。

教学实践证明，"设置认知冲突，激发课堂问题生成，促进学生自主探究"是一条落实学科核心素养的有效途径。这条途径紧紧围绕新课标的要求，"倡导真实问题情境的创设，开展以化学实验为主的多种探究活动，重视教学内容的结构化设计，激发学生学习化学的兴趣，促进学生学习方式的转变，培养他们的创新精神和实践能力"，重视开展以"素养为本"的教学。认知冲突激发课堂问题，让学生在体验活动中有的放矢，不仅促进了学生的深度学习，同时发展了学生的核心素养。

在课堂上落实核心素养的有效途径的探索永无止境,它需要我们用心去发现,用心去创设,这就要求教师善于分析教材,挖掘教材和利用教材,为有效落实核心素养做好铺路石。

## 主要参考文献

[1] 张雅军.建构主义指导下的自主学习理论与实践[M].上海:华东师范大学出版社,2011.

[2] 鲍道宏.现代教育理论:学校教育的原理与方法[M].上海:华东师范大学出版社,2012.

[3] 王天蓉,徐谊.有效学习设计[M].北京:教育科学出版社,2010.

[4] 王德胜.化学方法论[M].杭州:浙江教育出版社,2007.

[5] 中华人民共和国教育部.普通高中化学课程标准(2017年版)[S].北京:人民教育出版社,2018.

[6] 沈峥."认知冲突法"在化学教学中的应用[J].化学教学,2007(10).

[7] 朱建兵,袁春仙.在"认知冲突"中系统认识氧化还原反应[J].化学教与学,2013(2).

# 从新老教师同课异构谈对学生化学核心素养的培养

上海市吴淞中学　李　玲　乔心悦

> **摘要**
>
> 培养学生核心素养，是贯彻党的教育方针培养全面发展的社会主义接班人的重要举措。课堂教学是培养学生核心素养的重要途径。本文通过新、老两位教师对高中化学《8.2 铝和铝合金的崛起》同课异构的教学设计，来浅谈教学实践中培养学生核心素养的实践体会。以达到使课堂教学由"知识本位"转变为"重视素养"、促进学生核心素养的提升、深化课程改革的目的。

**关键词**

核心素养　同课异构　教学实践

## 一、培养学生核心素养是化学教学的价值追求

课堂教学是教育活动最常见、最普遍的方式，是培养学生核心素养的落脚点和重要途径。其最根本的价值追求是以化学知识为载体，发展学生的核心素养促进学生发展。习近平总书记在十九大报告中指出："优先发展教育事业。建设教育强国是中华民族伟大复兴的基础工程，必须把教育事业放在优先位置，要全面贯彻党的教育方针，落实立德树人根本任务，发展素质教育，培养德智体美全面发展的社会主义建设者和接班人。"2014年教育部研制印发的《关于全面深化课程改革落实立德树人根本任务的意见》，提出"教育部将组织研究提出各学段学生发展核心素养体系，明确学生应具备的适应终身发展和社会发展需要的必备品格和关键能力"。

学生发展核心素养，主要指学生应具备的，能够适应终身发展和社会发展需要的必备品格和关键能力。落实学生核心素养是落实立德树人根本任务的一项重要举措。中国学生发展核心素养以培养"全面发展的人"为核心，分为文化基础、自主发展、社会参与三个方面，综合表现为人文底蕴、科学精神、学会学习、健康生活、责任担当、实践创新等六大素养。

化学学科核心素养是学生发展核心素养的重要组成部分，包括以下五个方面：宏观辨识与微观探析、变化观念与平衡思想、证据推理与模型认知、实验探究与创新意识、科学精神与社会责任

等。化学教师不仅要明确课堂上"教什么",更要明确"为什么教";不仅要明确今天的学生"会什么",更要明确我们的学生今后"能会什么",为今后的发展应具备怎样的必备品格和关键能力。这些必备的品格和关键能力怎样通过化学教学去落实?如何通过化学教学中学科素养的培养,来实现学生发展核心素养的提升,已成为化学教师的普遍共识。

## 二、以新老教师的同课异构为例,剖析学科核心素养的落实

随着课程改革的不断深入,新的教学理念更加深入人心。本文仅就上教版高二化学教材《8.2 铝及铝合金的崛起(第一课时)》一课为例,列举两位教师分别根据自己的教学经验、知识背景、情感体验,设计出的同课异构的教学片段,从中对化学课堂培养学科素养的状况可见一斑。

### (一)两节同课异构的部分教学片段

**教学片段甲:授课人,李老师,教龄33年。**

1. 通过文字及图片资料了解铝及铝合金的性能及应用。(增强对铝及铝合金的直观认识,建立化学与生产生活的联系,感受化学物质的实用之美)

2. 归纳铝的物理性质及对应的用途。(性质决定用途)

3. 研究铝的化学性质:从上一节学习的金属铁的化学性质可知,铝应该像铁一样能与非金属、水、酸、碱、盐反应。(类比推理)

(1)与非金属反应

问题:根据熟知的金属活动顺序,铝比铁活泼,但是常见的铁制品锈迹斑斑,但铝制品却不易腐蚀,光洁平整,为什么?

【演示】酒精灯上加热铝片。(熔而不滴,认识铝表面致密的氧化膜。通过铝的熔点及酒精灯火焰温度培养"证据推理"能力,判断致密氧化膜的存在)

$$4Al+3O_2 \longrightarrow 2Al_2O_3$$

【演示】毛刷实验。(去掉致密氧化膜后,铝的氧化。认识不同条件下生成不同形态的氧化铝)

过渡:可见铝极易结合空气中的氧气而被氧化,那么铝是否容易结合氧化物中的氧呢?

(2)与某些氧化物反应

【演示】铝热反应。学生观察并描述实验现象,分析得出结论。(提升对实验现象的观察、分析能力,透过现象看本质)

$$Fe_2O_3+2Al \longrightarrow 2Fe+Al_2O_3$$

①从能量的角度分析。(铁熔融后呈红热状态。树立化学反应中的能量观)

②铝热反应的应用说明。(树立学生的"成本控制"意识,培养经济化、绿色化的化学技术思想和社会责任感)

（3）与水反应

【演示】铝跟水的反应。

$$2Al+6H_2O \xrightarrow{沸腾} 2Al(OH)_3\downarrow +3H_2\uparrow （生成白色沉淀和无色气体）$$

加入氢氧化钠溶液，再观察现象。引出铝与碱溶液的反应。（以学生已知的金属钠和铁与水反应的本质为入口分析铝与水的反应，建立化学反应思想和类比迁移的学科方法）

（4）与氢氧化钠溶液反应

【演示】去掉氧化膜的镁条、铝条与氢氧化钠溶液的反应。

学生观察、对比、分析。通过分析写出反应的化学方程式。

$$2Al+6H_2O \xrightarrow{沸腾} 2Al(OH)_3\downarrow +3H_2\uparrow$$

$$Al(OH)_3+NaOH \longrightarrow NaAlO_2+2H_2O$$

总反应：$2Al+2NaOH+2H_2O \longrightarrow 2NaAlO_2+3H_2\uparrow$

（5）与酸反应

【演示】去掉氧化膜的镁条、铝条分别放入盐酸、浓硝酸中。

学生观察、对比、分析。描述现象，写出与盐酸反应的化学方程式及离子反应方程式。

$$2Al+6H^+ \longrightarrow 2Al^{3+}+3H_2\uparrow （引导学生探究本质，发现规律）$$

铝在冷浓硝酸中钝化。

（6）与盐反应。（从上述毛刷实验中的 $Hg^{2+}$ 以及 $Cu^{2+}$ 与 $H^+$ 氧化性强弱的比较中结论呼之欲出）

**教学片断乙：授课人，乔老师，教龄 8 年。**

【导入】在学习铝的性质之前，我们先讲一个和铝有关系的小故事：

法国拿破仑三世是一位爱慕虚荣的皇帝，为了显示自己的阔绰有余，他喜欢举行宫廷宴会，来宾用的是金餐具，而唯独他用的是铝餐具，使宾客们羡慕不已。因为当时铝极其稀少，价格远高于黄金。

当时铝这么珍贵，是因为地壳中铝的含量少吗？显然不是，铝是地壳中含量最高的金属元素。真正的原因是当时铝的冶炼技术差。而我们现在的生活，铝随处可见，比如教室的铝合金窗子、铝制炊具、易拉罐等。接下来，我们言归正传，来具体学习铝的性质。

根据金属活动性顺序表，铝是一种比较活泼的金属，比铁活泼；从微观角度来看，我们知道铝原子的最外层有 3 个电子，易失去，表现出强的还原性。

【板书】铝的原子结构示意图。

既然铝是一种活泼的金属，根据以前我们学过的知识推断，它应该有哪些性质呢？

【板书】铝的化学性质

1.与非金属单质化合

$$4Al+3O_2 \xrightarrow{点燃} 2Al_2O_3$$

## 2. 与酸的反应

(1) $2Al+6HCl \longrightarrow 2AlCl_3+3H_2\uparrow$

$2Al+6H^+ \longrightarrow 2Al^{3+}+3H_2\uparrow$

分组实验：打磨后的 Al 片放入浓 HCl 中。(现象：与浓 HCl 剧烈反应，产生大量的气泡)

演示实验：打磨后的 Al 片投入浓 $H_2SO_4$ 中。(现象：无明显现象)

设问：难道铝与浓 $H_2SO_4$ 不反应？

师：不是的，有的同学预习得很好。是钝化了！

师：请大家看课本导读。(常温下，铝遇浓 $HNO_3$、浓 $H_2SO_4$ 是会在表面生成致密的氧化膜而发生钝化，从而阻止内部金属进一步发生反应)

【板书】(2) 钝化：常温下，铝遇浓 $H_2SO_4$、浓 $HNO_3$ 钝化。

## 3. 与盐溶液置换反应

$$2Al+3CuSO_4 \longrightarrow Al_2(SO_4)_3+3Cu$$

师：现在我们动手做铝与硫酸铜溶液反应的实验。

分组实验：(1、2 组的同学)不打磨的 Al 片投入 $CuSO_4$ 溶液中，观察现象。

生：无明显的变化。

设问：奇怪！刚才不是说铝是活泼的金属吗？现在怎么不会与 $CuSO_4$ 溶液反应？难道药品变质了？

分组实验：(3、4 组的同学)用砂纸打磨过的 Al 片投入 $CuSO_4$ 溶液中。

提示：投入前，观察打磨后的铝表面与未打磨有何不同；投入后，再观察铝表面有什么变化。

生：打磨后铝表面比较光亮；投入到 $CuSO_4$ 溶液中一小段时间后，铝表面变红，说明有铜单质生成，确实发生了置换反应。

初步结论：铝与硫酸铜是会反应的，但是因为铝表面有东西把铝单质给包住了，阻碍了铝与 $CuSO_4$ 溶液的置换反应。

师：请大家看课本导读。(铝在空气中能表现出良好的抗腐蚀性，是因为它与空气中的氧气反应生成致密的氧化膜并牢固地覆盖在铝表面，阻止了内部的铝与空气接触，从而防止铝被进一步氧化)同样的，因为未打磨的铝片被外面的氧化膜包裹住了，所以不能与 $CuSO_4$ 溶液发生反应。即良好的抗腐蚀性能，致密的氧化膜并牢固地覆盖在铝表面。这就是为什么铝在空气中不会生锈，而铁就会生锈。

过渡：铝除了有这些性质以外，还有其他特殊的性质吗？

分组实验：打磨后的铝片投入到 6mol/L 的 NaOH 溶液中。

现象：产生大量的气泡。

初步结论：铝是会和 NaOH 溶液反应的。

追问：气体是什么气体？还生成了其他的物质了吗？

分析：①$2Al+6H_2O \longrightarrow 2Al(OH)_3+3H_2\uparrow$

②$Al(OH)_3 + NaOH \longrightarrow NaAlO_2 + H_2O$

由①+②得，③$2Al + 2NaOH + 2H_2O \longrightarrow 2NaAlO_2 + 3H_2 \uparrow$

【板书】4. 与NaOH溶液反应

$$2Al + 2NaOH + 2H_2O \longrightarrow 2NaAlO_2 + 3H_2 \uparrow$$

$$2Al + 2OH^- + 2H_2O \longrightarrow 2AlO_2^- + 3H_2 \uparrow$$

铝与NaOH溶液的反应，是铝区别于其他金属最大的特征，可以利用这个性质除去镁粉中混有的少量铝粉。

过渡：铝还有一个广泛应用于生活的特殊性质，那就是铝热反应。

演示实验：铝粉　$Fe_2O_3$粉末　氯酸钾铺在上面　燃着的Mg条插入

现象：剧烈反应，铁以熔融形式流出。（展示反应后光亮、红热的铁球）

追问：如何用本课内现有的试剂证明"红热铁球"的成分？（培养实验探究与创新意识，学会证据推理，树立证据意识）

【板书】5. 铝热反应

$$2Al + Fe_2O_3 \longrightarrow Al_2O_3 + 2Fe$$

......

## （二）对两个教学设计中培养核心素养落脚点的剖析

铝和铝合金是当今社会使用非常广泛的金属材料，与生产、生活关系密切。通过单质铝的教学，促进学生理解化学与人类进步的关系，激发学生对化学学习的热爱。在教学设计中两位老师都注意做到了以知识技能为主线、渗透情感态度价值观、并充分体现在过程和方法中，充分运用本课的素材进行核心素养的落实。

1. 挖掘知识点间的内在联系，培养"变化观念"和"微观本质探析"

铝单质有六条化学性质，分别与非金属、与水、与酸、与碱溶液、与某些氧化物、与盐发生反应。在应试教育理念下，让学生逐条记住，再默出方程式，然后做题训练，似乎也可获得不错的分数。但是这种死记硬背的学法对学生核心素养的培养、对培养可持续发展的人有百害而无一利。所以，甲方案的课堂上老师启发学生对这六条貌似独立的性质加以本质上的探究。从学生熟知的金属钠与水的反应分析，其本质就是铝与水电离出的$H^+$之间的电子转移，由于非氧化性酸溶液中的氢离子浓度远高于水中，势必更易发生这种反应。顺理成章地迁移到金属与非氧化性酸及碱溶液的反应。使学生发现这六条性质中其实质上都是铝原子失电子被氧化的过程，就是铝的金属活泼性的体现。并且把前一节课学习的铁的性质与铝进行类比迁移，让学生学会把纷繁多样的化学反应进行类比和分类。"变化观念"和"微观探析"的化学素养得以提升，认识了物质的变化是有条件的，从内因、外因、量变、质变等方面分析物质的变化。从化学课堂上学会了超越化学知识的、可迁移的思维方法。

2. 注重引导学生树立社会责任感，赞赏化学对社会发展的重大贡献

陶行知曾说，"生活即教育，社会即学校，教学做合一"。通过本节课，让学生逐步对化学学科

有客观、正面、积极的认识。让学生把所学的知识应用到日常生活中与化学有关的问题上,如铝合金的应用,铝的耐腐蚀性的应用,铝热反应的应用,等等。使这种应用意识和能力真正成为学生科学素养的一部分。

两个课例在引入环节上都渗透了核心素养的培养。甲在引入环节中通过投影呈现铝和铝合金的广泛应用,了解化学物质的实用美;通过欣赏含铝物质(红宝石、蓝宝石等)来感受化学物质形态之美、实用之美等达到欣赏物质世界之美、生活之美、生命之美。乙方案以化学史及身边铝制品为情景,让学生感知化学就在我身边。培养学生积极阳光的心态,热爱化学、热爱这个世界、热爱生命本身。还让学生知道学好化学知识才能更合理更科学地利用这些美好的化学物质。从而提升学生的良好心态和人文底蕴。

3. 以课堂上"铝热反应的演示实验"为载体,培养学生的实验能力、证据意识、创新精神和社会责任感

两节课的设计中最大的亮点是都从不同的角度对"铝热反应"的育人价值做了充分的挖掘,有异曲同工之效。在甲的课堂上,激烈而刺激的现象让教室里沸腾起来。学生了解了反应原理、引发条件及方程式的表达,应该说基本达到知识目标的要求了。但是甲方案中教师希望通过本节课,给学生提供化学学科认识世界的独特的视角,对学生的学科素养提升有所帮助。所以她向正处于兴奋之中的学生们抛出问题"工业大量炼铁能否用此反应?"学生回答不一。教师随即说道:"把化学知识与社会生产相联系的纽带是化学技术,而成本控制是化学技术的基本原则之一。"学生恍然大悟,用铝来炼铁成本高不经济。教师又说:"为了实现更高的经济价值,有时也可以牺牲铝来换取铁,即用铝热反应的原理来焊接钢轨。"激发了学生的学习兴趣,使学生主动了解铝热反应的应用,并了解了我国高铁技术的快速发展。至此教师又进一步拓宽学生的视野:"铝热反应放出大量的热,这些热量使得可用此反应冶炼难熔金属或焊接铁轨。化学反应所释放的能量是当今世界上最重要的能源。"让学生认识到化学体系可以是一种储能体系,通过控制一定的反应条件,可有效调节和控制能量的存贮和释放过程。使学生从化学的角度来认识能源、认识世界,从而实现学生的核心素养的提升。

乙方案中,整体设计上充分运用了分组实验的手段。让学生自己操作实验,体验感知化学反应的现象和本质。并且把实验的功能不仅仅定位在"提升兴趣"的初级要求,而且在创新性上做文章。比如在铝热反应得到的"红热铁球"后教师的设问"铁球的化学成分是什么",让学生对精彩的化学现象做深入的思考。学生的设计中运用了使敲碎的铁球分别与氢氧化钠溶液、硫酸铜溶液反应来寻找证据,从而推理出"铁球"的成分。不仅使本节课的教学重点"铝与氢氧化钠溶液的反应"得到巩固和运用,更是培养了学生创新思维、证据推理和科学态度。同时,实验手段的科学利用也让学生领略到化学内容的鲜活与灵动,绝不是苍白无力的死记硬背。对学生今后的超越化学课堂的学习以及终身的可持续发展都会大有裨益。

## 三、对化学课堂上培养学生核心素养的展望

### （一）培养学生发展核心素养需要教师以深度教学唤醒学生的深度学习

由上可见，即使是同样的教学内容，不同的教师在落实核心素养培养的策略和方法上也不尽相同。因此，在教师间不断开展同课异构，落实核心素养的策略与方法的交流、取长补短十分必要。同时需要教师不仅具备学科的基础知识还要有丰富的文化底蕴和主动培养学生发展核心素养的使命感，以实现知识教学的价值目标。以此来带动学生的主动参与，使学生的学习成为富含高阶思维的深度学习。

### （二）培养学生发展核心素养，需要学校过程评价与结果评价并举

"勤学如春起之苗，不见其增，日有所长"，学生学科核心素养不是一朝一夕、立竿见影就能形成的，需要化学教师不失时机地、经常性地以不同的教学内容为载体落实核心素养的不同侧面。长此以往才会积水成渊，丰富学生的核心素养。很显然核心素养的培养与落实是隐性的，策略与手段是不思则无而思之深远的，是现有评价体系中无法量化评价的指标。应试教育还存在，就一定有"分数为重"的评价机制，就需要化学教师在"眼中有分"和"眼中有人"之间建立良好的平衡点，做到两者融合，两者并重。同时更需要学校的管理者，将教学的过程评价和结果评价并举，让教师舍得花时间和精力开展基于核心素养的教学活动。在制度上为核心素养的培养、为素质教育的落实提供保障。

总之，对学生核心素养的培养需要教师肩负使命、持之以恒，从"理念转变"到"行为改进"直至驾轻就熟"落实到位"，我们一直在路上。

**主要参考文献**

[1]　谢兆贵.学科思想方法与中学化学教学[M].南京:江苏凤凰教育出版社,2015.
[2]　王玉强.深度教学[M].上海:华东师范大学出版社,2012.

# "单元作业设计"是落实并发展学生核心素养目标的有效路径

## ——"开发海水中的卤素资源"作业、试卷案例编制意图及体会

上海市吴淞中学　李　玲

**摘要**

在2018年上海市中小学优秀作业、试卷案例评比活动中，该案例获得上海市高中化学组一等奖。本文阐述了该"单元作业设计"的设计思想和意图，通过单元作业来构建落实并发展学生核心素养目标。以"单元作业设计"为基点，提升教师的作业设计及命题能力，并为全面开展行之有效的"单元教学设计"奠定基础。该案例具有一定的实践性和示范性，表明"单元作业设计"是在教学实践中，落实并发展学生核心素养目标的有效路径之一。

**关键词**

单元作业设计　化学学科核心素养　核心知识与能力

## 一、案例设计的总体思考

### （一）与课程标准的关系

本案例内容选自必修课程主题2："常见的无机物及其应用"模块中的高一化学第二章 2.2 "海水中的氯"和 2.3 "从海水中提取溴和碘"。是在第一章"原子结构"的基础上，学习有关卤素单质和化合物的重要知识。不但让学生了解原子结构与单质化合物性质之间的内在联系，也可以掌握物质变化、物质提取的科学方法，还可以树立结构决定性质、合理使用资源、保护环境等化学思想，形成正确的价值观。

本单元作业在总体设计上有明确的目标意识，紧扣《上海市高中化学学科教学基本要求》和《普通高中化学课程标准(2017年版)》中的相关章节的学科能力要点和核心素养的要求，来制订单元目标，并力求在课时作业及单元测试中，做到单元目标全面覆盖。

## (二) 对发展学生核心素养的价值

核心素养是学生在真实情境中解决实际问题应具备的必备品格和关键能力。高中化学课程标准从学科素养角度分为"宏观辨识与微观探析""变化观念与平衡思想""证据推理与模型认知""科学探究与创新意识""科学态度与社会责任"五个方面,并将每个核心素养划分为四级不同水平。在每个课时作业的设计中,都会考虑以课时中化学本位知识为载体,促进知识与能力的融合,关注化学知识与社会的联系,在知识与能力发展的过程中来促进学生的核心素养的提升。

我们在"发展学生核心素养"的理念下进行案例设计,特别关注从核心素养类别及应达到的水平等级上编制每一个作业和测试题。针对每个课时的内容的不同,来重点发展与课时内容相匹配的核心素养。设计中提供基于核心知识与能力基础上的真实的问题情境,让学生在真实的问题情境中逐渐习得化学问题的解决方法和思维方式。并逐渐迁移到更多领域问题的解决上,从而使学生的核心素养得到主动发展。

## (三) 案例设计遵循的原则

科学性和思想性相结合的原则:作业设计要正确、客观地反映化学知识与技能。又要结合化学知识体现对学生思想、态度、价值观的教育。

理论和实践相结合的原则:引导学生善于把所学的化学知识技能应用到解决实际问题中去。

实验引领与启迪思维相结合的原则:体现"以实验为基础"的学科特征,把实验引领与启迪思维结合起来。

归纳共性与分析特性相结合的原则:培养学生善于分析典型、归纳共性,使得那些离散的化学知识系统化。又要关注隐藏于共性背后的特性的东西,便于学生构建自己的知识结构。

形式训练与情境思维相结合的原则:在形式训练的作业以外,设计非常规化的化学问题情境。使学生的思维具有灵活性和变通性,体现创造性的情景思维机智性。

# 二、作业设计的架构与特色

## (一) 课时作业安排的总体思考

本章知识结构依据内容的逻辑关系分为如下图所示的 6 个课时。

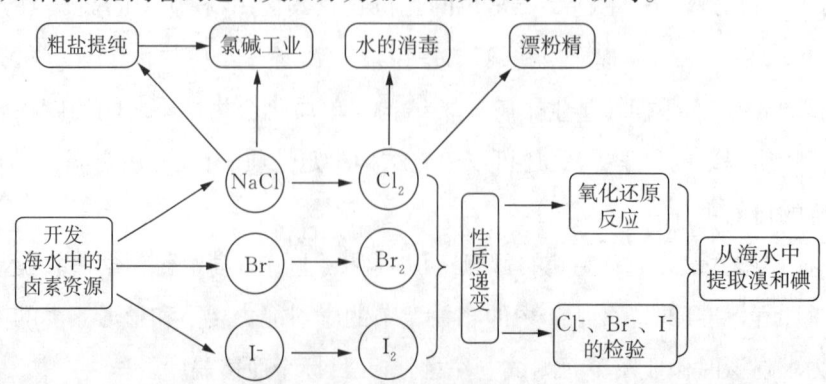

课时1：氯气性质的研究；

课时2：漂粉精和水的消毒；

课时3：氯、溴、碘的结构和性质递变规律；

课时4：进一步认识氧化还原反应；

课时5：怎样检验$Cl^-$、$Br^-$、$I^-$；

课时6：从海水中提取溴和碘。

作业形式多样化：书面作业与实践作业相结合；短期作业与长期作业相结合；自主作业与合作作业相结合。

知识、能力、素养递进化：每课时作业分别按"基础巩固、思维拓展、实践探究"三个层次编排，体现素养为本的设计理念。

## （二）各课时作业之间的相互关系

课时1是课时2的基础，由核心物质"氯气"性质（氯气与水、与碱反应）引出课时2"漂粉精"。

课时3是在课时1、2的宏观事实基础上，从微观角度对课时1、2加以理解、归纳和升华，有助于学生牢固树立"结构决定性质"的化学思想。

在课时1、2、3的基础上，课时4以具体的氯气等卤素物质为落脚点，把抽象的"氧化还原理论"具体运用到学生已知的卤素物质上，实现了"理论"与"实践"的交互印证。

第5课时，从实验的角度上，强调对1—4课时知识的运用，让学生掌握离子检验的理论及操作，为第6课时提供必要的实验技能。

第6课时，是对1—5课时知识的总体串联和应用，涵盖了对1—5课时知识在真实化学情境中的应用能力。通过对提溴、提碘过程的原理、流程、操作梳理运用，使学生巩固了知识、领会了相关思想，提升了核心素养。

## （三）长作业的作用

【示例】0001 单元长作业

"金山银山不如绿水青山"，水是地球万物赖以生存和发展的重要物质，没有水就没有生命。水处理的消毒常采用氯气（$Cl_2$）、次氯酸钠（$NaClO$）、二氧化氯（$ClO_2$）等含氯消毒剂。

下面4幅图是我区的污水处理厂的部分场景，采用FCR（Food Chain Reactor）食物链反应器污水处理技术，这些美丽的植物以及依附于植物中的微生物、原生动物把污水中的杂质——有机物质和营养盐"吃干抹净"。该厂FCR应用在上海尚属首次，呈现出城市运行和自然环境的和谐共处。

（1）请同学们参观"植物园式"污水处理厂后，以小组为单位完成以下任务：4—6人一组分工合作，绘制FCR工艺技术污水处理工艺流程图，说明其中涉及的物理、化学、生物等学科的原理。要求脉络清晰，图文并茂。

（2）污水在排放到受纳水体之前，都要进行消毒处理。常用的消毒剂有氯气（$Cl_2$）、次氯酸钠

（NaClO）、二氧化氯（$ClO_2$）等。请分别从氧化剂的氧化效率、原料成本、对环境安全性角度对 $Cl_2$ 和 $ClO_2$ 两种消毒剂加以对比分析。

（3）检测校内河水水质状况（包括：重金属含量、COD、BOD、pH 值等），提出治理方案。对方案中的 1—2 项治污措施进行实验并形成小组实验报告。

通过参观和调查污水处理厂先进工艺，学生用所掌握的物理、化学、生物等多学科书本知识去分析污水处理问题，体验学科知识在社会、经济、环境中的实用价值。发展学生"科学态度与社会责任"的核心素养。通过绘制"污水处理流程图"发展"模型认知"的核心素养。

对比不同消毒剂的差异和利弊，使学生学会从成本、效果、安全等角度考虑问题，树立"环境友好"和"绿色化学思想"。关注本校河水的生态情况，通过制订治理方案、测定水质、实验操作等小组合作活动，调动学生的多元智能，提升了"科学探究与创新意识"的素养水平。

落实立德树人的根本任务。党的十八大报告提出"给子孙后代留下天蓝、地绿、水清的美丽家园"。通过此单元长作业引导学生立志成为"青山绿水"的创造者和守护者。

## （四）各课时作业的设计意图

### 1. 第一课时设计意图

巩固学生对氯气性质的认识，引导学生以氯气为例，认识物质的两面性。

培养学生认真观察、正确描述现象，分析实验原理，得出正确结论的学习方法。通过设计"氯气泄漏处理方案"及"氯气的性质验证实验"等实验情境,促使学生弄清物质性质及转化关系,形成解决问题的思路和方法。并从安全、健康、环境等多角度考虑问题。

2. 第二课时设计意图

对"氯水成分""漂粉精的性质研究"等问题的分析,深化对氯气性质的认识,凸显"性质决定用途"的化学思想,发展"宏观辨识与微观探析"的能力。通过"养鱼""自制消毒液"等作业使学生养成利用物质性质知识解决生活中问题的思维习惯。

3. 第三课时设计意图

对前面两个课时的目标内容起到应用、归纳和提升的作用。从原子结构的视角形成对卤素性质的相似性、递变性的正确认识。通过对阅读作业中"关键词"的正误判断,让学生学会"阅读"和"查阅资料",养成主动探究的习惯。

4. 第四课时设计意图

深化对氧化还原反应的三个阶段的认识,学会从宏观(元素化合价)与微观(电子)、质与量等不同视角认识氧化还原反应,促进知识的"结构化"。通过对"84消毒液"和"洁厕灵"的认识,提升解决实际问题的能力。使学生认识到化学对美好生活的指导作用。

5. 第五课时设计意图

以"痕检""实验方案筛选"为背景,让学生把离子检验的基础知识应用到实际生活中,培养"宏观辨识与微观探析""证据推理"和"变化观念"等学科素养。强化对离子方程式的书写及其意义的理解,促进学生实现"宏观""微观"和"化学符号"三者的"自由转换"能力。力求在培养学生从"知识→能力→素养"的道路上,达到"水滴石穿"的效果。

6. 第六课时设计意图

将1—5课时知识综合应用于真实情景"海水提溴""海带提碘"中,通过流程图建立物质转化的模型认知。通过实验方案的优化培养创新意识。促进学生建立自然资源开发利用的四个重要角度,即物质转化、元素富集、分离提纯、实验装置(工业设备)与操作。同时引导学生尊重科学伦理道德,树立"绿色化学"思想。

## (五) 特色作业的特色与作用

**特色1**:综合实践类的长作业。"污水处理方案"涉及化学、生物、物理等跨学科知识,通过调研、考察、实验、合作、协调等多种行为,启发了学生的多元智能,发展了模型认知、科学态度、社会责任等多维度的核心素养。

**特色2**:Z6004(原创)引导学生查阅文献获取信息,了解当今海带提碘工业。使学生收集证据,对教材中常规提碘的方案加以改进。通过多种溶剂、氧化剂的对比,制造思维冲突,引发实验探究。用双氧水替代氯水;用橄榄油、色拉油、煤油等替代苯或四氯化碳等改进措施。实现了对"海带灰化""氯水氧化""四氯化碳萃取"三个环节的优化,有效地发展了学生"科学探究与创新意识"的核心素养。

【示例】Z6004：工业上海水提溴的原料是"苦卤"，而非"海水"。同样，海水中的碘元素含量也十分的低，而海洋植物(如：海带、马尾藻等)对碘有"富集"作用。

(1) 海带中的碘元素以何种微粒形式存在？如何检验？

(2) 教材中常选用氯水作为"海带提碘"中的氧化剂，有哪些不足之处：_____；氯水用量不当会造成什么不良影响：_____。

你认为最为合适的氧化剂是_____，并请简要说明原因_____。

A. 酸性高锰酸钾　　　B. 硝酸　　　C. 双氧水(稀硫酸酸化)　　　D. 二氧化锰

(3) 教材学生实验方案中用到的萃取剂是 $CCl_4$，苯和 $CCl_4$ 等有机溶剂有一定的毒性，能否用生活中常用的物质作为环保的萃取剂，请写出 1 到 2 种：_____。确定碘单质被萃取完全，在水溶液中没有残留的简便易行的方法是_____。

(4) 教材的实验方案中采用灼烧海带的灰化法，耗时长且灼烧过程中有呛入口鼻的烟产生。根据海带中碘元素存在的形式，你能否提出更优化的提碘方案？

请根据以上信息和已学的化学知识，查阅资料，每个小组对"海带提碘"的实验步骤进行优化设计，并以物质转化流程图表示出来。

**特色 3**：每课时作业几乎都有化学情境，即有实验、有生活、有生产、有推断、有思辨。如：Z1003 在突发事件中如何用化学知识保护自己和他人；Z1005 选择泳池消毒剂及游泳时间；Z2002 养观赏鱼的水处理；Z2004 动手制作 84 消毒液；Z4005 科学使用洁厕灵和含氯消毒剂；Z2003、Z6001 引发关注生活中各种"说明书"蕴含的学科知识；Z5001 热播剧中的"痕检"的运用等促进学生形成科学的生活态度和正确价值观。

【示例】Z2003：某漂粉精说明书如下：

> **使用说明书**
> 主要成分：次氯酸钙、氯化钙
> 用途用量：取漂粉精 2—3 克，水 1000 克，配成溶液，将禽流感病人用具
> 　　　　　浸泡其中 5—10 分钟，如需要可延长时间，提高浓度。
> 注意事项：密封保存于阴凉处，随配随用，有腐蚀性，少与手接触。

(1) 从主要成分看，生产漂粉精的原料是什么？有效成分是什么物质？

(2) 氯气来源于电解饱和食盐水，反应原理是什么？

(3) 氯水和漂粉精都可用于漂白、杀菌消毒，其原理是什么？为什么生活中的漂白剂使用漂粉精，而不使用氯水？

(4) 将漂粉精溶于适量水中，呈白色浊状物，静置沉降。取少许上层清液，滴加碳酸钠溶液出现的白色沉淀是什么物质？

(5) 说明书中强调漂粉精需要密封保存于阴凉处，随配随用。请用化学方程式说明原因。

【示例】Z5001：近日，侦探剧《法医秦明》的热播，让大家也跟着体验了一把做"名侦探柯南"的快感。剧中涉及很多痕迹检验，也包括指纹检测。

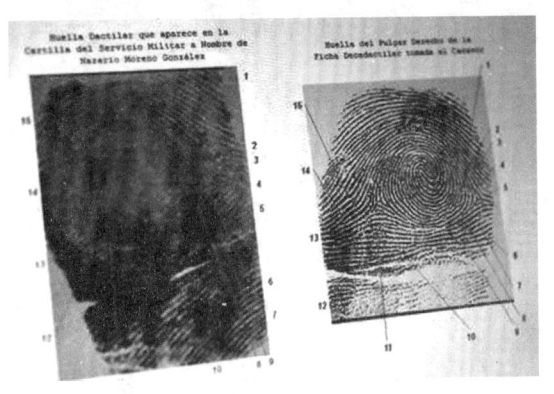

离子检验也用于痕检中，$AgNO_3$ 显现法就是其中之一：人的手上有汗渍，用手动过白纸后，手指纹线就留在纸上。用化学式表示这 4 种物质：

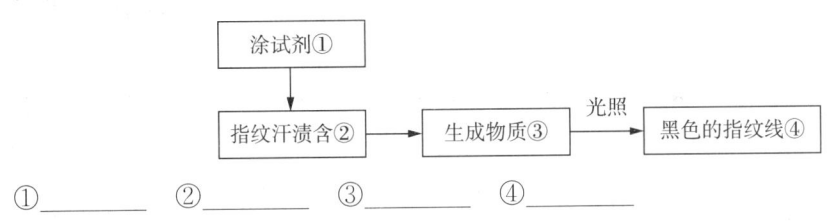

涂试剂① → 指纹汗渍含② → 生成物质③ —光照→ 黑色的指纹线④

① _____  ② _____  ③ _____  ④ _____

**特色 4**：Z1002、Z5002 的设计注重挖掘化学现象背后的原因，让学生在理解中学习。将十分常见的选择题，改编成填空题。意在引发学生对每一处的颜色变化做深入思考，知道"是什么""为什么""怎么写"，实现"宏、微、符"的自由转换。

【示例】Z1002：某兴趣小组设计如下装置进行氯气相关性质的反应，先将钠预热，在钠熔融成小球时，撤火，并通入少量氯气即发生反应。请描述玻璃管中发生的现象 _____，棉球①的作用是 _____，棉球②不变蓝说明 _____。

（②浸有淀粉KI溶液的棉球；①浸有碱液的棉球）

【示例】Z5002：常温下氯酸钾与浓盐酸反应放出氯气，现按下图进行卤素性质的实验。玻璃管内装有分别滴加了不同溶液的白色棉球，反应一段时间后，请写出图中指定部位的颜色，并用离子方程式解释现象背后的原因。

（④氢氧化钠溶液；③KI淀粉溶液；②NaBr溶液；①$KClO_3$、HCl(浓)）

① ___ 色，离子方程式 _____；

② ___ 色，离子方程式 _____；

③ ___ 色，离子方程式 _____；

④ ___ 色，离子方程式 _____；

**特色 5**：发展"模型认知"和"创新意识"。长作业中绘制"污水处理工艺流程图"、Z6003"海水提溴"的"设备流程图"、Z6004"海带提碘"作业任务中的"物质转化关系流程图"，帮助学生理解三种不同流程图的含义。引导学生能将流程图的本质识别为物质转化关系图。使学生建立自然资源开发利用的四个角度,即物质转化、元素富集、分离提纯、实验装置(工业设备)与操作。

【示例】Z6003:工业上以浓缩海水为原料提取溴的部分流程如下:

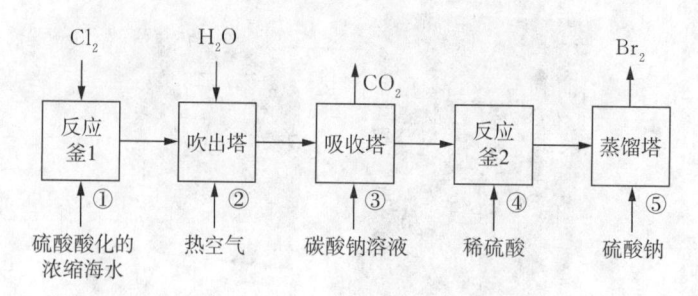

```
   Cl₂    H₂O              Br₂
    ↓      ↓    ↑CO₂        ↑
  ┌────┐ ┌────┐ ┌────┐ ┌────┐ ┌────┐
  │反应│→│吹出│→│吸收│→│反应│→│蒸馏│
  │釜1 │ │塔  │ │塔  │ │釜2 │ │塔  │
  └────┘ └────┘ └────┘ └────┘ └────┘
    ↑①     ↑②    ↑③     ↑④    ↑⑤
  硫酸酸化的 热空气 碳酸钠溶液 稀硫酸 硫酸钠
  浓缩海水
```

已知:$3Br_2+3CO_3^{2-} \longrightarrow 5Br^-+BrO_3^-+3CO_2$;$SO_2+Br_2+2H_2O \longrightarrow H_2SO_4+2HBr$

(1) 反应釜1中 $Cl_2$ 的作用是_____,依据的反应原理是_____。

(2) ②中通入热空气的目的是_____;利用了 $Br_2$ 的_____性,上述流程中,步骤②③④的目的是_____。

(3) 用 $SO_2$ 水溶液吸收 $Br_2$,吸收率可达 95%,有关反应的离子方程式为_____
_____。

由此反应可知,除环境保护外,该项目生产中应解决的主要问题是_____
_____。

(4) 该流程中用 $Na_2CO_3$ 溶液代替 $SO_2$ 水溶液吸收 $Br_2$ 的优点是_____
_____。

(5) 请用精练的语言概括海水提溴方案中蕴含的设计思想。

# 三、单元测试的目标与评价

## (一) 单元测试与作业目标的关系

单元测试的功能主要指向评价,而作业的主要功能是巩固课堂学习的知识、技能和方法,并使学生形成解决问题的思路和方法。单元检测题注重评价目标与作业目标的一致性,对学生学习质量和学科核心素养的发展水平给予准确的把握。题量适中,难度控制合理,指向明确,可测单元学习目标全部覆盖,重点检测核心知识与能力。主观题语言明确准确,最后两个大题有一定的综合性和拓展性。

其中第三道综合分析题从 S0020 到 S0024 的 5 个小题在检测化学学科核心素养的科学探究与创新意识素养的 1—4 个水平上,层层递进,编排流畅合理,符合学生对实验的认知特点。

【单元测试 示例】综合分析题(20 分)

$KMnO_4$ 是一种氧化剂,实验室常用 $KMnO_4$ 和浓盐酸反应制备 $Cl_2$。下图是制备 NaClO 溶液的装置图。

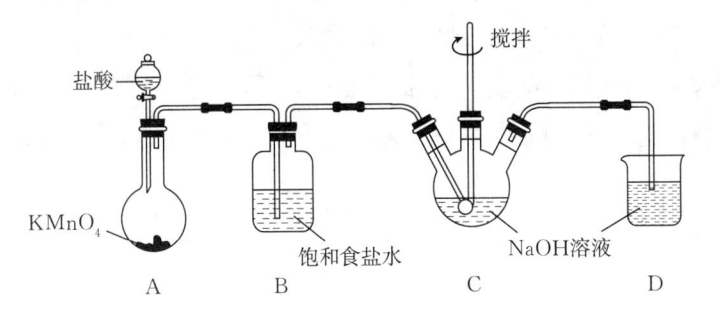

完成下列填空:

**S0020**:(1) $KMnO_4$ 稀溶液是一种常见消毒剂,其消毒机理与以下物质相似的是_____。(选填编号)

　　a. 75%酒精　　　　b. 双氧水　　　　c. NaClO 溶液　　　　d. 硫黄皂

答案:(1)bc(2分)

设计意图:在变化观念与平衡思想核心素养水平1的基础上,检测常见的氧化剂。

| 题目编码 | 对应目标编码 | 目标维度与学习水平 | 题目类型 | 题目完成方式 | 题目难度 | 预计完成时间 | 题目来源 | 是否为某一大题拆分 |
|---|---|---|---|---|---|---|---|---|
| S0020 | HX1010206 | B理解 | 选择题 | 书面 | 中等 | 2分钟 | 改编 | 是 |

**S0021**:(2)高锰酸钾和浓盐酸制取氯气的反应原理是:$2KMnO_4+16HCl(浓)\longrightarrow 5Cl_2\uparrow+2MnCl_2+2KCl+8H_2O$,该反应的还原剂是_____,请用单线桥法标出电子转移的方向和数目,若消耗0.2mol氧化剂,则被氧化的还原剂的物质的量是_____ mol。

答案:HCl;(2分)单线桥法:方向:由 HCl 到 $KMnO_4$(1分),数目:$10e^-$(1分),1(2分)

设计意图:在变化观念与平衡思想核心素养水平2的基础上,检测化合价升降、电子转移与氧化还原反应的关系,会用单线桥法表示电子转移的方向和数目。

| 题目编码 | 对应目标编码 | 目标维度与学习水平 | 题目类型 | 题目完成方式 | 题目难度 | 预计完成时间 | 题目来源 | 是否为某一大题拆分 |
|---|---|---|---|---|---|---|---|---|
| S0021 | HX1010208 | B理解 | 填空题 | 书面 | 中等 | 4分钟 | 改编 | 是 |

**S0022**:(3)B 装置中饱和食盐水的作用是_____,D 装置中 NaOH 的作用是_____,反应的化学方程式为_____。

答案:除 HCl(2分);尾气处理,除 $Cl_2$(2分);$Cl_2+2NaOH\longrightarrow NaCl+NaClO+H_2O$(2分)

设计意图:在科学探究与创新意识核心素养水平2的基础上,检测实验室制氯气中各装置的作用。

| 题目编码 | 对应目标编码 | 目标维度与学习水平 | 题目类型 | 题目完成方式 | 题目难度 | 预计完成时间 | 题目来源 | 是否为某一大题拆分 |
|---|---|---|---|---|---|---|---|---|
| S0022 | HX1010202 | B理解 | 填空题 | 书面 | 中等 | 2分钟 | 改编 | 是 |

**S0023**:(4)实验操作过程中可调节_____以控制 A 装置中产生 $Cl_2$ 的气流,C 装

置需控制反应温度在 0—5℃，实验中可将 C 装置放入_____中。

**答案**：分液漏斗中盐酸滴速(2分)；冰水浴(2分)

**设计意图**：在科学探究与创新意识核心素养水平3的基础上，检测对指定情境中实验问题的解决能力。

| 题目编码 | 对应目标编码 | 目标维度与学习水平 | 题目类型 | 题目完成方式 | 题目难度 | 预计完成时间 | 题目来源 | 是否为某一大题拆分 |
|---|---|---|---|---|---|---|---|---|
| S0023 | HX1010203 | B理解 | 填空题 | 书面 | 中等 | 2分钟 | 改编 | 是 |

S0024：(5) D 装置中需要改进，说明需要改进的理由_____；并画出改进后的装置图。

**答案**：D中反应生成的 HCl 气体极易溶于水，易发生倒吸；改进装置如图所示(2分)

**设计意图**：在科学探究与创新意识核心素养水平4的基础上，检测评价和优化实验方案的能力。

| 题目编码 | 对应目标编码 | 目标维度与学习水平 | 题目类型 | 题目完成方式 | 题目难度 | 预计完成时间 | 题目来源 | 是否为某一大题拆分 |
|---|---|---|---|---|---|---|---|---|
| S0024 | HX1010204 | B理解 | 简答题 | 书面 | 中等 | 3分钟 | 改编 | 是 |

S0005：题目情境与生活息息相关，通过对卤素用途所包含化学原理的解释，检测学生评估某种解释合理性的能力；同时检测学生能否从宏观与微观结合的视角，理解卤素的结构、性质与用途的关系。

【单元测试卷 示例】S0005：卤素的单质与化合物在日常生活中有着广泛的应用，下列对应关系不正确的是(　　)。

| | 实际应用 | 解释或说明 |
|---|---|---|
| A. | 84消毒液和洁厕剂不能混合使用 | 发生化学反应产生有毒气体 |
| B. | 炒菜时加碘食盐最好最后放 | 碘单质受热易分解 |
| C. | 氯化钠是氯碱工业的重要原料 | 电解饱和食盐水是化学反应，产生新的含氯、含钠的物质 |
| D. | 自来水生产过程中可以依次使用明矾、活性炭、氯气处理天然水 | 与这三种试剂对应的生产环节是絮凝、吸附、消毒 |

**答案**：B

**设计意图**：在宏观辨识与微观探析核心素养水平4的基础上，检测卤素的单质与化合物的重要性质和用途。

| 题目编码 | 对应目标编码 | 目标维度与学习水平 | 题目类型 | 题目完成方式 | 题目难度 | 预计完成时间 | 题目来源 | 是否为某一大题拆分 |
|---|---|---|---|---|---|---|---|---|
| S0005 | HX1010211 | B理解 | 选择题 | 书面 | 较高 | 2分钟 | 原创 | 否 |

S0011：以卤素单质的两个重要反应为载体，检测学生从定性与定量结合上收集证据，推出合理结论的能力，同时既检测学生对氯气和 HCl 氧化剂的强弱的理解，又检测了对 HCl 的氧化性和还原性的对立与统一的认识。

【单元测试卷 示例】S0011：有可变化合价的金属 Fe 在与氯气化合生成 $FeCl_3$、与盐酸反应得到的氯化物是 $FeCl_2$ 由此可以说明（    ）。

A. HCl 的氧化性比氯气强　　　　　　B. HCl 的氧化性比氯气弱
C. HCl 没有氧化性　　　　　　　　　D. HCl 中起氧化作用的是其中 −1 价的氯元素

答案：B

设计意图：在证据推理与模型认知核心素养水平 3 的基础上，检测氧化还原的基本概念，通过产物中 Fe 的不同价态，比较氧化剂的强弱，考察 HCl 中的 −1 价的氯元素和 +1 价的氢元素各自的作用。

| 题目编码 | 对应目标编码 | 目标维度与学习水平 | 题目类型 | 题目完成方式 | 题目难度 | 预计完成时间 | 题目来源 | 是否为某一大题拆分 |
|---|---|---|---|---|---|---|---|---|
| S0011 | HX1010206 | B 理解 | 选择题 | 书面 | 中等 | 3 分钟 | 原创 | 否 |

## （二）单元测试的评价方式与标准

评价方式：自我测试或随堂测试，采取计分制，满分 100 分。

评价标准：以参考答案及制订的评分标准为依据。

## （三）测试结果与学习水平的对应关系

| 测试结果（67.5 均分） | 学习水平评价 | 个体情况说明 |
|---|---|---|
| 80 分以上 | 优秀 | |
| 67.5—80 分 | 良好 | |
| 60—67.5 分 | 及格 | |
| 60 以下 | 待提高 | |

# 四、案例设计的进一步思考

在课时作业及单元测试题目的设计中，从单纯的"知识立意"转向"素养立意"我们还只是在路上。因此在知识、能力、素养融合成题的技巧与水平上都有待于提高。

首先，需要教师在教学实践中更好地练就与提升，将提高学生"化学核心素养"有机地融入课堂教学中。

其次，对开放性题目及非书面形式题目的评价标准制订，也要做深入的思考，以使这类题目在培养学生发展核心素养方面,发挥更科学有效的作用。

再次,教学实践中要更多地了解学生,了解他们的学习、思维发展状况,心理成长过程,了解他们真正的需求,才会使单元作业设计,更好地反映学生的学习真实水平和教学改进方向。

通过本次案例设计活动,我们感到今后呈现给学生的每一道题目都要精心筛选与设计,让它承载我们对学生在知识、能力、素养方面的期许。让作业设计成为教学活动中一个闪光的环节。

## 主要参考文献

[1] 中华人民共和国教育部.普通高中化学课程标准(2017年版)[S].北京:人民教育出版社,2018.

[2] 上海市教育委员会教学研究室.上海市高中化学学科教学基本要求(试验本)[M].上海:华东师范大学出版社,2017.

# 化学核心素养引领下的单元作业、试卷设计
## ——以"烃的衍生物"为例

上海市宝山中学　李　蔚

## 一、内容要求与课程标准

本案例设计以《普通高中化学课程标准（2017年版）》和《上海市高中化学学科基本要求（试验本）》为依据，案例在新课程标准中为选择性必修课程的模块3主题2"烃及其衍生物的性质与应用"，涉及的内容要求与核心素养的关系如下表所示。

| 内容要求 | 具体内容 | 核心素养 |
| --- | --- | --- |
| 烃的衍生物的性质与应用 | 认识卤代烃、醇、醛、羧酸、酯的组成和结构特点、性质、转化关系及其在生产、生活中的重要应用。 | 素养1、2、3 |
| 有机反应类型与有机合成 | 认识加成、取代、消除反应及氧化还原反应的特点和规律，了解有机反应类型和有机化合物组成结构特点的关系。 | 素养1、2、3 |
| | 认识有机合成的关键是碳骨架的构建和官能团的转化，了解设计有机合成路线的一般方法。 | 素养2 |
| | 体会有机合成在创造新物质、提高人类生活质量及促进社会发展方面的重要贡献。 | 素养5 |
| 有机化合物的安全使用 | 结合生产、生活实际了解某些烃的衍生物对环境和健康可能产生的影响，体会"绿色化学"思想在有机合成中的重要意义，关注有机化合物的安全使用。 | 素养5 |
| 学生必做实验 | 乙酸丁酯的制备与性质。 | 素养2、4 |
| | 有机化合物中常见官能团的检验。 | 素养4 |

## 二、教材解读与课时划分

高二第12章《认识生活中的一些含氧有机物》使学生初识烃的衍生物，高三第8章再次出现《烃的衍生物》。两者的区别在于：高二阶段侧重于典型有机物性质的认识，而高三阶段更加侧重于由典型学习到同类推广，注重建构结构及变化的认知模型。因此，在高三阶段，学生对烃的衍生物认知方式是不同的、对核心素养水平的发展要求也在层层递进。具体如下图所示。

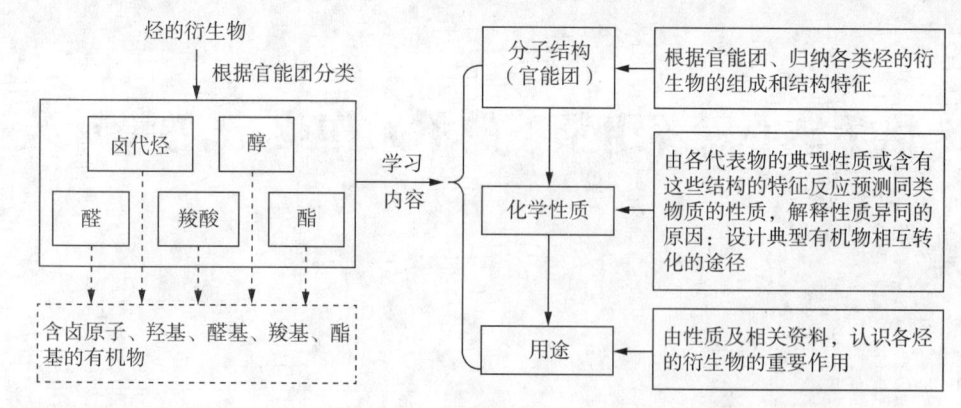

基于教材的解读，《烃的衍生物》各课时主要知识内容及相互关系如下图所示。

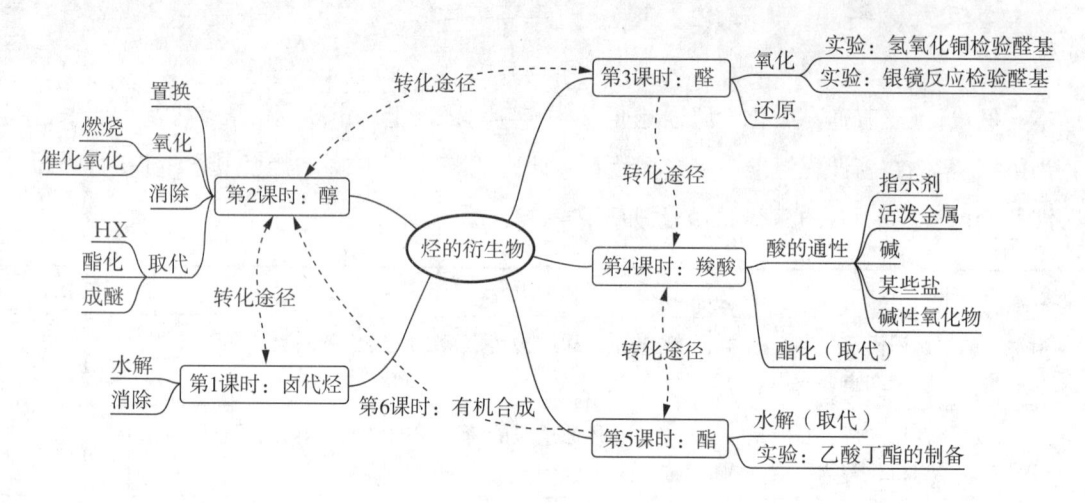

## 三、核心素养导向下的作业、试卷设计

根据课程标准，作业及试卷设计要符合四项原则：(1)以核心素养为测试宗旨；(2)以真实情境为测试载体；(3)以实际问题为测试任务；(4)以化学知识为解决问题的工具。在此指引下，设计基本思路如下。

### (一) 核心素养导向下的作业设计

课时作业分为三个模块：基础巩固、迁移应用、走进生活。设计目的与认知发展水平如下图所示。

#### 1. 挖掘认知角度，促进知识结构化

"基础巩固"设计目的是引导学生从反应物和生成物官能团转化与断键成键的角度概括反应特征与规律。作业设计打破具体物质间的藩篱，从多方面挖掘官能团的认知角度，促进知识结构化。例如：用箭头指出卤代烃水解和消除反应的断键位置；文字描述醇催化氧化、消除反应对微观结构的要求；根据葡萄糖的官能团预测反应类型；运用同位素示踪法，说明酯类水解的反应历程；通过一张图建立有机物间相互转化的认知模型，等等。

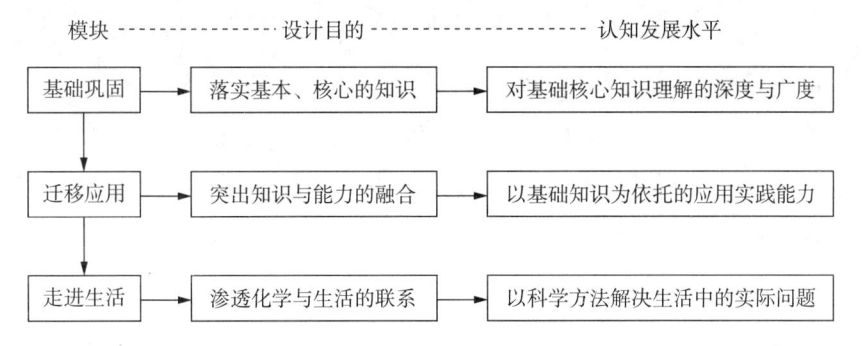

| 模块 | 设计目的 | 认知发展水平 |
|---|---|---|
| 基础巩固 | 落实基本、核心的知识 | 对基础核心知识理解的深度与广度 |
| 迁移应用 | 突出知识与能力的融合 | 以基础知识为依托的应用实践能力 |
| 走进生活 | 渗透化学与生活的联系 | 以科学方法解决生活中的实际问题 |

"基础巩固"的任务设计聚焦学生素养表现,通过分析物质化学变化与物质微观结构间的关系,从微观视角说出其认识思路或认知角度,以此发展学生宏观辨识与微观探析的素养水平。

2. 创设真实情境,实现能力的提升

创设问题情境有助于学生知识与技能的迁移。每个课时均创设相关情境贯穿于作业设计的始终:麻醉剂的合成、汽车中的化学品、葡萄糖、乳酸的用途、香料制备、塑料容器底部的三角符号。这些情境贯穿作业,引发学生的真实体验,帮助学生更好地理解知识、应用知识,实现能力的提升。案例示例如下表所示。

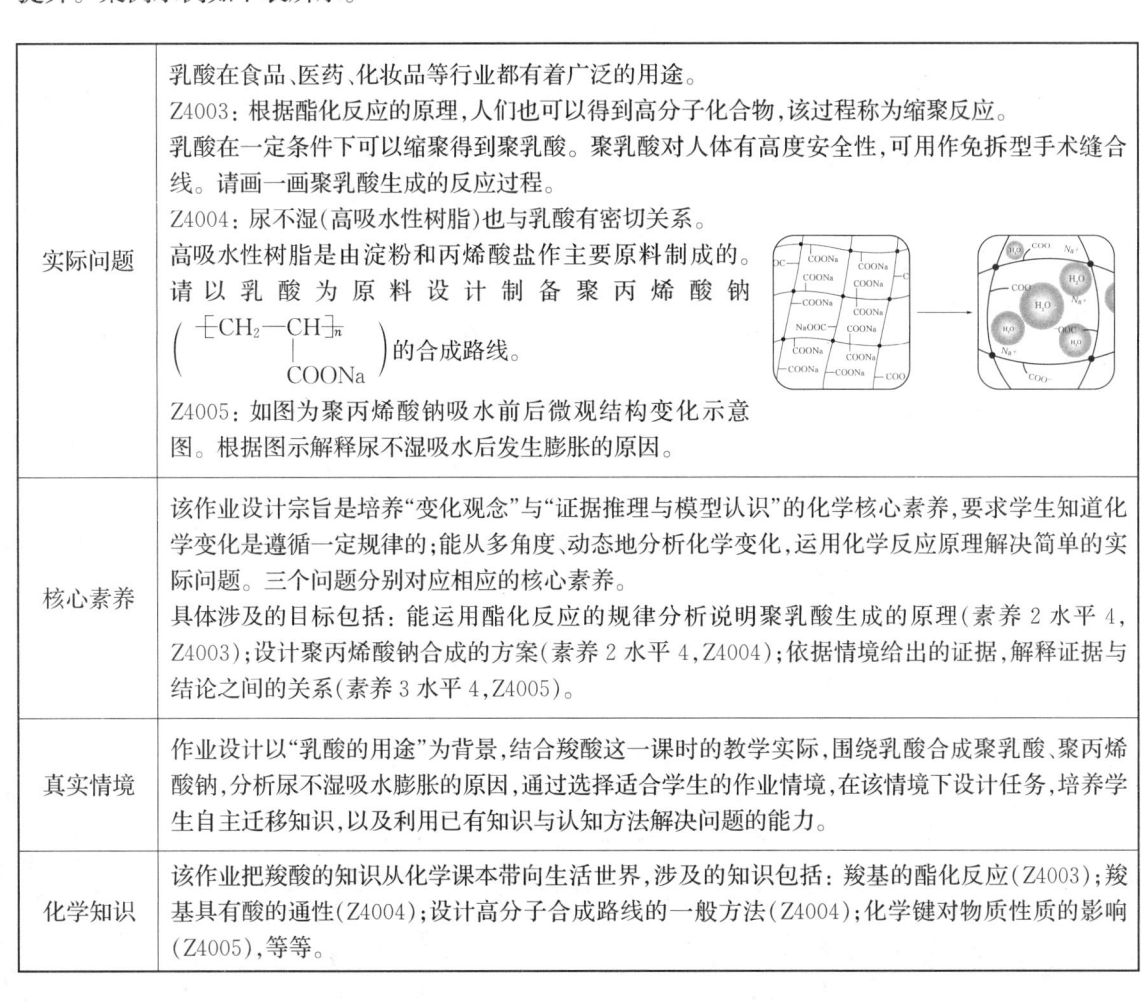

| | |
|---|---|
| 实际问题 | 乳酸在食品、医药、化妆品等行业都有着广泛的用途。<br>Z4003:根据酯化反应的原理,人们也可以得到高分子化合物,该过程称为缩聚反应。乳酸在一定条件下可以缩聚得到聚乳酸。聚乳酸对人体有高度安全性,可用作免拆型手术缝合线。请画一画聚乳酸生成的反应过程。<br>Z4004:尿不湿(高吸水性树脂)也与乳酸有密切关系。高吸水性树脂是由淀粉和丙烯酸盐作主要原料制成的。请以乳酸为原料设计制备聚丙烯酸钠$\left(-\!\!\left[CH_2\!-\!\underset{COONa}{CH}\right]_n\!\!-\right)$的合成路线。<br>Z4005:如图为聚丙烯酸钠吸水前后微观结构变化示意图。根据图示解释尿不湿吸水后发生膨胀的原因。 |
| 核心素养 | 该作业设计宗旨是培养"变化观念"与"证据推理与模型认识"的化学核心素养,要求学生知道化学变化是遵循一定规律的;能从多角度、动态地分析化学变化,运用化学反应原理解决简单的实际问题。三个问题分别对应相应的核心素养。<br>具体涉及的目标包括:能运用酯化反应的规律分析说明聚乳酸生成的原理(素养2水平4,Z4003);设计聚丙烯酸钠合成的方案(素养2水平4,Z4004);依据情境给出的证据,解释证据与结论之间的关系(素养3水平4,Z4005)。 |
| 真实情境 | 作业设计以"乳酸的用途"为背景,结合羧酸这一课时的教学实际,围绕乳酸合成聚乳酸、聚丙烯酸钠,分析尿不湿吸水膨胀的原因,通过选择适合学生的作业情境,在该情境下设计任务,培养学生自主迁移知识,以及利用已有知识与认知方法解决问题的能力。 |
| 化学知识 | 该作业把羧酸的知识从化学课本带向生活世界,涉及的知识包括:羧基的酯化反应(Z4003);羧基具有酸的通性(Z4004);设计高分子合成路线的一般方法(Z4004);化学键对物质性质的影响(Z4005),等等。 |

以原有知识作为任务问题的起点,创设多种情境,有效激发联想,帮助学生去同化或顺应当

3. 聚焦社会热点,培养科学精神与社会责任

我们居住的城市要驱除一切化工企业;塑料瓶下的数字标号表示使用的次数;乙醇汽油远不如目前使用的汽油……究竟何为化工项目?塑料容器上的数字标号有何含义?乙醇汽油真的不好用吗?科学素养贫瘠的公民被谣言裹挟其中。作为教育者,有责任和义务培养学生严谨求实的科学态度。

"单元长期作业"及"走进生活"选取与烃的衍生物有关的生活常识或社会热点问题为载体,通过科技写作、模拟听证会、分析药剂说明书等形式,挖掘这些内容中蕴藏的化学知识、化学原理,引导学生深刻理解化学、环境、社会三者之间的关系,树立正确的科学观和社会责任导向。案例示例如下表所示。

| | |
|---|---|
| 实际问题 | 【长期作业】<br>科技写作:<br>PET(聚对苯二甲酸乙二醇酯)用途广泛,是石油产品PX产业的下游化纤行业产品。2007年至2015年,从厦门、大连、宁波、昆明、九江、茂名到上海,PX项目在公众此起彼伏的抗议浪潮中相继失败。如果你是决策者,请从以下几个方面科学定位PX项目,并给出论证报告。<br>(1)究竟何为PX项目?(2)为什么要开展PX项目建设?(3)假如PX真的从我们身边离去了,社会生产与民众生活会有什么变化?(4)以PX项目为例,如何做到经济发展与环境保护的协调?<br>模拟听证会:<br>上海××区要新建PX项目,请同学们8—9人一组角色扮演,模拟"PX项目建设"听证会。 |
| 核心素养 | 长作业的设计目的是促进"科学态度与社会责任"核心素养的发展,学生能够深刻认识化学对创造更多物质财富和精神财富、满足人民日益增长的美好生活需要的重大贡献。能对化学有关的社会热点问题做出正确的价值判断,参与有关化学问题的社会实践活动。作业中的两个任务均从不同侧面反映了上述要求。<br>具体目标为:能依据"绿色化学"思想和科学伦理对某一个化学过程进行分析,权衡利弊,做出合理的决策(素养5水平4,第1、2问)。 |
| 真实情境 | 作业设计以开展PX项目的认知活动为背景,围绕PX项目产品的用途、生产环境的要求,辨证看待化工项目对化学、环境和社会的影响。通过将问题设计转向为任务情境设计,培养学生的合作意识、舆论监督意识、公众维权意识,能具有依法有序、理性参与、科学判断社会热点问题的能力,树立科学态度和社会责任感。 |
| 化学知识 | 长作业中涉及的化学知识包括:知道某些高分子材料的常见用途(第1问);结合生产实际了解PX项目对环境和健康可能产生的影响(第1、2问);体会"绿色化学"思想在化工生产中的重要意义(第1、2问);关注有机化合物的安全生产(第2问)。 |

通过形式多样的情境任务,运用不同学科的知识及方法,积极地参与解决生活中的化学问题,从而做出正确的价值判断。最终达到提升公民科学素养,化学育人的目的。

## (二) 核心素养导向下的试卷设计

试卷设计围绕两项要求:(1)情境任务具有科学性并切合生活实际,以评价学生面对陌生情

境迁移知识的能力;(2)测试目标具有靶向性且覆盖面全,去探查学生在同一或不同核心素养的水平层次。

1. 评价学生面对陌生情境迁移知识的能力

新的课程标准强调通过情境设计整合发展学生的核心素养。因此,通过试卷考查学生运用知识、技能解决特定情境中任务的能力。单元测试卷在学生原有知识结构的基础上设计了如下问题:雨伞材料的选择、分支酸的性质、香精及食品防腐剂合成路线的设计、阿司匹林的药物改良等。以真实情境为测试载体,以实际问题为测试任务,考查学生灵活运用化学知识解决实际问题的能力。

2. 探查学生在同一核心素养的不同水平

试卷设计在熟悉、理解化学核心素养的内涵和水平描述的基础上,以化学等级考标准为依据确定各试题的测试目标,使试题覆盖不同的核心素养水平。

本试卷设计的测试任务更突出素养水平层次的螺旋式上升,通过答题,学生能清晰了解自己具有的素养、达到的水平。案例示例如下表所示。

| | |
|---|---|
| 实际问题 | S0014:水杨酸对人体的副作用大,一直不被广泛使用。1897年,霍夫曼将其转化为阿司匹林。这是人类历史上第一种重要的人工合成药物,结构简式如图所示。<br>(1) 阿司匹林中有_____(填写官能团符号),所以易刺激肠胃,给胃部带来不适。<br>(2) 科学家将阿司匹林与赖氨酸反应形成的复盐称为赖氨酸阿司匹林,是一种注射给药。请简述阿司匹林注射给药相对口服给药的两个优点。<br>S0015:减小副作用的方法之一是合成扑炎痛。扑炎痛是阿司匹林与扑热息痛( HO—〇—NHCOCH₃ )形成的酯,既保留二者原有作用,也兼有协同作用,副反应小,可用于治疗感冒、发烧、头痛等。写出扑炎痛的结构简式。<br>S0016:1982年拜尔公司将阿司匹林与聚甲基丙烯酸羟乙酯嫁接起来得到长效缓释阿司匹林,也可作抗血栓长效药使用。分析说明长效缓释阿司匹林在人体内产生阿司匹林的过程以及长效缓释药品的优点。 |
| 核心素养 | 本试题测试宗旨主要是考查"宏观辨识与微观探析"的化学核心素养,要求学生能从元素和原子、分子水平认识物质组成、结构、性质和变化,形成"结构决定性质"的观念;能从宏观和微观相结合的视角分析问题与解决实际问题。该试题的三个问题均从不同侧面探查了学生在同一素养水平上的不同水平。<br>测试目标螺旋式上升:能联系物质的组成和结构解释宏观现象(素养1水平1,S0014);能分析药物合成与物质官能团之间的关系(素养1水平3,S0015);能依据物质的微观结构,预测长效缓释阿司匹林在人体内可能发生的化学变化(素养1水平4,S0016)。 |
| 真实情境 | 试题以"阿司匹林的药物改良"为背景,结合烃的衍生物的教学实际,围绕阿司匹林产生副作用的原因、用不同的方法克服其副作用的药物研发过程,创设真实的测试情境,并在此基础上设计出该试题的测试任务,考查学生分析解决探究问题中所涉及的化学概念和原理的能力。 |

| 续前表 | |
|---|---|
| 化学知识 | 试题要求学生运用已有的知识及从情境中领悟到的相关知识来解决所提出的问题,这些知识包括:对阿司匹林中羧基的辨析及羧基的主要性质的应用(S0014 第 1 问、S0015);聚合物中酯基水解对药效的影响(S0016)。 |

通过立足真实的情境,探讨鲜活的化学问题,检测学生自主构建知识体系、形成科学思维模型的能力,从而了解其达到某一核心素养的水平层次。

## 四、结语

经过本次作业与试卷案例设计的过程,反思如下:

我们要加强高中知识与大学化学学科知识的联系,不断了解先进成果与现代技术,拓宽视野,才能选择有意义的情境任务,激发学生的学习兴趣。

我们要去研究怎样的问题设计才能更好地指向情境任务所期望的行为,以此评价学生面对一个陌生的情境时,在多大程度上能够迁移化学知识、方法,去解决现实生活生产中遇到的问题。

我们要去研究个体在某一特定情境任务中所表现的行为和核心素养,有着怎样的因果关系,从而探查学生在不同核心素养上的不同水平。

**主要参考文献**

[1] 中华人民共和国教育部.普通高中化学课程标准[S].北京:人民教育出版社,2018.

[2] 上海市教育委员会教学研究室.上海市高中化学学科教学基本要求(试验本)[M].上海:华东师范大学出版社,2017.

# 开展差异化教学　提升核心素养
## ——以"海水中的氯"教学为例

上海市吴淞中学　乔心悦

随着课程改革的深入，教师把关注学生个性发展，满足不同学生学习需求，促进每个学生在原有基础上都得到充分发展作为自己的教学目标和责任使命。差异化教学则是完成这一重要使命的有力手段之一，也已成为教学改革的趋势。从古到今，各国学者和教育家都在致力于研究满足学生个性发展的教学，差异教学的理念散见于各种理论当中。现以"海水中的氯"为例，谈一谈在教学中笔者是如何进行差异化教学的。

## 一、差异性的运用激发学生兴趣与情感的方法

兴趣是最好的老师，学生在兴趣引导下的主动探究会使教学事半功倍。因此在教学中，不同的化学板块教学中会差异性地采用引入方法和差异化的课前预习。氯元素是典型的非金属元素，氯气和含氯化合物在生产、生活中应用广泛。由于化工生产与学生距离比较远，所以选择从海洋资源入手。课前以小组为单元请同学们搜集有关海洋资源的资料。海水中的资源主要包括：生物资源、能源资源、空间资源、化学资源等，学生就自己感兴趣的方面进行深入的了解。比如有的小组分享关于可燃冰这种新型矿物的结构、特性、储量和发展前景，在世界油气资源逐渐枯竭的情况下，可燃冰的发现又为人类带来新的希望；有的小组介绍了海洋可再生能源，如我国电站总装机容量居世界第三的潮汐能，颇具开发前景的波浪能、潮流能以及正在试验阶段的温差能等；有的小组同学对海洋环境的保护很感兴趣，与同学们共同研读一些关于海洋保护的法律法案和新举措。这些内容看上去和本单元氯元素的知识关联不大，但是通过对这些内容的学习，能帮助学生建立一个完整的知识体系，培养学生自主探索知识的习惯，培养学生"科学探索与创新意识""科学态度与社会责任感"的化学学科核心素养，并使学生对本单元的学习产生浓厚的兴趣。学生学习的过程不仅仅是一个认知过程，其中也蕴涵丰富的情感因素，而且情感动机深刻地影响着学生的认知过程。积极的学习情感情绪有助于提高思维的敏捷性、灵活性和记忆的效果。学生在完成某学习任务，开始学习新内容时，除了存在认知方面差异，通常在情感情绪方面也有很多不同。有些学生对学习很有兴趣，积极向上，愿意学习；有些学生则将学习看作是一种义务和要求；有些学生甚至害怕和讨厌学习。布卢姆把学生参与学习过程积极性的高低，称作学习的"情感前提特性"。它受特定的学习课题所持的情感态度、对学校的态度、对学习的态度以及自身态度的制约。

在学生的交流过程中,教师的态度也会影响学生的学习情感。在课前,私下可以先了解一下各个小组关注的是哪些海洋资源,然后有针对性地查阅资料,把有价值的资料整合好或打印出来,再查找一些可以给学生补充的知识丰富自己知识储备量。俗话说"信其师,听其道",许多学生喜欢某门课程,往往是因为喜欢某位老师,提高教师的学识水平会增加学生对自己的信服感,教学过程也往往会事半功倍。

除此之外,教师在教育教学中,要注意维护学生的自尊心和培养他们的自我效能感,学生有了自尊,往往对自己有较高的期望和要求,这种期望会强化学生的学习动机。所以在学生做交流后,教师要给予积极正面的评价,多鼓励学生,引导学生在学习过程中正确归因,将成功归因于自己的努力,学生如果相信自己有能力达到目标,就会为了获得成就而不断学习。课前查找资料、整合资料、分享成果的难度不是很高,对于后进生而言通过自己的努力也可以顺利完成。借此机会,要多表扬这些学生,燃起他们对知识的渴望,提高学习化学的兴趣。

## 二、教学内容的差异性安排

影响教学内容的因素,有课程标准、教材、教学目标、教师个人倾向、学生智能水平、教学时间等。其中非常重要的一个因素是学生的智能水平。在全班的课堂里,特别当一个班不能按能力分组上课时,就会出现许多学生吃不了,而又有许多学生吃不饱的现象。我们学校按照学生的学习水平分成若干个层次,组建不同层次的班级,我教的学生有提高班和平行班。在同样学习时间内,提高班和平行班学生学习内容的数量和范围往往有较大的差异。所以在本单元的教学内容的设计上我做了差异化的安排,如平行班学习"电解饱和食盐水"知识模块时,只要学会书写化学方程式,知道阴极和阳极的产物。对于提高班的学生,为了更好地理解电解的原理,会增加电解池装置的构造、阴离子和阳离子的得、失电子能力,以及简单了解电镀原理等教学内容,加深对电解的理解和把握。同样是 40 分钟的课程,如果教师讲得太多太快,有些学生便掌握不好,但如果为使全体学生都能掌握教学内容,讲得过分详细,放慢教学的进度,就可能牺牲教学内容的广度、深度了。教师面对不同班级的学生,时间分配要有所差异,提高班的学生,在教学内容较多较难的同时,课堂上做练习的机会就比较少;平行班在完成了教学内容后,配合典型的例题进行知识的巩固,加深记忆。

## 三、课后作业的差异化

随着教学改革的深入,作业的功能也不断开发,作业是开放课堂的一部分,是学生自主学习的重要形式,它不仅是新授课的准备和前奏,而且也是上节课的复习巩固和延伸,它不仅承担巩固知识发展能力的任务,而且要提升学生的情感态度,发展学生的全面素质。

比利时的霍特雅特的一项研究表明,不同学生在同一时间内做完家庭作业时有巨大差异。在对 2000 名学生的调查中,从 12 岁到教师训练的最后一年,各年级用于家庭作业最多的时间相当于最少时间的两倍。可见学生用于作业上的时间存在很大的差异。另外,他们在对作业的态度、积极性、作业的完成能力和完成作业的质量上也有很大差异。有的学生对某些作业饶有兴趣,做作业两个小时,也不感觉是负担,而有的学生做作业一小时就会筋疲力尽。因此,作业结构和内容应视学生能力而异。

为了保证每个学生都能达到课程标准的共同基本要求,也为了使学生都能跟上班级教学进度,作业也应该坚持共同的基本要求,以保证学生对基础知识和基本技能的掌握。不管学习水平是高或低的学生,适当的基础练习必不可少。化学课本配套的练习册,绝大多数的习题都是围绕基础知识点展开,每一课完成时间大约二十分钟,所有学生都需要完成。为了提升化学学科核心素养,树立正确的化学观、提高绿色化学的意识,还需设计和改进一些题目,如:

有些农村地区,经常用氯气消灭田鼠,他们将 $Cl_2$ 通过软管灌入洞中。

(1) 这是利用了 $Cl_2$ 的＿＿＿＿＿性质(填数字)。

①黄绿色　②密度比较大　③有毒　④较易液化　⑤溶解于水

(2) 在重视环境保护的今天,你是否赞同这样的做法？理由是什么?

**答案**：②③；否,使用 $Cl_2$ 灭鼠的同时会造成不良的环境影响,要科学合理使用。

这样的题目使学生复习课本知识的同时,还能进行更深入的思考。在利用知识解决实际问题的时候,是否对环境友好是很重要的考量指标。在大力发展经济的同时,也要注意环境建设,培养了学生的社会责任感。

此外,对于那些学有余力的学生,可给他们布置一些扩大知识领域、思考性、技巧性较强的以及探索性质的作业。德国学者迪茨和库特分析了布置给 16 岁至 18 岁学生的 1533 篇课外作业,根据作业的不同作用,分为 6 类：①巩固知识和技巧；②扩大知识领域；③使知识和技巧系统化；④将知识和技巧运用于特定的事例和情况；⑤运用知识和技巧独立解决问题；⑥介绍新的课题。这些类型也值得我国教师布置作业时借鉴。另外,我们还应增加实践性的作业,在实践情景中提升化学学科核心素养,培养学生的动手能力、研究能力和创新精神。如课外家庭实践作业——"利用食盐水、可乐瓶、变压器、两根电极（可用铅笔芯或电池芯代替）、电线、电工胶布来自制家庭消毒水"。需要的材料简单、易得,实验的安全性也较高。照顾学生的差异,满足学生的不同教育需要,仅靠学校教育是不够的,必须有家庭教育的配合、家长的支持。教师和家长的合作,目前在国内还没有得到足够的重视。现在的合作,往往只是让家长督促子女复习、检查子女的作业。课外家庭实践作业,无疑是家庭和学校教育的一个桥梁,让家长有机会参与到学生的学习生活中,了解学校的学习进度和自己子女的学习水平,从一起做实验中体会化学的魅力。

除了课外家庭作业,笔者还鼓励学有余力的学生,在化学社团开展课外实践性活动,开阔视野、提升科学素养和综合能力。例如,让学生到吴淞污水处理厂进行参观,学习了解污水处理新技术；查阅资料对比并实地考察苏州河水质的变化情况及治理措施；借鉴苏州河治理的成功经验,来设计我校自清河水质的改善方案。可让学生以小组为单位完成以下课外实践的作业：

(1) 4—6 人一组分工合作,绘制 FCR 污水处理工艺流程图,说明其中涉及的物理、化学、生物等学科的原理。并对流程中涉及的化学环节用化学方程式表示出来。

(2) 污水在排放到受纳水体之前,都要进行消毒处理。常用的消毒剂有氯气($Cl_2$)、次氯酸钠(NaClO)、二氧化氯($ClO_2$)等。请分别从氧化效率、原料成本、对环境安全性等角度对 $Cl_2$ 和 $ClO_2$ 两种消毒剂加以对比分析。

(3) 检测校内河水水质状况(包括:重金属含量、COD、BOD、pH 值等),提出治理方案。对方案中的 1—2 项治污措施进行实验并形成小组实验报告。

通过差异性的课外作业,最大限度地激发了不同层次学生的化学学习兴趣,提高了学科能力与素养,久而久之必将形成优良的适应今后可持续发展的必备品格和关键能力。

差异化教学追求的价值不是考试分数和升学率,而是每个学生的最大限度的发展,是全体学生都能接受有效的高质量的教育,追求的是真正意义上的教育机会均等。在今后的教育教学过程中,笔者会继续学习和尝试不同方法和方面的差异化教学,努力提升教育工作者的自我价值。

# 认知负荷理论在化学用语教学中的应用实践

上海市通河中学　孙莉莎

**摘要**

认知负荷就是将特定的学习内容加之于学习者时，其认知系统所感受到的负荷。在教学实践中，当学习内容比较抽象复杂时，学习者会有较高的认知负荷，同时教材设计与呈现的方式也会造成学生的认知负荷。对此，教师可以通过优化教学设计来降低学生的认知负荷。本文以一篇教学案例，说明如何借助学生已有的知识模型，通过数学、物理、化学跨学科的知识类比，实现教学资源的整合，达到降低学生认知负荷的目的。

**关键词**

认知负荷　模型认知

认知负荷理论最早由澳大利亚教育心理学家J. Sweller于20世纪80年代提出。他认为，认知负荷就是将特定的学习内容加之于学习者时，其认知系统所感受到的负荷。按照负荷的不同来源，可以把认知负荷分为内在认知负荷与外在认知负荷两种。对学习者来说，内在的认知负荷来源于学习材料本身的特性，如复杂程度等这些不易被教学设计所改变的东西。当学习内容比较抽象、复杂时，将会对学习者造成较高的认知负荷，从而阻碍学习者的学习兴趣和信心。外在的认知负荷是指来源于教材设计与呈现的方式，这是教师在教学实践中格外重视的部分——教师可以通过优化教学设计来降低学生的认知负荷。

通过我们的调查问卷可以看出，学生对于微观世界的认识比较薄弱，因此进一步让他们用化学用语解释或描述微观现象，确实对他们的抽象思维能力、想象力以及综合分析能力要求较高。用认知负荷理论解释，就是这部分的学习内容难度较大。高中学生整体的抽象思维能力还不够高，他们对于摸不着、看不见的微观物质普遍感觉难以理解，所以这部分的教学内容不管其呈现方式如何，其内在的认知负荷对大部分学生而言都比较高。此外，过高水平的认知负荷还有可能来源于教材的编排设计与呈现的方式。呈现给学生的教学材料如果没有为学生搭设思维的阶梯，学生在学习时就会感到认知的负荷很大。而认知负荷过高，会阻碍学习者对所学知识的内化与构建，所以教师进行教学设计的目的就是为了能够帮助学生顺利开展学习活动，尤其是对一些比较复杂、抽象的学习内容，教师应着眼于降低学生认知负荷的教学设计。

例如，电解质的电离这部分的内容一直是学生学习过程中的一个难点。这一方面由于电解质的概念本身就比较抽象，同时学生对电离的微观过程知之甚少，所以容易造成学生的认知负荷。同时改版后的教材删除了离子、共价化合物的形成过程，造成学生认知出现了断层，他们对各种物质的形成过程并不清楚。这种割裂了知识连贯性的学习内容呈现方式也会造成学生的认知负荷超载。

此外，现行沪科版的教材对"微粒间的相互作用"的编排和处理，也是造成学生认知负荷较重的原因。"微粒间的相互作用"是学生书写电子式的认知基础，学生在化学用语书写上出现的问题一定是在理解上出现了偏差。例如 HCl 的电子式 H:Cl:，总有学生错写成 H$^+$[:Cl:]$^-$ 或 H[:Cl:]。虽然为此教师做了大量的纠错，指导学生订正，但一段时间后学生又出现错误，好像这种重复劳动收效甚微。究其原因是学生对这部分知识的理解认识不清。尤其是题目出现"比较不同晶体的熔沸点，并解释说明其原因"这一类用化学特定的专业术语，来解释化学现象的问题时，经常是抓不住重点，答案标书也是非常口语化，缺乏化学学科的思维。

"微粒间的相互作用"从种类上说包含了"离子键、共价键、金属键以及分子间作用力"，这些微粒间的相互作用极大地影响了各类晶体的物理性质。但教材在编排时，高一必修部分只讲述了离子键和共价键的形成，分子间作用力是在"共价分子"和原子晶体的对比时才讲述的，所以学生对共价键和分子间作用力就经常混淆在一起；高二必修部分只是讲了金属键，也就是说无论高一还是高二教材的呈现都只出现一种晶体——原子晶体，但到了元素周期律板块经常会有题目比较碱金属的熔沸点和卤素单质的熔沸点，我们有时想回避却也是绕不开晶体化学键的知识的。最后在高三拓展课部分，晶体化学键又作为高中化学基本原理的重要组成部分，常常和元素周期律在一起综合考查。简言之，知识本身的难度和教材呈现方式的问题，造成了学生认知的偏差。每当遇到类似于用化学用语解释不同晶体的物理性质变化规律的问题时，学生都不能规范、严谨地答题。既然通过优化教学设计可以降低学生的认知负荷，那么教师就要寻求并整合更符合学生认知水平，更有利于拓展学生学习思路，发展应用知识能力的教学资源，帮助他们更有效地学习。

在讲述微粒间的相互作用对晶体熔沸点的影响时，学生遇到的第一个认知难点是晶体的类型和构成微粒不清楚。用填表格的方法可以帮助学生归纳整理知识间的区别与联系；用大量的图片、模型展示不同晶体的构成微粒和形成过程；从电子式入手，从原子结构上进行分析，归纳演绎不同晶体的构成微粒，这些教学手段都可以帮助他们加深对不同晶体类型的认识，目的都是在学生现有知识的基础上，拓展认知版图，降低学生的认知负荷。这一部分的内容思维的深度还比较适中，通过观看大量图片和模型，大部分学生都能够掌握。但另一个认知难度，就涉及用化学用语解释或定性比较微粒间的相互作用力的大小，这对大部分学生来说抽象、繁杂，没有一个统一、直观的模型去学习，只能逐条记忆教师从教材中提炼的规律，造成学生较重的认知负荷。有没有较好的教学资源能够将这些规律整合起来呢？

我们知道，经典力学对宏观物体运动的规律有着完美的阐释。1687年，牛顿的万有引力解释了任意两个质点通过连心线方向上力的相互吸引。该引力的大小与它们的质量乘积成正比,与它们距离的平方成反比,与两物体的化学本质或物理状态以及中介物质无关。用公式表示为:$F = G\dfrac{Mm}{r^2}$。万有引力定律是物体(质点)间由于它们的引力质量而引起的相互吸引力所遵循的规律。98年后,法国科学家库仑由实验得到了静止的点电荷相互作用力的规律——真空中两个静止的点电荷之间的相互作用力同它们的电荷量的乘积成正比,与它们的距离的平方成反比,作用力的方向在它们的连线上,同种电荷相斥,异种电荷相吸。库仑定律用公式表示为:$F = k\dfrac{q_1 q_2}{r^2}$。宏观的物体运动和电场中的点电荷的运动特点如此相似,两者的表达式如此接近,有着异曲同工之妙,那么微粒之间的作用力能否也用一个数学或物理的公式加以解释呢?

我力求从学生熟知的万有引力开始作为他们学习经验的起点,通过介绍科学史过渡到对微粒间相互作用力的讲解。

## 一、原子晶体

原子晶体是由原子之间通过共价键构成的晶体,微粒之间的作用力就是共价键。而共价键的键能与键长成反比,这一点学生比较容易理解。我们用不同长度的细木棒(牙签)类比共价键的键长,学生通过亲手折断细木棒的实验进行类比体验,直观又易懂。

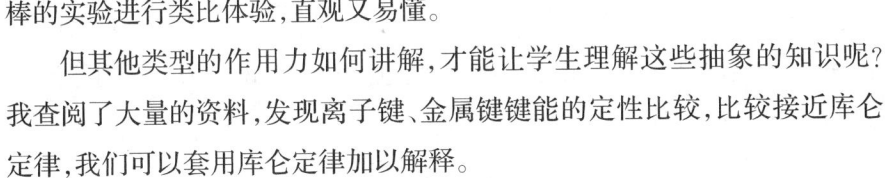

但其他类型的作用力如何讲解,才能让学生理解这些抽象的知识呢?我查阅了大量的资料,发现离子键、金属键键能的定性比较,比较接近库仑定律,我们可以套用库仑定律加以解释。

## 二、金属晶体

金属晶体是由金属阳离子和自由电子之间通过金属键构成的晶体,微粒之间的作用力就是金属键。根据 $F = k\dfrac{q_1 q_2}{r^2}$ 可知,金属阳离子所带电荷越多,离子半径越小,金属键越强,金属单质的熔沸点越高。因此同周期的金属单质,从左到右,原子半径逐渐减小,阳离子所带的电荷数逐渐增多,所以单质的熔点逐渐增大(即 Mp: Al>Mg>Na);同主族金属单质,从上到下,阳离子所带的电荷数相同,但原子半径逐渐增大,单质的熔点逐渐减小(即 Mp: Li>Na>K)。

## 三、离子晶体

离子晶体是由阴、阳离子之间通过离子键构成的晶体,微粒之间的作用力就是离子键。类似的,离子所带电荷越多,离子半径越小,离子键越强,离子晶体的熔、沸点越高,硬度越大。这就解释了为什么 MgO 具有较高的熔点(2852℃)和较强的硬度,可用作耐火材料,而同为 AB 型离子化合物的 NaCl 的熔点相对低一些,为 801℃。

## 四、分子晶体

分子晶体是由原子之间通过共价键构成共价分子(单原子分子的稀有气体是特例),分子之间再通过范德华力聚集成固体、液体和气体。因此分子晶体间的相互作用力就是分子间作用力。分子间作用力是由荷兰物理、化学家范德华发现的,又称范德华力。它的大小与共价分子的相对质量呈正相关性,与分子之间的距离呈负相关性,从数学的角度来看,与万有引力的公式非常地接近,但是万有引力与分子间作用力是不能等同而论的。分子间作用力产生于分子或原子(如惰性气体原子)之间的静电相互作用。它的复杂性使得它没有一个完全适用的定量计算公式。但其能量计算有一个经验方程:$U=\dfrac{B}{r^{12}}-\dfrac{A}{r^6}$($A$、$B$ 可看作一个与相对质量有关常数,$r$ 为分子的间距,不同原子间 $A$、$B$ 有不同取值)。由此看来,虽然分子间作用力与万有引力不同,但它们在数学关系上具有一定的相似性,这样将两者进行类比记忆,学生就会感觉学习轻松了很多。

范德华力的大小与共价分子的相对质量呈正相关性,与分子之间的距离呈负相关性。因此卤素单质 $F_2$、$Cl_2$、$Br_2$、$I_2$ 的熔沸点逐渐增大,就有了理论上的解释,就不仅仅是通过它们名称的偏旁部首进行判断了。这种深层次的理解,也使得学生真正体验到学习的成功感。相应的,学生在认识共价分子发生三态变化时,就清晰地知道,在此过程中,原子、分子本身的大小是不会改变的,改变的只是分子间的间距,从而导致范德华力的变化,由此也进一步认识了为什么固体的分子间作用力强于液体和气体。

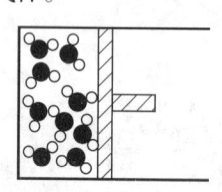

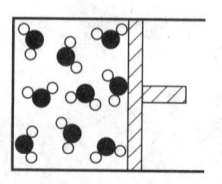

学习本身是一项耗费心思的智力活动,学生自我效能感的提升,来自体验到学习过程中所产生的积极情绪、解决问题后的充实感以及超越自我后的成就感。这些积极的体验一定是与学生的认知负荷相匹配的。这节课的经验告诉我们,可以借助数学、物理、化学跨学科的知识类比,帮助学生深层次地理解知识的内涵和外延。这种教学资源的整合是在学生原有的认知起点上进行的延伸与整合,本质上是降低了学生的认知负荷。同时,这种认知是深入学生内心的,能够真正触发他们体验到学习的成功感。

# 提高化学课堂教学效率　落实学科核心素养

上海市吴淞中学　吴　芳

**摘要**

中学化学教育"要以学生为主体，改进学生学习活动的结构，让学生生动、主动地发展"。课堂教学是教育活动和教育改革的主要阵地和基本途径，要发挥教师在课堂教学中的主导作用，使教学从只重视"教法"而转变为重视"学法"，让化学课堂生动活泼起来，紧紧围绕"发展学生化学学科核心素养"这一主旨，优化教学过程，切实提高40分钟课堂教学效率，发展素质教育，让学生生动、主动地学习和发展，成为学习的主人。

**关键词**

化学　课堂教学效率　学科核心素养

《上海市中学化学课程标准》明确指出："倡导真实问题情景的创设，开展以化学实验为主的多种探索活动，重视教学内容的结构化设计，激发学生的学习兴趣，促进学生学习方式的转变。"重视开展"素养为本"的教学，这样的"课程理念"，体现了素质教育的教育思想，明确了教学改革的具体途径和目标。而课堂教学作为教育活动的基本构成部分，作为学校实施教育教学改革的主要阵地和基本途径，必须努力遵循上述"课程理念"，必须努力改变传统的课堂教学模式，必须努力实现"以学生为主体""让学生生动、主动地发展"的核心思想，引导学生在学习基本知识的基础上，注重培养学生的化学核心素养，这也是每一个高中化学老师的职责。

## 一、目前化学课堂教学中存在的弊端与误区

高中化学课堂教学中，对学生创新能力培养的措施不足。就课堂教学而言，传统的教学模式基本上以教材为中心，以教师为中心，以教学大纲和教材上所列的知识点进行机械的"填鸭式"教学，课堂教学的基本内容和主要过程都是教师讲、学生听，教师写、学生记，教师问、学生答，也就是说，教室成了教堂，教师成了主人，成了知识的传授者、灌输者。很多学生也习惯于这种被动接受的方法学习，反而缺少创新思维和意识，这样的传统课堂教学，课程不断走向孤立、走向封闭、走向萎缩，而课堂也变得机械、沉闷。从根本上扼杀了学生的学习积极性，从根本上束缚了学生的思维，阻

碍了学生的主观能动性的发挥,培养出来的学生只能是高分低能,而不能适应社会发展的需要。

化学实验及探究活动的培养不足,缺乏"动态"的逻辑思维的训练。有些教师并不愿意摆脱已经驾轻就熟的旧的备课笔记、教学办法,与学生的互动都是在书本与大脑之间的碰撞、对话与交流中完成的,是"静态"的、"二维"空间的思维训练与培养。在动手的化学实验和探究活动中,通过设计实验方案,查找文献,准备实验仪器和药品,研究药品的用量,在探究过程中会引发学生思考,通过探索,总结规律;实验中的实物、现象对感官的刺激,引起学生的兴趣。这些都激发学生探究的热情,培养学生的发散思维和创新实践能力。

因此说,作为在教育教学第一线的教师,我不断学习和反思,积极地探究和实践,脚踏实地地解决目前课堂教学中存在的弊端和困惑,这是课改的需要,也是提高课堂教学效率,提高教育教学质量,落实学科核心素养的需要。

## 二、提高化学课堂教学效率,落实核心素养的探究与实践

从心理学的角度来看,"学生的学习动机和求知欲,学习的积极性和主动性不大会自然涌现,它要依赖于教师所创设的教学情境。"中学化学的重要内容是基础化学理论和基础元素化学,其特点是知识点较散,有些内容又很抽象,特别是高中化学更是如此。在此情况下,教师更需要重视教学内容的结构化设计,立足学科核心素养,在教学中不断创新,努力让课堂生动活泼起来,让学生真正体验到学习化学的乐趣,在充满求知欲望、充满智慧撞击的气氛中获取知识,真正成为学习的主人。

### (一)注重新课导入方法,引发学生求知兴趣

在教学中尽可能把枯燥乏味的化学知识讲得浅显、生动。需要注重新课导入法,利用猜谜语、讲故事、说新闻、谈历史等方法,引人入胜,展示化学独特的神秘和精彩。

课例1:在学习"氯气"这一知识时,通过讲述一段战争史实导入新课。在第一次世界大战的战场上,德军共施放氯气18万公斤,使协约国有1.5万人中毒,5000人死亡。这就是战争史上的第一次化学战。氯气把人类带入了痛苦,但它也能造福人类,需要辩证地看待。虽然氯气有毒,但它却可以用于自来水消毒。为什么这种有毒气体还可用于消毒呢?带着疑问进行新课的学习。

从心理学角度讲,兴趣是认识事物过程中产生的一种良好情绪。这种心理状况会促使学习者积极寻求认识和了解事物的途径和方法,并表现一种强烈的责任感和旺盛的探究精神。如果一开始就着眼于讲清"氯气"的基本知识,要让学生死记硬背,效果肯定不理想;而导入充满趣味的历史事件,使学生一下子兴奋起来,化学也不再枯燥,学习也就是一种乐趣。

### (二)注重实验影像直观,创设逼真教学情境,培养"科学探究与创新意识"

形象化的直观的教学过程,可以使学生真切观察到在日常生活中并不能观察到的化学物质及其变化;动手做化学实验,描述和记录实验现象和有关数据,进一步通过分析得出结论,进而培养学生"科学探究与创新意识"的核心素养。而观看和制作多媒体课件,同样使枯燥、抽象的化学

知识生动形象地展现出来,这样的教学情境的确是生动活泼的。

课例2:在讲"电化学"理论时,抽象概念比较多,难以理解。在讲"原电池"概念时,强电解质在溶液中完全电离,此时离子处于自由运动状态,用肉眼观察不到这一过程。通过动画演示,则表现出活泼的金属失去电子并经导线传递到另一导体,同时溶液中的阳离子运动到不活泼的导体去接受电子。由于溶液中的离子定向移动,而使导线中产生电流。

这样的电脑模拟,使反应过程非常形象生动。学生如同"看"到了这一反应的过程,惊喜、感叹并易于接受,对化学知识可以从微观到宏观透彻理解。

### (三) 注重联系生活实际,体会"科学态度与社会责任"

化学来源于生活。化学课堂教学应该努力让化学回归生活,重视学生已有的经验和体验,积极把课堂知识与学生日常生活、社会生产等联系起来,把理论和实际结合起来,活学活用,学生才学得有趣并且能享受到化学学习的快乐。

课例3:关于"胶体"的性质,可以让学生想一想生活中的"胶体化学":热腾腾的豆浆为什么点卤后会变成美味的豆腐花? 为什么不同品牌的墨水不能混用? 如果在实验室做实验不小心割破了手,你会选择现有的哪一种试剂止血? (①$CuSO_4$;②$FeCl_3$;③$NaCl$)

化学教学应积极主动地逐渐培养学生的科学思维能力,可以多角度、动态地分析化学变化,运用化学反应原理解决简单的实际问题。另一方面,也可以通过介绍化学实用性和化学家的爱国故事,让学生了解化学不仅会给日常生活带来很多方便,还在国民经济和科学技术中占有很重要的地位,激发他们学习化学的责任和动力,培养"科学态度与社会责任"的核心素养。

### (四) 注重和谐师生关系,营造课堂学习氛围

罗杰斯说:"成功的教育依赖于一种真诚的理解和信任的师生关系,依赖于一种和谐安全的课堂气氛。"可以让学生产生良好的学习心理效应,使学生处于积极的情感状态,主动而愉快地学习化学。

营造生动活泼的课堂氛围,关键是建立民主和谐的师生关系。这里要强调的是,在实施各种教学方法时,教师要让学生据理力争,充分发表自己的见解,促使他们在相互交流和思想碰撞中迸发思维的火花;教师要尽力做到对学生不指责、不训斥、不急躁,而多给予热情鼓励和引导;教师更要学会以富有情感、生动形象的语言,让学生感到教学内容生动有趣;教师还应该及时给予肯定性评价,要用真情感染学生,激起学生学习的信心。化学教师不是语文教师,但优秀的化学教师应该具有很好的语言应用能力。这样学生在课堂上的表现一定会积极、主动、生动、活泼。

## 三、课堂教学改革中的体会与感悟

高中课程教学改革提出了"核心素养",并以"核心素养"作为高中课程教学改革的导向。通过各种途径,发展高中化学学科核心素养,不断提升自身核心素养水平,为基于核心素养的高中

化学课堂教学改革积蓄力量。自己在学习、反思和实践中有了一定的体会与感悟，概括起来主要有以下几点：

课堂教学的改革非常重要。这句话的意思有两点：一是指教学改革非常重要，即传统的教学模式要改革，新"课程标准"的目标要实现，将化学学科的核心素养落实到课堂中；二是指课堂教学非常重要，即提高40分钟的课堂教学效果、教学效率，是我们教改的主要课题，这个问题解决好了，死记硬背、题海战术种种"苦读书"的状况才能真正改变，"减负"而"增效"的美好理想才能成为美好现实。

学生一定要真正成为学习的主人。立足于培养学科核心素养，一切教学的影响必须经过学生的主动积极性才能达到预期的效果，因此，课堂教学必须以调动学生主动性、积极性为出发点，使学生具有充分的学习动力，成为真正的愿学者、会学者、善学者、乐学者。

教师的主导作用不能忽视。现代教育理论认为，教师和学生是活动中的两个基本要素，也就是说，学生主观能动性的发生、发挥和发展，离不开教师的主观能动性即主导作用的发挥。因此，在课堂教学中，如何做到学生主体与教师主导的统一，传授知识与发展能力的统一，智力因素与非智力因素的统一，面向全面与因材施教的统一，这些课题都是需要认真探研和解决的。从这个意义上说，课堂教学对教师的要求更高了。

教师在课堂教学中必须重视情感心理学的运用。长期以来的教学经历，教师多注重"传道、授业、解惑"的角色和作用，而如今在探索"让化学课生动活泼起来"，其根本的转变，即是从学生的角度来考虑问题。实践证明，这个过程中，教师应该十分重视情感心理学的学习和运用。比如，新课导入引人入胜是触发情感，新课直观创设情境是刺激情感，提问设计思维碰撞是激发情感，联系实际活学活用是丰富情感，归纳总结提高能力是发展情感，师生和谐相互学习是调节情感。正如苏联著名教育家苏霍姆林斯基所说："真正驾驭教学过程的高手，是用学生的眼光来读教科书的。"重视情感心理学的运用，在教学实践中力求满足学生的心理需要，使学生真正成为乐于学习的成功而快乐学习的主人。

要倡导"严、实、活"的教风和学风。课堂教学的"活"，要生动活泼，要融会贯通，要和谐发展，并不能忽视严谨、严格和踏实、扎实的教风、学风。否则，只追求表面上形式主义的热热闹闹，还是无法真正提高课堂教学的效率的。教师扎实的学科基础知识和理论，深厚的教育学心理学底蕴，丰富的教育教学基本功和灵活的技巧手段，才能使教师在课堂教学中真正地做到得心应手、游刃有余。"问渠哪得清如许？为有源头活水来。"教师有了"源头活水"，教学才会生动活泼。

## 四、结语

基于核心素养的化学教学是体现化学课程价值的必由之路。教师应该转变教学观念，以学生核心素养提升为目标，改革教学的方法和过程，使教学从只重视"教法"而转变为重视"学法"，让化学课堂生动活泼起来，教师需创设有利于能力发展的学习和现实情境，探索有效的教学策略，提高40分钟课堂教学效率，促进化学教学的不断发展。

# 高中化学"知识结构化"的实践研究

上海市吴淞中学　吴振峰

**摘要**

　　化学学科知识具有知识点繁多、关联性差、初高中知识衔接断层等结构性不良的特征。在高中化学的教学中,"知识结构化"的思想在化学知识的串联、记忆和调用上有着良好的效果。本研究针对在教学中遇到的问题开展高中化学"知识结构化"的实践研究。研究目前上海高中生"知识结构化"现状,提出更有针对性的培养计策和教学建议;针对高中化学"知识结构化"过程中所需采用的不同方法提出教学建议。

**关键词**

知识结构化　存储和调用　分化程度　学力

## 一、问题提出

### (一) 研究背景

　　研究表明,大脑——人体的神经网络系统,具有并行排布、多层结构、广泛联系的特点,进行着人的各种学习活动、记忆的储存和复杂的思维活动。这样的"网络"是一个有着清晰逻辑关系的多层次结构,同时也是一个开放的系统。然而,存放在大脑中的知识如同电脑中的文件,很多具有"高内聚、低耦合"的特点,孤立的、零散的、大量的知识这样储存在大脑中,增加了记忆的负担。认识结构理论认为,只有结构清晰的知识才能在一定的刺激下被检索提取,进一步解决新问题。结构化的知识有着直观易懂,条理清晰的特点,其整体性也很强。如此,将知识"结构化"则能方便学生记忆。在构筑"结构化知识"之前,则需对各个知识点进行剖析,找出概念理论的关系,化具象为抽象、化繁为简、化散为整。有目的、有条理地处理知识,将更好地帮助教师和学生理解这些知识。有了知识框架,知识将变得取存自如。

　　现行教材采用理论知识和元素化合物知识参差编排的方式,尽力建构知识体系,但是对学生掌握知识点,形成知识体系仍存在难度,导致了学生"一学就会,一做就错,一考就砸"的窘境。由于高考改革,化学课课时减少,学生重视程度下降,而化学教学内容变化不大。因此,在开展课堂教学的时候,有教师认为学生的讨论和思考是浪费时间,所以采取"满堂灌"的方式,课后采取"默"和"背"的形式来巩固知识点,从短时间上来看,知识是被学生"记住了",但是学生缺乏对知识的整体理解和系统架构,更别谈创新地运用知识来解决新问题。所以,在新高考背景下的化学教师要合理开发教材,发掘教材中知识之间的潜在联系,引导学生将琐碎的知识串联起来形成层次化、结构化、系统化的有机网络,这是提高课堂效率、培养学生化学能力的重要举措。

化学学科核心素养的提出,旨在通过化学学科教学,深化其学科价值,进一步加深学科教学的育人价值。化学学科并不希望将化学课本、知识和笔记等琐碎的记忆,固化在学生的大脑中,而是希望将所学的知识转化为学习的智慧。在教学中,我们根据化学学科的核心本质和鲜明特征,深入揭示化学现象的本质,逐步建构和完善解决复杂化学问题或跨学科问题的科学心智模式。寻找学科知识间内部的逻辑关系,构建具有学科价值的知识体系,引导学生从事实证据过渡到概括性的概念、原理、规律,再逐步形成科学的思想方法和科学素养。

### (二) 研究内容

在新高考模式的背景下,知识点琐碎的化学学科遇到了较大的挑战,虽然课程标准中对课程内容和学习水平进行了调整,面对课时减少,化学教师普遍觉得"来不及"。传统的化学课堂常常是以罗列知识点为主要手段来开展教学的,忽略学生记忆特点和学习特点,也无法挖掘化学学科知识的潜在关系,建构化学学科知识的框架,致使学生学习化学时频频出现困境。通过"知识结构化"五类图像的使用,开展高中化学"知识结构化"的实践研究,归纳高中化学"知识结构化"的一般策略。

## 二、"知识结构化"的内涵

"化学知识结构"从广义上讲可以理解为化学知识体系,是物质运动过程中产生的化学知识的总和。从狭义上讲则可将化学知识结构等同于学校教育中化学教材的知识结构。化学知识的"结构化"可以大体包括两方面的含义:一是教师在教学活动过程中,引导学生发掘化学知识之间的关联性和共同特征,帮助学生建立化学知识结构;二是学生通过内化化学知识,发现化学知识间的关联性和共同特征,将知识结构转化为认知结构的过程。

化学知识结构和化学认知结构也存在着紧密的联系。教材中存在的知识体系可以作为学生重构知识结构,形成化学认知结构的基石。学生的化学知识结构转化为化学认知结构的过程,就像很多的化学反应是需要一定条件的。教材的化学知识体系编排是符合当下学生智力水平和学习水平的,在将教材知识结构与学生已有知识建立相互联系后,教师可以通过一定方法和途径引导学生深化理解知识间联系,重整知识结构,从而完善认识结构。

### (一)"知识结构化"的形成机制

化学学科知识具有知识点繁多、琐碎的特点,对于学生来说,每一节新课,便意味着更多的新知识进入大脑,而对于这些新知识的吸收程度,不同学生之间效果也大有差异。但是多而杂的化学知识中却总是存在着千丝万缕的联系,如何处理旧知识与新知识之间的关系,如何在原有的认知基础上更好地接纳与之前认知模式完全不同的知识,一般来说,结构化知识采用的是顺应和同化。认知发展得以发生的主要机制是认知结构与环境需要之间达到的平衡。对于学生来说,能够将作为客体的化学知识结合到主体的化学结构中,从而使自己的认知更加充实,这个平衡变化的过程就是同化。另一方面,学生对于和自身已有认知的化学知识大相径庭的新知识,无法将其结合到原有的认知结构中,从而重新构筑一个框架,将新知识纳入其中,重新进行认知,这一过程便是顺应。新知识的进入打破了认知的平衡,通过反复的同化与顺应,认知则重新达到了平衡,一步一步建立起完整的知识结构。

## (二)"知识结构化"的影响因素

"知识结构化"的过程主要涉及同化和顺应两个过程的相互影响和平衡。知识的类型在一定程度上影响着"结构化"的过程。"二期课改"将中学阶段的化学知识进行了有效的分类。从知识系统的角度,我们可以将中学阶段的化学知识分为化学用语、基本概念、基本理论、元素的单质及其化合物、化学实验、化学计算等六大方面。很多的知识内容是互相交错和互相影响的,同时在化学教学的三维目标中设计了"情感、态度和价值观"的维度,旨在学习化学知识和方法的过程中,感悟化学与生产生活息息相关,这与当下提倡的化学学科素养的培养是具有一致性的。

在很多情况下,不同类型的知识在一定程度上没有绝对的界限,往往在学习和使用的过程中相互交错与相互作用。基于知识的特点,陈述性知识一般采用记忆的方式进行学习,有研究说明,练习是程序性知识学习的较好方法,而策略性知识的学习较为复杂,需要活动、体验、反思来实现知识的迁移。因此,在实际的化学教学过程中,教师应当根据知识类型和学习路径的不同,采用不同的结构化方式。

## (三)"知识结构化"的表征方式

### 1. 表格式"知识结构化"

表格的应用能使容易混淆的知识在横向和纵向上得到深度的比较,在知识的共通点上凸显规律性,在知识的不同点上体现差异性,有利于学生对知识概念的理解和剖析,深化对知识的应用,从而提高学习效率。此外,由于列表格对学生学习程度和结构化程度要求不高,所以表格式的结构化知识表征能适用于大多数学生的学习需求,表格在高中化学知识的辨析上得到了广泛的、大面积的使用。

### 2. 思维导图式"知识结构化"

思维导图是英国著名的心理学家和教育学家托尼·巴赞(Tony Buzan)在20世纪60年代为了解决传统笔记埋没关键词,导致的记忆费时费力,记忆储存时间难以长久,无法激发大脑潜力,而创造的一种新型的笔记方法。托尼·巴赞创造思维导图的本意只是改进笔记的方法,但是其发展至今,被广泛地运用在各大领域,可见其强大的功能。在高中化学的学习过程中,思维导图的使用有利于学生理清思路,以点及面开拓学生的思维路径。不难发现,思维导图是知识以一个中心节点展开的,具有发散性功能的树状结构。托尼·巴赞认为,思维导图的绘制过程是一个体现思维走向和脉络的过程。在这个过程中,可以激发绘制者大脑的潜力,改进学习能力,形成清晰的思维脉络。

### 3. 概念图式"知识结构化"

概念图是美国康奈尔大学诺瓦克(J. D. Novak)博士根据美国著名认知心理学家奥苏泊尔的学习理论所提出一种知识表征方式。在使用过程中通常会与思维导图有所混淆,与思维导图相比,概念图有鲜明的特征和实际的使用意义。概念图的绘制过程中,包含概念节点、链接命题、转换连线和层级关系。通常概念节点置于方框或者圆圈中,连线表示两个概念间存在的转换关系,命题是指在概念转换时所需要的具体条件,层级关系则是指在同一层内,不同概念知识的排布情况,或者是不同层级之间的链接关系。下图为化学键、晶体的概念图。

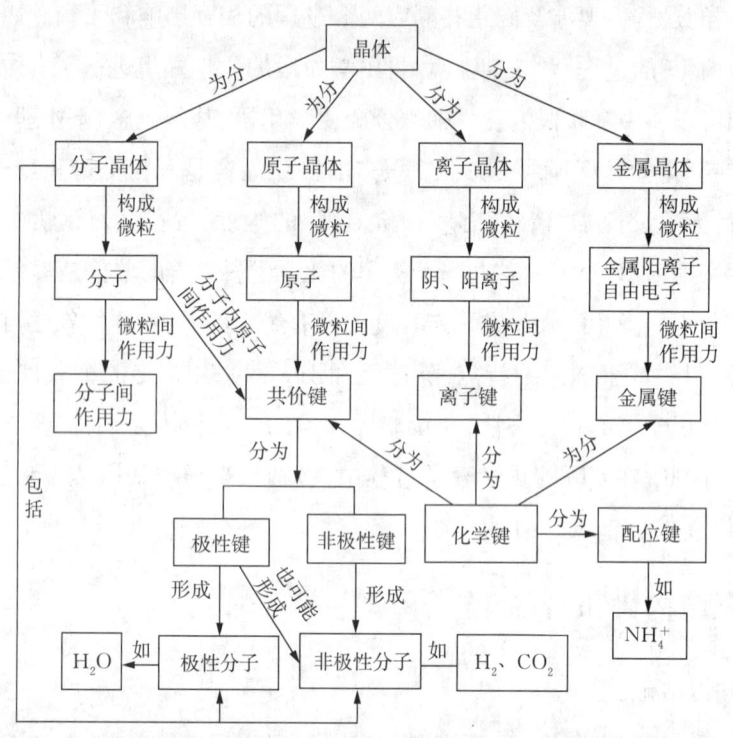

在绘制概念图时,一般采用先罗列概念节点,然后建立不同概念节点的关系,连接连线,书写命题,这个与绘制思维导图的发散性思维的训练有很大区别,从上图容易看出,概念图的概念节点可以有多个(思维导图只有一个中心主题),由此,概念图构建的是一种网状知识结构的浓缩体现,有研究证明概念图的构建方式与人脑中知识建构的方式较为接近,是一种相当直观的知识网络的建构,能促进知识的迁移。

### 4. 流程图式"知识结构化"

流程图是一种能够表达知识推进的图表形式,是文字、符号、图像等元素按逻辑进行的有机组合。在信息技术中,利用流程图将算法直接转化为程序,具有形象直观,易于理解,错误易现等显著特点。在化学中的工艺流程常常会使用流程图来进行表达。

在流程图的绘制过程中可以看到学生将碎片化的知识通过流程图,由点串成线,建构清晰的知识系统。在总结归纳知识的过程中,促进了学生思维能力的发展和图文并用的能力。

5. 网络图式"知识结构化"

网络图的使用主要集中在不同物质转化关系的表达上。化学方程式(离子方程式)是一种化学知识的重要符号表征方式。高中化学知识中涉及元素化学有氯、硫、氮、铁、铝等元素及其化合物知识,元素及其化合物多样,衍生出来的方程式繁多,这些元素及其化合物具有鲜明的特征,同时也具有广泛的联系。由于方程式独立性较强,往往采用罗列的形式来进行化学方程式的教与学,这种没有逻辑性的填充对学生的记忆产生了较大的负担。网络图的使用在化学方程式记忆上有突出的表现,高中有机化合物常利用官能团的衍生关系编织网络图阐述不同类别有机化合物直接的转化。

## 三、高中化学"知识结构化"的实践研究

### (一) 方案设计

本研究主要运用访谈法、行动研究法、文献研究法以及问卷调查法进行研究,通过自身实践和理论相结合,从而在解决问题的同时,优化教学方法,提高教学质量。

基于研究背景、内容和文献查阅情况,本研究制订了如下研究流程:

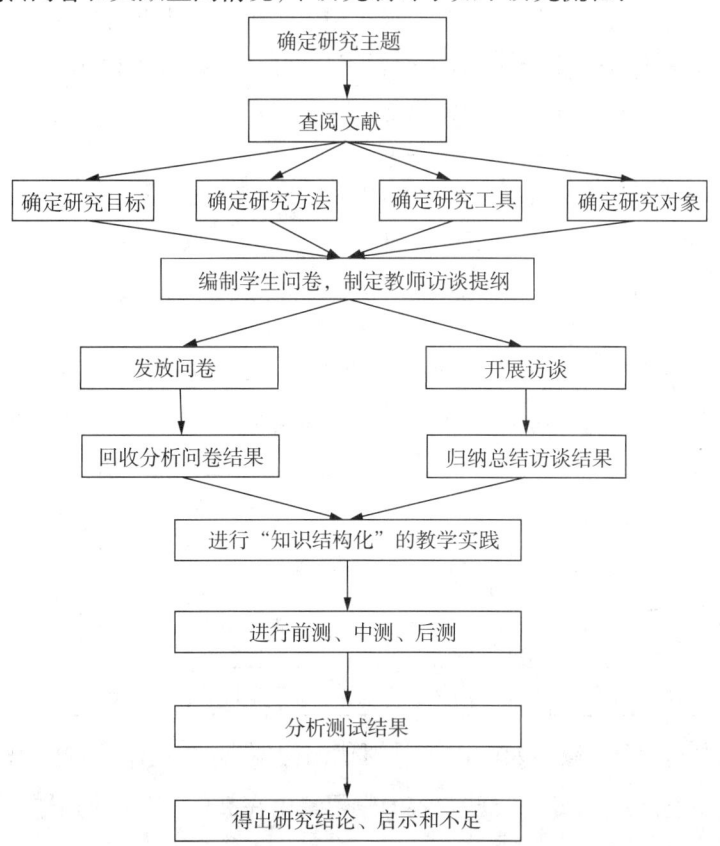

```
确定研究主题
    ↓
  查阅文献
    ↓
确定研究目标  确定研究方法  确定研究工具  确定研究对象
    ↓
编制学生问卷,制定教师访谈提纲
    ↓             ↓
发放问卷        开展访谈
    ↓             ↓
回收分析问卷结果   归纳总结访谈结果
    ↓
进行"知识结构化"的教学实践
    ↓
进行前测、中测、后测
    ↓
分析测试结果
    ↓
得出研究结论、启示和不足
```

## （二）研究工具

本次研究以上海市宝山区某高级中学高一年级4个教学班作为研究对象。该学校为上海市实验性示范性高中，高校录取情况处于全市实验性示范性高中中游，中考录取分数线位于宝山区前列。本次研究选取的对象分成2个层次，4个班级。按照中考成绩分为第一层次班级A1和A2，第二层次班级B1和B2。学生基本情况如下表所示。

| 班级 | A1 | A2 | B1 | B2 |
| --- | --- | --- | --- | --- |
| 学生数 | 48 | 48 | 39 | 38 |
| 男生数 | 24 | 25 | 20 | 19 |
| 女生数 | 24 | 23 | 19 | 19 |

本次研究选取了5所学校的16位教师作为研究对象，分布在高一、高二和高三三个不同的年段。

通过问卷、访谈、测试对研究对象开展高中化学"知识结构化"的实践研究。

## （三）测试情况分析

### 1. 知识的存储情况

在对研究对象进行测试时，采用了新旧知识交错的形式进行测试卷的编制，在原子结构、氧化还原反应等多个板块的知识上有重叠，从原始的基础概念的判断到对原理的使用，这样做的主要目的是检测学生对于知识的遗忘率和调用情况。中测卷第2题如下所示。

> 2. 以 $N_A$ 表示阿伏伽德罗常数，下列说法中正确的是（　　）。
> A. 53g 碳酸钠中含 $N_A$ 个 $CO_3^{2-}$
> B. 0.1mol $OH^-$ 含 $N_A$ 个电子
> C. 1.8g 重水（$D_2O$）中含 $N_A$ 个中子
> D. 标准状况下 11.2L 臭氧中含 $N_A$ 个氧原子

以与原子结构相关的考查内容为例，通过检测数据，发现实验班级A1正确率明显优于对照班A2，实验班B1明显优于对照班B2。中测卷第2题实验班和对照班正确率统计，如下表所示。

| 题目 | 研究对象 | 对象性质 | 正确率 |
| --- | --- | --- | --- |
| 中测卷第2题 | A1 | 实验班 | 93.75% |
|  | A2 | 对照班 | 87.50% |
|  | B1 | 实验班 | 87.18% |
|  | B2 | 对照班 | 76.32% |

从时间上看，中测卷第2题涉及的内容是阿伏伽德罗常数、气体摩尔体积、同位素、原子核、核外电子的排布、离子、物质的量。这些内容的学习集中在高一入学时期，与中测时间间隔较长。

从数据上看，A1 的正确率比 A2 高出 6 个百分点，B1 的正确率比 B2 高出了 10 个百分点。在没有进行系统复习的情况下，开展"知识结构化"教学实践的实验班，对过往知识的记忆和调用存在较为明显的优势。

2. 均分的变化情况

前测中，同层次的 A1 和 A2、B1 和 B2 班级在化学平均分上和学生个体分数组成上都没有体现明显的差异。随着"知识结构化"在 A1、B1 两个实验班中的推进和实施，在后续的测试中体现了变化。前测、中测、后测实验班和对照班化学平均分差值对比，如下表所示。

| 研究对象 | 前测 | | 中测 | | 后测 | |
|---|---|---|---|---|---|---|
| | 平均分 | 差值 | 平均分 | 差值 | 平均分 | 差值 |
| A1 | 82.27 | 0.54 | 76.73 | 2.77 | 78.17 | 3.96 |
| A2 | 81.73 | | 73.96 | | 74.21 | |
| B1 | 75.07 | −0.64 | 70.64 | 3.09 | 72.05 | 4.71 |
| B2 | 75.71 | | 67.55 | | 67.34 | |

计算差值公式为：差值＝平均分(A1)−平均分(A2)或者差值＝平均分(B1)−平均分(B2)。前测中，同层次班级的平均分差值可以说很小，都在 1 分以内。在中测中，A1 将和 A2 的平均分的优势拉大到 2.77 分，在后测中扩大至 3.96 分。同样地，在中测中 B1 超出 B2 班级的平均分 3.09 分，在后测中进一步扩大为 4.71 分。可见，采用"知识结构化"对学生化学成绩的提升是有确定的正面作用。另外，对比不同层次班级的平均分变化情况，发现层次较高的 A1 和 A2 的平均分差值比层次较低的 B1 和 B2 的平均分差值变化要小，也就是说"知识结构化"对于层次较低的班级效果更加显著。

3. 班级的分化情况

本文试图探究"知识结构化"对班级学生分化程度的情况，在分析数据时使用 AVEDVE 函数评测三次测试中学生个体成绩的离散程度。前测、中测、后测班级化学成绩标准差统计，如下表所示。

| 研究对象 | 前测 | 中测 | 后测 |
|---|---|---|---|
| A1 | 6.30 | 5.93 | 6.02 |
| A2 | 6.13 | 7.41 | 7.87 |
| B1 | 8.23 | 7.49 | 7.18 |
| B2 | 8.65 | 9.10 | 8.87 |

分析表中数据，学生在前测时，同层次班级的化学成绩标准差区别很小，再次印证了同层次班级之间无明显差异。在中测中，A1 和 B1 的班级标准差减小，且 B1 的班级标准差减小幅度更大；A2 和 B2 的班级标准差增加，但是 B2 的班级标准差增大幅度相对小一些。在后测中各班级

标准差相对中测时略有浮动,但变化不大。由标准差的概念知道,标准差小,则说明班级学生分化程度小;标准差大,则说明班级学生分化程度大。对照班 A2、B2 与实验班 A1、B1 相比,标准差较大,说明在高一化学学习过程中对照班的学生出现了较为明显的分化,同时可以发现对照班 B2 的学生分化幅度大于 A2。从标准差数据的变化分析,"知识结构化"对减小学生分化有一定作用,并对在层次较低的班级中作用更为明显。

### 4. 复杂问题的解决情况

测试卷中涉及一些较为复杂的化学问题,如下图所示(中测卷第 30 题)。

> 30. 某温度下将氯气通入 NaOH 溶液中,得到 NaCl、NaClO、NaClO$_3$ 的混合液,经测定 ClO$^-$、ClO$_3^-$ 的浓度之比为 1∶3,则 Cl$_2$ 与 NaOH 溶液反应时被还原的氯与被氧化的氯元素的物质的量之比为:
> A. 21∶5　　　　B. 11∶3　　　　C. 3∶1　　　　D. 4∶1

这道题涉及氯气的化学性质,氧化还原反应中氧化剂和还原剂的判断,氧化还原反应的实质认识,质量守恒和电子守恒的思想,涉及维度多,条件关系隐蔽使得此题正确率较低。中测卷第 30 题实验班和对照班正确率统计,如下表所示。

| 题目 | 研究对象 | 对象性质 | 正确率 |
| --- | --- | --- | --- |
| 中测卷第 30 题 | A1 | 实验班 | 58.33% |
|  | A2 | 对照班 | 47.91% |
|  | B1 | 实验班 | 46.51% |
|  | B2 | 对照班 | 31.57% |

表中数据表明,中测卷 30 题对学生能力要求较高,正确率低于班级总体平均水平。实验班 A1 正确率为 58.33%,对照班 A2 低了 10 个百分点左右;实验班 B1 正确率为 46.51%,对照班 B2 相较 B1 低了 15 个百分点左右。在此类较为复杂的问题中,实验班与对照班的差异加剧,说明"知识结构化"对于寻找和理清复杂问题中的关系是有帮助的。同时也发现,在层次较低的班级中,这种差异的显著性更强。

## 四、研究结论、启示

根据前文的比较和分析,本研究得出如下结论和启示:

### (一) 实施"知识结构化",促进学生学力的提升。

"结构化"知识的形成有多种方法,表格、思维导图、流程图、网络图和概念图。对于不同的知识需要使用不同的方法,才能使知识高效地结构化。绘制结构化的图像,不是仅仅绘制或是记忆图像那么简单,绘制结构化的图像其实是学生回忆知识,建立联系,发散思维的一个过程,只有"了然于胸",才能"跃然纸上"。

绘制"结构化"图像的过程是学生建立自己的知识结构的过程,是一个自主的过程。学生可以将内化的知识变为外显的图像,从中获得学习的满足感和成就感,是一个激发学生学习兴趣的良好途径,在一定程度上降低班级学生成绩两极分化的程度。

本研究的意义并不是在教会学生如何绘制图表,而是试图教会学生一种思考问题、总结知识的方法。我们学习化学的目的,不是记住多少方程式,也不是掌握多少物质的性质,重要的是在学习化学的过程中,掌握认识事物的一般方法,然后用已知的知识,探究未知的世界。将挖掘化学知识潜在关系的能力转化为理解客观事物之间深刻关系的能力,生成学生自我成长的内驱力。

(二)实施"知识结构化",归纳"知识结构化"的一般方法。

在本研究中采用了五类图像使知识结构化,在使用过程中,发现不同的知识板块适用的"结构化"图像不同,以下做简要分类。

高中的化学知识有一些概念是比较容易混淆的,譬如:"四同"——同位素、同素异形体、同分异构体、同系物。在元素不多,维度不多的情况下做对比和区分,表格体现很强的适用性。

高中的化学知识时常涉及章节性内容总结。沪教版高中化学内容可以粗略分为基础理论和元素化学,根据内容,基础理论(譬如:《打开原子世界的大门》《探索原子构建物质的奥秘》等)在进行"知识结构化"的过程中,建议采用思维导图进行总结归纳;而元素化学知识(譬如:开发海水中的卤素资源等),因其涉及的方程式独立性强,通过挖掘化合价、官能团等典型物质间转化关系,建立网络图。

随着化学学习的深入,对孤立或者局部知识系统的总结无法满足高中化学知识的综合使用要求,突破"高内聚,低耦合"的板块知识局限,可以采用概念图,概念图适用于理论性知识和方程式的串联,多个节点的确定,可突破章节的局限,知识不断地拓展,图像的绘制也将不断扩张。

高中化学知识中有一类涉及流程,譬如:从海水中提取溴和碘、工业合成硫酸等,为简化工业流程,常采用流程图。但是研究发现,流程图的使用无法还原工业实际生产,同时思维方式具有较强的单一性,结构化程度不高,适用性较差。

**主要参考文献**

[1] 刘淑花.促进知识结构化的高三化学复习教学研究[D].济南:山东师范大学,2013.

[2] 胡先锦.管窥高中化学学科核心素养[J].化学教与学,2017(3).

[3] 王震.在"同化"和"顺应"中建构数学知识体系[J].基础教育论坛,2012(34).

[4] 赵国庆,陆志坚."概念图"与"思维导图"辨析[J].中国电化教育,2004(8).

[5] 朱学庆.概念图的知识及其研究综述[J].上海教育科研,2002(10).

[6] 何春艳.高中化学教学中运用概念图促进学生知识建构的研究[D].成都:四川师范大学,2007.

# 新高考改革下，高中化学异质教学班开展差异化教学的策略研究

上海市淞浦中学　许　健

**摘要**

随着上海高考改革"3+3"的深入进行，高中化学课堂中学生的差异性更加明显。2017版普通高中化学课程标准的实施，对于高中化学课堂差异性教学提出了新要求。在化学教学中，我们发现：由于学生的发展是各不相同的，每个学生都有各自不同的特长，所以在化学必修阶段化学课堂中存在着两类学生：一类是选择化学等级考的学生，他们需要完成化学必修和选择性必修内容；另一类是选择化学合格考的学生，只需完成化学必修内容。对于这样两类学生，由于他们在自身综合素质发展上的需求不同，导致他们在化学学科上的学习目标、学习兴趣、学习态度、学习要求、学习成绩等方面都不同，从而导致同一教学班中产生了非常明显的异质情况。针对这样的异质性差异，迫使教师的教学也要有差异性。本研究采用同进度、不同的教学要求、不同的教学策略，交叉地对有差异的两部分学生进行教学，学生完成同进度不同程度要求作业，教师以特殊教学形式来满足这两类异质学生的不同发展要求。在这样的差异性教学中总结了一些行之有效的教学策略。研究发现：在这样一个异质班开展差异性教学，能使学生学习化学的积极性明显提高，每个学生在课堂上均有收获，且有效提高了学生化学学科的核心素养；同时教师也更关注每个学生的发展，课堂教学的成就感得到提升。

**关键词**

高中化学　选科取向　异质　差异化教学

## 一、研究概况

上海新高考改革后实行"3+3"的模式，学生一旦进入高中后，便会根据自己的兴趣、特长来选择高考的选修科目。因此在高中前两年的化学必修阶段，存在两类学生，一类是高考选修化学的学生，他们需要完成化学必修和选修内容，并适当提升知识应用能力；另一类是高考不选择选

修化学,只需完成化学必修内容的学生。

对于这样两类学生,由于在自身综合素质发展上的特长发展需求不同,导致他们在化学学科上的学习目标、学习兴趣、学习态度、学习要求、学习成绩等方面都不同,从而导致同一教学班中产生了非常明显的异质情况。对于这样的教学班实施教学就需满足这两类学生不同层次的学习要求,在课堂中实现个体的差异化发展,让不同水平的学生都能获得核心素养。

如何更好地解决目前高中在起点年级中不同层面需求学生的教学,这对于教师来说也是一个迫切需解决的问题,所以我们尝试在这样的化学异质教学班中开展差异化教学的策略研究。

## 二、核心概念

选科取向:特指上海高中学生在高考+3等级考中是否选修化学学科。

异质教学班:由于在化学学习上学生选科取向不同,在同一个教学班中存在选修与不选修化学这样两类学生,他们在化学学习上有明显的异质现象,这样的一个教学班即是本课题所研究的异质教学班。

差异化教学:本研究的差异化教学是针对是否在高考选修化学的两部分学生,教师在同一教学班上采用同进度、不同的教学要求、不同的教学策略,交叉地对两部分学生进行教学,学生完成同进度不同程度要求的作业的特殊教学形式。

## 三、高中化学不同选科取向的异质教学班开展差异化教学的策略

我们选择高一和高二年级平行班中的一个班作为实验班进行差异化教学实践,总结出了高中化学不同选科取向的异质教学班开展差异化教学的策略。

### (一)教学组织形式——注重需求,双轨分组

由于学生对学习化学的需求不同,很明显地形成了异质情况。教师若要在课堂上兼顾所有学生,则必须充分考虑异质学生的不同学习需求,所以若采用统一教案,统一授课就无法高效率地顾及每位学生的需求和个人发展。为了更好地满足学生需求,我们将同一班中的学生依据选科不同,分成两组,这样组与组之间是异质的,而组内的学生是同质的。

将同一教学班中的学生依据选科不同分成两组之后,教师在课堂上将两组学生进行双轨并列同时授课。两组学生的学习相对是独立的,互不干扰。由于教师只有一人,所以每组学生的教学是师生面对面的直接教学与学生自主学习的间接教学轮流交替进行的。我们的做法是:

1. 按需分组

为了使不同需求的学生在化学课堂教学中都有所得,在开展差异化教学前,我们根据学生的发展需求,依据选科取向的不同,将学生分成两组:

基础组：在高一化学学习中，已经比较明确+3不选修化学的一群学生；

选修组：在高一化学学习中，已经比较明确+3选修化学的一群学生。

同时，对于一小部分尚没有决定选修科目的学生，则由他们按照自己的学习情况自主决定参加哪个小组。这样把在化学学习上存在差异的异质教学班分成了基础组与选修组两个小组，在组内学生情况大致相同。

这两个组别学生的学习目的和要求不同，因此他们的学习基本情况和学习方式也存在差异。两组学生的化学学情分析如下表所示。

| 组别 | 学情分析 |
| --- | --- |
| 基础组 | 对化学学科兴趣一般或无兴趣，课堂上以听老师讲解为主，不经常提问或回答问题，已学知识较薄弱。 |
| 选修组 | 对化学学科兴趣浓厚，善于独立思考化学问题，喜欢课堂讨论，已学化学知识掌握较好。 |

2. 分区教学

本课题的开展就针对实验班中的选修组与基础组进行"动""静"结合的差异化教学实践，两组学生在同一教室进行教学。为了减少两组学生的互相干扰，可将教室进行左右分区，两个小组分别坐在教室的两边。

教学中，我们根据教学内容和学习方式的不同，来安排学生的座位形式。如果教学活动形式以师生互动为主，座位可按"秧田式"排列；若教学活动形式以探究的方式开展，如做实验、合作讨论等，我们则将座位形式安排六人围坐一组的"小组式"安排。下面两幅图就是差异化教学时学生分区安排的示意图。

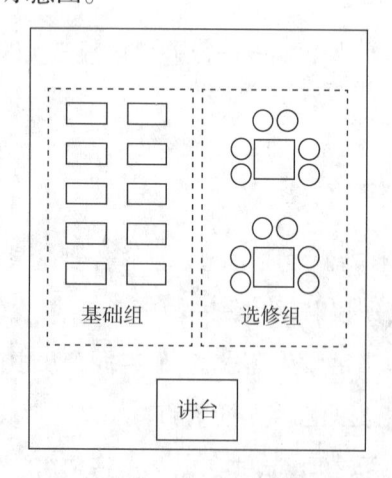

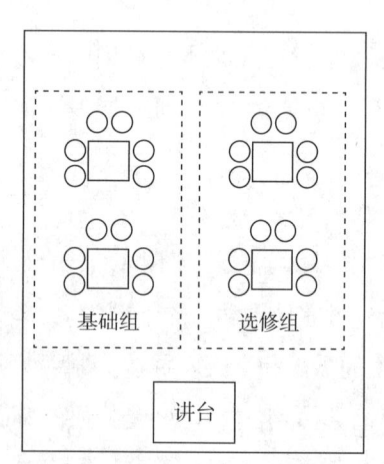

(二) 教学目标制订——不同要求，不同目标

同一教学班的学生依据不同选科取向分成两组，在教室中分区上课。那么学生取向不同，学习需求不同，则对于他们的学习，教师所设定的要求也应不同，体现在教学目标的设定上就会不同。

所以在每节教学内容的设计时，依据两组学生的实际情况，按照不同的要求，需设定不同的教学目标。

分层细化目标是我们的做法。

在化学必修学习阶段，虽然学生所学的教学内容是相同的，但教师面对的两组学生是异质的，基础组学生的发展和选修组学生的发展需求不同，所以教师应先深入研究教材和课程标准，明确课程内容所需达到的教学目标，再针对具体的两组学生学习情况，分层细化教学目标。

针对选修组学生，教学目标可渗透等级考要求，如将识记提高为理解，理解提高为运用。针对基础组，按照课程标准，不做提升和拓展。下表为《氧化还原反应（复习课）》教学的教学目标设置。

| 教学目标 | 课题：氧化还原反应（复习课1） | |
|---|---|---|
| | 基础组 | 选修组 |
| 知识与技能 | (1) 学会从化合价的升降正确判断氧化还原反应。<br>(2) 学会正确判断氧化剂、还原剂。<br>(3) 学会用单线桥表示电子转移的方向和数目。<br>(4) 知道四种基本反应类型与氧化还原反应的关系。<br>(5) 理解化合价与氧化还原性的关系。 | (1) 利用化合价升降快速正确判断氧化还原反应。<br>(2) 能快速正确判断氧化剂、还原剂、氧化反应、还原反应等概念。<br>(3) 掌握单线桥与双线桥两种方式表示电子转移方向和数目。<br>(4) 理解四种基本反应类型与氧化还原反应的关系。<br>(5) 掌握化合价与氧化还原性的关系，会自行设计实验验证不同物质氧化性强弱的比较或还原性强弱的比较。 |
| 过程与方法 | 通过对氧化还原两组概念的整理和判断，培养独立思考的能力和归纳总结的能力。 | 通过小组合作设计实验，体验实验与理论的相互关系。 |
| 情感态度与价值观 | 通过对氧化还原这一对典型矛盾的学习，感悟"对立统一"的辩证唯物主义观点。 | 通过对氧化还原这一对典型矛盾的学习，感悟"对立统一"的辩证唯物主义观点。 |

教师针对基础组和选修组的学生特点，在教学目标的制订上提出不同的要求，基础组的目标定位在"知道""领会"与"理解"的层面上，而选修组的学生的学习目标，不仅要求能"知道""理解"，且会"应用""分析"和"综合"。尤其是实验要求上，提出了"通过小组合作设计实验，体验实验与理论的相互关系"的要求。

## （三）教学内容组织——依据要求，模块组合

教学内容是依附于教学目标的。由于基础组与选修组的教学目标不同，则两组的教学内容自然不同。

所以虽然两个小组每节课的教学进度是一致的，但我们对于两组具体的教学内容是依据教学目标的要求，划定具体模块，重新进行组合的。我们具体的做法是：

1. 依据差异，选择内容

在教学内容上，基础组的教学内容以基础内容为主，选修组的教学内容则在基础内容学习的

基础上拓展相关内容。在教学中,我们发现开展这样的差异化教学,教师需充分考虑不同学生的起点知识与这堂课所需达到的目标,而不同的课型,不同学生知识起点存在不同程度的差异,教师应灵活而有机地组合教学内容。

(1) 新授课教学内容安排

对于新授内容的教学,一个新知识单元的教学往往需几节课时完成。而新授知识在某些基础内容上对于两个小组的学习差异性是不大的。在具体某一课时中若学生起点知识无差异,这一课时中阶段性目标也无差异,则无须开展差异化教学,随着新知识学习的深入,教学目标发生不同,如选修组需拓展相关内容了,此时可开展差异化教学。下表为《氧化还原反应》教学单元的教学内容选择与差异化教学安排。

| 课时 | 是否开展差异化 | 教学内容 | |
|---|---|---|---|
| | | 基础组 | 选修组 |
| 第一课时:进一步认识氧化还原反应 | 否 | 氧化还原反应的特征与实质 | 氧化还原反应的特征与实质 |
| 第二课时:判断与分析氧化还原反应 | 部分差异化 | 氧化还原几组对应概念,判断氧化还原反应 | 除基础组的以外,添加氧化还原的电子转移分析及有关计算 |
| 第三课时:应用氧化还原理论 | 是 | 基础习题 | 基础与拓展习题 |

从上表可以看出,第一课时的教学,由于两组学生知识的认知点相同,因此教学目标和教学内容相同,没有开展差异化教学;第二课时,采用部分差异化教学,基础组与选修组在学习氧化还原几组概念的相同内容时,没有采用差异化教学,学生是共同学习的。但选修组中增添了氧化还原的电子转移及有关计算的内容,此时教学目标和教学内容产生差异,需要开展差异化教学;第三课时由于学生学习起点有了很大差异,教师设计教学内容时,基础组以基础练习为主,选修组注重知识的高层次运用,教学目标和教学内容产生很大差异。整堂课都可开展差异化教学。

所以,对于需几个课时完成的新授单元知识,教师可依据具体情况选择适合基础组的基础内容和适合选修组的补充内容,若具体落实在每一课时教学内容相同的,则不必开展差异化教学,如上例中的第一课时。其余课时依据要求,内容不同时,开展差异化教学。

(2) 复习课教学内容安排

差异化教学的目的是满足两个异质组学生的不同学习要求,使他们通过教学都有核心素养的发展。与新授课教学相比,开展复习课学习之前,基础组和选修组的学生对同一知识的掌握程度已经出现很大差异,因此更需要进行差异化教学。在教学内容的组织上,教师应根据学生学习目标,选择教学内容。

例如:《氮及其化合物知识复习》的差异化教学内容如下表所示。

| 组别 | 基础组 | 选修组 |
|---|---|---|
| 教学内容 | 代表性物质：氮气、氨气、铵盐等的性质。 | 渗透氮气、氨气、氮氧化物、铵盐、硝酸等一系列物质的转换、氮及其化合物、硫及其化合物、氯及其化合物的联系和区别等。 |

### 2. 划分环节，合理组织

针对差异化教学，教师需合理地确定每节课的教学量，确定每组学生的重难点，确定具体的实验、活动、练习等。在确定了每节课的具体内容后还要把这些内容划分成促进学生知识掌握的若干教学环节。再根据知识的难易合理地组织教学内容，确定直接教学与自主学习的具体内容。例如：《醋和酒香》这节内容可分三个课时完成，每课时的教学内容分别为第一课时：乙酸的结构与性质；第二课时：乙酸与乙醇的酯化反应；第三课时：复习总结。如第一课时的内容又可划分成四个环节，第一环节：情景引入；第二环节：探究乙酸的分子结构；第三环节：探究乙酸的物理性质与化学性质；第四环节：乙酸酸性的巩固与应用。下图为差异化教学的教学环节划分示意图。

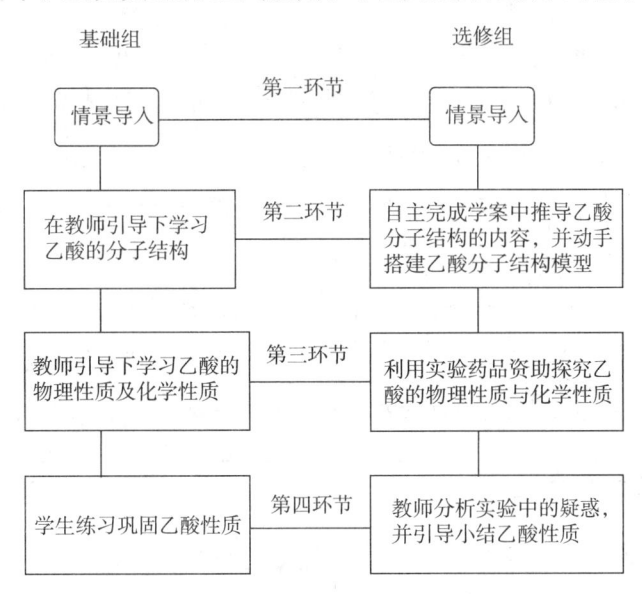

```
        基础组                              选修组
       情景导入      第一环节            情景导入
          │                               │
  在教师引导下学习   第二环节    自主完成学案中推导乙酸
  乙酸的分子结构              分子结构的内容，并动手
                              搭建乙酸分子结构模型
          │                               │
  教师引导下学习乙酸的 第三环节   利用实验药品资助探究
  物理性质及化学性质            乙酸的物理性质与化学性质
          │                               │
  学生练习巩固乙酸性质 第四环节   教师分析实验中的疑惑，
                              并引导小结乙酸性质
```

## （四）教学信息传递——不同要求，不同方法

教育的本质职能就是通过知识信息的传递培养人的技能。课堂教学中，采用适宜的策略将知识信息高效地传递给学生，让学生更容易，更深刻地认识、掌握知识是课堂生成的关键。当然学生不同，各自接受信息的方式习惯也不同，所以在差异化教学的课堂上应针对不同组别的学生采用各自适宜的信息传递方式。我们的做法是依据不同的要求，采用不同的方法。

### 1. 选择适宜方式

由于选修组与基础组的学生学情不同，教学目标与教学内容不同。为了使两组学生在课堂上更有效地学习，学生应采用适宜的学习方式：基础组学生自主学习能力较弱，以掌握基础内容为主，所以比较多地采用接受式学习方式，教师相应配以讲授法、演示法、练习法为主的教学方法。选修组学生自主学习能力较强，学习知识需理解和应用，所以适宜采用自主学习、探究学习、发现式学习、合作学习等，教师配以启发法、体验法、实践活动法等教学方法。异质组别的主要教学方法与学习方式见下表。

| 组别 | 学习方式 | 教学方法 |
| --- | --- | --- |
| 基础组 | 接受学习、合作学习 | 讲授法、演示法、练习法 |
| 选修组 | 自主学习、探究学习、发现式学习、合作学习 | 启发法、体验法、实践活动法 |

例如：在进行乙酸分子结构的教学环节中，基础组是在教师讲授与演示下逐步学习和掌握乙酸的分子结构，而选修组是依据学案自主推导乙酸的分子结构，并动手搭建乙酸分子结构模型。两组学生依据各组学情，采用的学习方式是完全不同的，相匹配的教学方式也不同。

2. 动静分合，分步交叉

师生面对面的教学叫直接教学，称为"动"。学生按教师预设的方案独立学习，自觉完成学习任务，叫间接教学，称为"静"。

"动"不仅包含教师面向全体学生进行新知识新技能的讲解过程，同时还包括教学的反馈和指导环节。这是教师和学生共同参与、共同思考、共同交流的直接教学的过程。

"静"不仅包含学生的自动作业，还包括以小组为主的自主学习、合作交流。

教师可依实际情况将基础组和选修组安排为一动一静，也可合为联动，教师则在两组的分步动静中进行交叉教学。

面对选修组与基础组两个异质群体，教学内容相同而教学要求不同，所以实践中多数采用"动静合分式"。即把一节课的教学内容主要分为三个环节，第一环节为两个小组联动，多安排为课题的引入；后两个环节为分步交叉，两个小组相继一静一动。如下图所示：

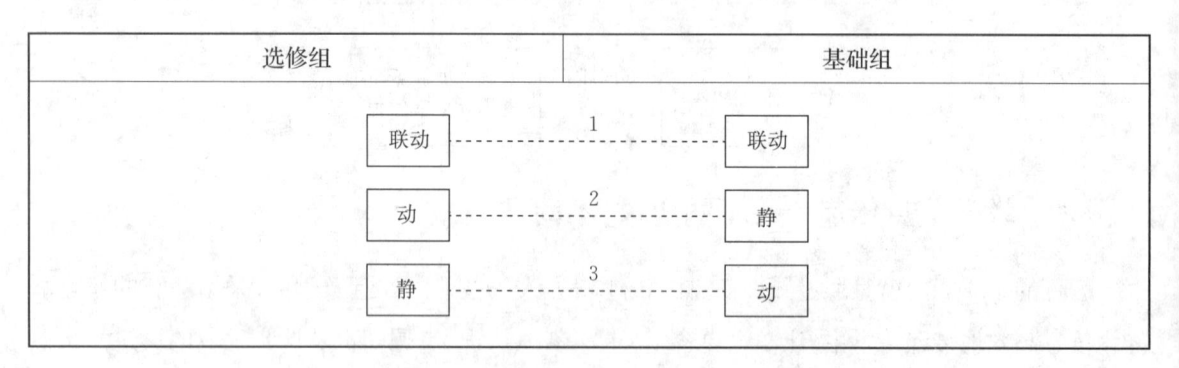

| 选修组 | | 基础组 |
| --- | --- | --- |
| 联动 | ----1---- | 联动 |
| 动 | ----2---- | 静 |
| 静 | ----3---- | 动 |

后两个环节中分步交叉的次数教师应慎重设计，设计依据可参考如下：

(1) 高中生的特点

高中生的注意力持久性较强，分步交叉次数不应太多，这样有利于留给学生较多的完整思考时间，能较好地提高课堂效率。

(2) 教材内容特点

若教材内容琐碎，连贯性较差，可以分成几个段落来教，则交叉次数可以多一些；若教材内容集中，联系性强，则交叉次数可少些。《溶液中阴阳离子检验》差异化教学设计如下图所示。

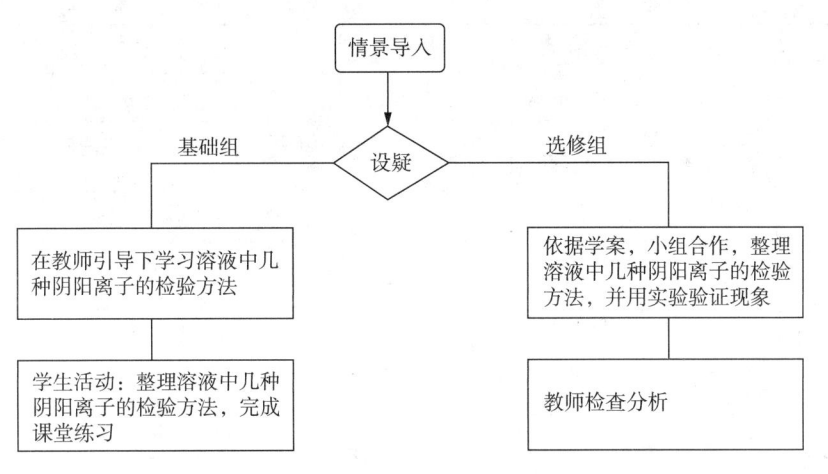

```
                    ┌─────────┐
                    │ 情景导入 │
                    └────┬────┘
                         ▼
           ┌─────────◇ 设疑 ◇─────────┐
     基础组 │                          │ 选修组
           ▼                          ▼
┌──────────────────┐        ┌──────────────────┐
│在教师引导下学习溶液中几│        │依据学案，小组合作，整理│
│种阴阳离子的检验方法│        │溶液中几种阴阳离子的检验│
│                  │        │方法，并用实验验证现象│
└──────────┬───────┘        └──────────┬───────┘
           ▼                           ▼
┌──────────────────┐        ┌──────────────────┐
│学生活动：整理溶液中几种│        │   教师检查分析   │
│阴阳离子的检验方法，完成│        │                  │
│     课堂练习     │        └──────────────────┘
└──────────────────┘
```

若将学生学习新知识的过程概括为"引入—设疑—求解—深化"四个步骤，则"动"完成其中两个步骤的主要任务，其余必须靠"静"完成。所以在一般课堂上教师的课堂设计本就有动静之分，如课堂练习，小组讨论等就为"静"，老师讲授即为"动"。那差异化课堂上动静互为补充则很大程度上提高了课堂效率。

动静结合如何做到协调一致很大程度上取决于老师的课前教案设计，在动静内容上要考虑内容的量、难易程度、学生情况等各种因素。当然在实际教学中还可按实际情况做点动静渗透。如在"静"时，一方面教师设计类似直接教学的方案，让小助手组织教学活动，另一方面教师利用"动"组短暂的独立作业时间，到静组巡视或解疑指导。这种动静渗透的安排能有效提高差异化课堂效率。

3."短动"手段，适时应用

"短动"教学法即教师对一组学生进行直接教学时，利用这个组学生自主练习的短暂时间到自主活动组中去检查、指导等短暂活动的一种教学方法。即在"动"中安排了一次小"静"，在静中穿插了一次小"动"。

在研究中发现，教师应根据课堂上两个异质组活动的情况，适时地引用这一策略，使两个异质组的活动更为有效。

例如：《硫及其化合物性质》复习课，教学内容中设计的第二个环节为复习硫及其化合物的化学性质，这一环节安排基础组为"动"，选修组为"静"。教学流程如下安排：

教师在基础组进行直接教学，通过问题驱动等方式逐一复习硫、硫化氢等物质的化学性质时，发现选修组学生出现了抬头望老师的现象。经验告诉我学生自主学习出现困难了，怎么办？我按照基础组进行到的流程，在复习完硫化氢的燃烧性质后，布置了书写硫化氢完全燃烧与不完全燃烧的两个方程式的要求，利用这短暂的书写方程式的时间，我到选修组了解了学生碰到的困难，原来他们对于如何画知识网络图无从下手，经过解释，解决疑惑之后，我又到基础组进行直接教学。这样静中穿插一次小动，使选修组的自主学习得以顺利进行，而动中穿插一次小静，使基础组得以巩固基础方程式的书写，两个小组的学习就更有效了。《硫及其化合物性质》复习课中的短动教学安排如下表所示。

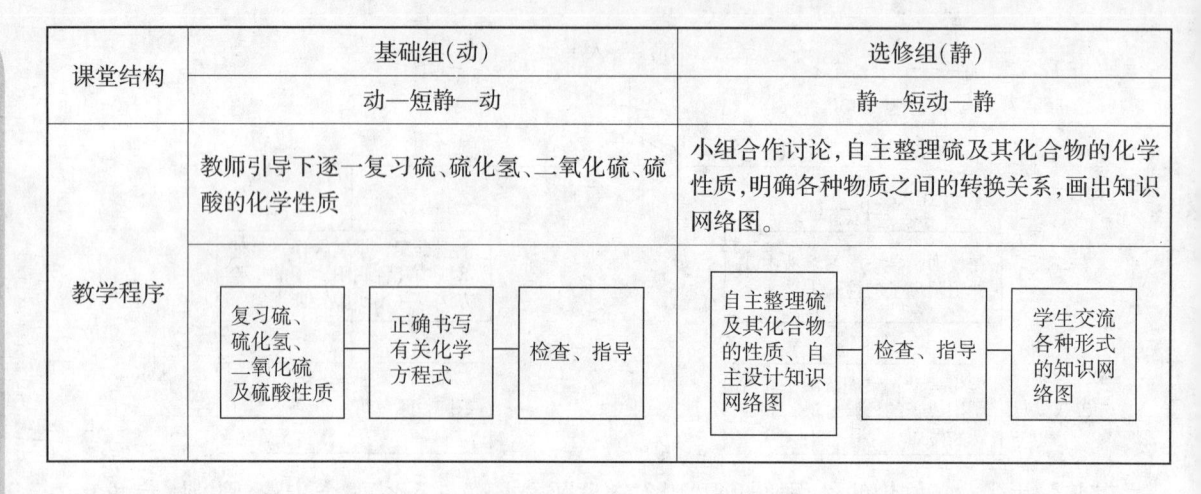

| 课堂结构 | 基础组(动) | 选修组(静) |
|---|---|---|
| | 动—短静—动 | 静—短动—静 |
| 教学程序 | 教师引导下逐一复习硫、硫化氢、二氧化硫、硫酸的化学性质 | 小组合作讨论,自主整理硫及其化合物的化学性质,明确各种物质之间的转换关系,画出知识网络图。 |
| | 复习硫、硫化氢、二氧化硫及硫酸性质 → 正确书写有关化学方程式 → 检查、指导 | 自主整理硫及其化合物的性质、自主设计知识网络图 → 检查、指导 → 学生交流各种形式的知识网络图 |

这种教学程序体现了动中有静、静中有动的特点。如把动一分为二,前动以精讲、指导为主,短静使学生运用知识,信息及时反馈,后动教师根据学生情况,进行重点讲解与指导,排除学习中障碍。在静中的学生以自主学习为主,在短动中教师检查辅导,然后学生继续自主活动,形成一个比较系统的自学过程。这样可使教学环节都建立在信息反馈的基础上,使师生之间的信息传达更为流畅,课堂效率提高。

4. 差异作业,提高质量

差异化教学课堂上,两小组的教学相对独立,教学内容同进度,但有差异,所以课堂练习和课后作业,教师需挑选适合不同小组的、带有差异性的作业。

基础组的学生要实抓基础部分作业,比如:

重要概念填空;

基本方程式书写;

基本概念判断;

基本理论的直接应用;

……

作业量控制在20分钟内,所选题目在课堂上老师均有类似分析讲解,学生完成难度不大,若能在课堂的自主活动中完成更好,以此来提高作业质量。选修组作业与基础组作业不同,这样也一定程度上避免了基础组抄袭作业的来源。

选修组的作业除基础题外需适当补充较高要求的题,例如:

重要概念的辨析;

重要实验的探究题;

新旧知识的联系比较题;

计算题;

……

通过作业使学生能灵活掌握知识。由于作业难度较大,又由于该组学生数较少,建议老师批改作业时采取面批的做法来提高作业反馈质量。这样既有利于培养师生感情,又能非常有针对性的解决个人疑惑,效果非常好,也十分有利于将来的学习。

作业选择的要求如下表所示:

| 组别 | 开放度 | 作业要求 | 作业题型 |
|------|--------|----------|----------|
| 基础组 | 相对封闭 | 巩固基本概念为主,具体情境下概念的判断与应用 | 判断题、填空题、选择题 |
| 选修组 | 相对开放 | 具体情境下的概念应用与拓展、重要实验的情境应用 | 选择题、实验题、简答题、计算题等 |

## (五) 学习结果评价——要求不同,方式相同

异质组用相同的考核方式进行评价,但对于考核的要求应不同,原则上以鼓励学生发展为标准。

### 1. 拓宽评价渠道

差异化教学中涉及很多学生的自主学习活动和小组合作学习,对于学生的评价也应多方面考察。可以涉及过程性评价、表现性评价、结果性评价等各个方面。例如:《定量实验——酸碱中和滴定》的教学中设计了如下评价表:

| 评价要素 | | 自我评价(30%) | 学生评价(30%) | 教师评价(40%) |
|----------|---|----------------|-----------------|-----------------|
| 自主学习(15分) | 是否完成课前预习作业?<br>是否知道中和反应?<br>是否了解实验原理?<br>是否知道实验所需仪器? | | | |
| 小组学习(15分) | 能合理分配实验任务吗?<br>能服从分配吗?<br>能协助组员完成任务吗? | | | |
| 课堂表现(20分) | 实验时思想、动作一丝不苟吗?<br>实验中遵守实验室规则吗?<br>实验成功吗?<br>实验若失败,寻找原因,重新尝试了吗? | | | |
| 课后作业(20分) | 实验报告是否独立完成?<br>实验结果是否合理? | | | |
| 书面考核(30分) | 课堂10分钟小测验。 | | | |

### 2. 实施多级评价

针对基础组与选修组在教案与学案设计时教学目标是不同的,在课堂上老师对于学生学习情况的要求是不同的,在课后学生完成的作业与评价是不同的。对于不同的学生个体,老师的评价应是基于其原有能力,是否达到应有水平或是否在原有水平上有进步而定。这样每一个学生

都会在最近发展区上得到一个奋斗目标,每个学生都能较容易地获得成功感,从而使学生能快乐地学习。具体的做法可以是:

(1) 课后作业的激励性评语

在学生作业批改之后加上简单的激励性的语言,对于学生有非常明显的促进作用。如:"你书写的方程式整齐了,继续努力!""今天的选择题全对啦,恭喜你!""这样的解题思路非常好!"等。

(2) 课堂积极表现的平时加分

对于学生课堂上的表现,教师应多加观察,只要学生在原有基础上有进步,并结合自我评价、学生评价给予学生适当的加分,加分累积到一定程度,可折算至月考、期中考等重要考试的加分,这对于每一位学生都有积极促进作用。

(3) 阶段进步明显者提高加分力度

对于在一个阶段学生取得明显进步的,教师可加大加分力度,给予明显的表扬,促进学生取得更大的进步。

## 四、实施高中化学不同选科取向教学班差异化教学的注意点

有了详细的周密的课堂教学设计,教师进入课堂就十分清楚何时面对哪个小组,由于两个异质组同处一间教室,教师应十分妥善地解决两组的互相干扰问题,通过实践,应注意以下几点:

### (一) 语言精练,指导明确

语言是传递信息,表达思想感情的工具。差异化教学中教师在同一组的直接教学时间有限,在有限的时间内教师需准确有条理地将知识表达清楚,并让学生明确自主学习中采用什么方法,完成什么学习任务等。因此,教师的语言要精练,任务、要求表达要清晰,指导要明确。防止学生因不理解要做些什么而出现小组内的混乱,干扰到另一组的教学。

### (二) 组长协助,全面调控

由于差异化教学需准备的实验用品、学习资料较多,课前的准备要考虑周详,预留充分的时间作准备。为了高效地完成这些工作,往往需要选出一个基础较好、动手能力较强、自觉性较高、组织能力较强的学生作小助手,协助教师分发教学用具、材料等。另外在差异化教学课堂上教师往往直接关注"动"态的教学组,对"静"态的教学组易忽略,所以在自主学习活动时,小组长还可起到管理学生、协调分配任务等工作。他可以帮助小组成员完成动手的实验,可以是小组讨论的引领与总结者,甚至可以是组内的小教师,这样可使课堂活动有条不紊地进行,使"动"与"静"能更好地衔接起来,有效地提高教学质量。当然教师在课堂上需全面调控两个小组的活动,仔细观察学生,及时发现问题,灵活处理,掌控全局。

## (三) 问题驱动,学案导学

如何使学生高效率地完成课堂学习内容,学案无疑是对教师讲授的一个解释与补充。因为学案设计主要考虑了以下两方面意图:

A. 学案非常清晰地体现了整堂课的学习任务,学生根据学案,能清晰地掌握教师的教学思路,完全可根据学案自主地完成整堂课的学习任务。通过学案有利于学生准确完整地把握整堂课的知识要点,提高课堂听课效率。

B. 学案的设计是有针对性的,依据不同组别学生的学情,教师在学案中设计了不同的课堂思考、讨论、练习等,再配合差异化教学不同的教学设计,每个学生都能在课堂上得到相应的提高。

所以开展高效率的差异化教学,教师每节课都需设计学案,且是针对每个小组的个性学案。

## (四) 满足需要,设计活动

差异化教学的显著特点是在同一课堂上有两组学习能力、学习要求存在明显差异的学生。根据苏联教育学家、心理学家维果茨基提出的"最近发展区"的教学概念,在进行教学设计时教师应充分了解分析两组学生的三维最近发展区,根据教学基本要求,将课本内容设计出若干自主学习活动、选择不同组各自适合的练习,对于基础组力求课堂内能巩固所学内容,对于选修组渗透等级考要求,力求在课堂中提升学生知识运用、迁移、综合、发散等高层次能力。面对两组学生,教师只有一个,所以教学设计必须协调分配好两组的教师指导时间,也应充分设计好教师不在时学生的自主活动内容,避免出现教师等学生或学生等教师的局面。

差异化教学中客观地存在着较多的学生自主学习时间,这些时间如何高效地利用是差异化教学成功的关键。那么在教师不辅导的这段时间内,学生可做些什么呢?根据实践可选择如下活动:

A. 针对性练习:练习题的选择既要符合学习内容,又要适合不同组的学生。

B. 学生实验:实验的选择需先考虑安全性,以一些简单易行的试管实验为主。

C. 研究性学习活动:化学中有很多内容可设计成学生自主探究的研究性学习活动,如气体制备的流程中装置的选择;如何证明乙酸是弱电解质?氢氧化铝的两性探究等。

D. 知识的整理与小结。

当然还有其他适合学生独立或小组合作完成的活动都可。

## (五) 交叉适度,提高效益

实践发现教师在两组之间来回交叉的次数多少直接影响到两组的学习效率。我们认为在一堂差异化教学课上交叉应适度,差异化的程度设计应以学生学习的有效性为衡量标准,然后合理组织教学内容,合理安排教学进程,适度地开展差异化,这样才能提高课堂效率,否则过犹不及。

## 五、研究成效分析

经过将近一年的差异化教学实践,实验班的化学教学取得了一些明显的成效,主要体现在以下几个方面:

### (一) 课堂气氛分析

差异化教学课堂中有两条明显的主线,即基础组与选修组的学习。教师则来回交叉于两组之间进行教学,课堂气氛呈现出较大变化,体现在以下几个方面:

1. 学生学习的积极性明显提高

在学生看来由于教师在整个课堂中并不只教一组学生,所以他们更珍惜老师辅导自己小组的时间,在这段时间内的听课效率比以往有显著的提高。

基础组学生由于课堂中降低了学习要求,学生都能听懂课,个别平常一上课就睡觉的学生也能抬起头听课了,并且在课堂上就能完成当天作业,感觉学习化学并不是一个负担。从当天反馈的作业来看,作业质量明显提高,没有出现抄作业现象,可见教学效果明显。

选修组在教师进行辅导的时间内几乎每个人都能提出一些学习中碰到的问题,这说明他们的思维较之以往更为活跃,提问题时也非常积极,生怕老师会没时间回答他的问题。另外选修组学生在课堂上增加了自己动手做实验的机会,并能更深层次地掌握知识点。同时小组成员间的讨论增多,由于成员之间学习水平差不多,更容易激起学习灵感,一堂课结束后仍感觉意犹未尽。

2. 课堂气氛活跃,教学效率提高

在差异化课堂中,学生的自主活动明显增多,所以课堂气氛较之以往更加活跃。并且两小组的学习在同时进行,等于是将40分钟的课拓展到了80分钟。在基础组达到教学目标时,选修组的学习内容得以拓展,教学效率得到提高。

比如《乙酸的性质》那堂课,选修组在动手实验中误将镁粉与硫酸铜溶液混合,发现了蓝色絮状沉淀,这就引发他们回顾盐类水解知识,解释了这一现象。而这个内容若是整体上课则是不会涉及的。

### (二) 测验效果分析

1. 有效提高了学生化学学习的成绩

经过近一个学年的实践,实验班化学学习成绩明显上升,在几次重大考试中,成绩与对照班相比,逐渐形成优势并拉大差距。

2. 有效提高了学生化学学习的兴趣

在课后与学生的访谈中了解到,学生对于差异化教学感触最深的有几个方面。

A. 亲自动手实验的机会多了。

B. 课堂上能听懂了。

C. 老师更关注我了。

D. 我更关注化学了。

3. 有效提高了学生自主学习的能力

差异化教学中有很多自主学习时间，这就在客观上迫使学生进行了自主学习，这项能力得到了有效地提高。另外选修组经常会涉及小组合作学习，这就有助于提高学生的组织能力和表达自己见解的能力，还能使学生形成合作精神和良好的人际关系。

4. 有效提高了认知领域的高层次技能

由于将异质班学生分成了两个组，教师就可在选修组中放心大胆地培养某些同学的高层次技能，如问题解决和决策能力，知识迁移和运用能力等。

5. 更加理性地选择是否＋3选修化学

在差异化教学开展初期，有个别学生对于是否＋3选择加试化学还处于犹豫之中，这些学生可自主选择参加哪一组的学习，经过两种不同的学习体验，学生就非常清楚自己是否能适应等级考的化学学习，从而做出非常理性且坚定的选择。同样，对于本来已经做出决定的学生，在他们对两组的学习内容都有所了解后，可能会更改当初的决定，对于这样的变更，教师是非常欢迎的。

(三)教师的专业发展分析

1. 教师的教学更关注学生的发展

整堂课教师必须时刻处于思想集中状态，对于每一个细小的环节都应考虑到，且差异化教学的课堂动态生成，不在教师预先设想范围内的情况更多，需要教师有很强的应变能力及处理问题的能力。如《乙烷、乙烯、乙炔的比较》那堂课，选修组同学在画各类物质的转换关系图时开始出现困难，无法继续开展学习。教师就在此时临时设计了基础组的一个练习，从而到选修组及时解决了问题。

2. 有效提升了教师上课的成功感

差异化教学对于教师来说收获也颇丰。虽然在课前所需做的准备量大大增加，但由于教案贴近大部分学生的最近发展区，容易被学生接受，在选修组内讲授深层次内容时，师生之间有共鸣，不会产生以前出现的"对牛弹琴"的尴尬场面；在基础组内降低要求后学生也能获得成功感，极个别的"睡觉派"也抬起头动起了笔，这是一个值得欣慰的现象。

# 六、问题与反思

通过一段时间的差异化教学研究，我们认为差异化教学很好地解决了同一教学班中两组异质学生的不同学习需求，但还必须更好地完善以下几个方面：

## （一）课堂管理的有效性有待进一步提高

差异化教学课堂中两个小组在同一教室内学习，两边的学习活动有时会互相干扰，尤其是开展学生实验等活动时。所以教师对于课堂秩序需要有很好的掌控能力。通过实践发现，解决这一问题的办法需要在课前做好充足准备，课中最好借助小组组长加以管理。

教师应特别注意那些选错组的学生，如基础薄弱盲目选择化学学科而进入选修组的，这极个别的学生由于所学知识不符合其最近发展区，易产生焦躁或自卑情绪而影响其学习，这部分学生应建议他们返回基础组。而对于那些基础较好却未选择化学的学生可以建议他们加入选修组。

## （二）教学评价的激励性需进一步完善

平常教学中的评价学生最终看重的还是期中、期末等重大考试的成绩。差异化教学的评价虽增加了学习过程中的激励性评价机制，但对于学生的刺激性力度还稍显不够，尤其是基础组的学生。所以差异化教学评价的激励性需进一步完善。

## （三）处理好正常教学与差异化教学之间的关系

差异化教学对于教师的要求大大地提高了。为了准备一堂差异化教学课，课前教师要完成两个教案、两个学案，对于习题要进行选择，课中要有很强的掌控课堂能力等。教师的工作量增大了，但是在研究实践差异化教学的同时，常规教学的有力执行是不能放松的。教师应合理安排时间，处理好常规教学与差异化教学之间的关系，使两者都能很好地完成。

**主要参考文献**

[1] 邓朝喜,潘旭.复式教育学[M].重庆:西南师范大学出版社,2002.

[2] 刘儒德.教育中的心理效应[M].上海:华东师范大学出版社,2006.

[3] 莫雷.教育心理学[M].北京:教育科学出版社,2007.

# 问题教育在高中化学"差异化教学"中的应用

上海市高境第一中学　许意达

**摘要**

本文通过文献研究，了解问题教育法的发展和新阶段存在的问题，提出了进行观念教学的必要性和紧迫性。通过调查研究和课例实践研究，提出了对高中的问题教学的建议。

**关键词**

问题教学　化学核心素养　运用　差异化教学

## 一、问题教学的发展

通过问题来学习的想法由来已久,从苏格拉底的谈话法到杜威的问题教学法,再到布鲁纳的发现学习法,虽然它们的名称不同,实质都是以问题为中心的学习方法。问题教学最早可以追溯到古希腊苏格拉底的谈话法。苏格拉底在教学生获得某种概念时,不是把这种概念直接告诉学生,而是先向学生提出问题,让学生回答,如果学生答错了,他也不直接纠正,而是提出另外的问题引导学生思考,从而一步一步得出正确的结论。苏格拉底的谈话法是一种启发式的学习方式,其采用了师生问答的互动的教学形式,教师在讨论中启发学生最后得出结论。但是这种一问一答的形式使学生处于被动的状态,问题情境的设计也不够直接、不够明确,缺乏可操作的方法。杜威的问题教学法来自他的思维理论,他根据思维的过程,把问题教学的过程分成五个步骤:一是教师给学生提供一个与真实生活经验相联系的情境,激发学生对这个情景感兴趣并产生问题;二是让学生有准备去解决在这个情境中产生的问题;三是引导学生对要解决的问题进行思考和假设;四是学生对解决问题的方法加以整理和排列;五是学生通过应用来检验这些假设是否成立。这种教学过程在教育史上一般被称为"教学五步"。可以看出,杜威的"教学五步"实际上就是问题解决的过程。杜威通过问题教学培养学生的思维能力,把问题教学的目标提到了思维的高度。他的问题教学有具体步骤,但并非所有的知识都是靠学生亲自实践获得的,已有的知识如何开展问题教学考虑较少。

问题教学理论是20世纪由马赫穆托夫等创立的。问题教学的本质特点有三点:问题教学法是教师引导学生发现问题和解决问题的过程;问题教学强调学生的独立性,及教师引导学生独立获取知识;强调学习的创造性。问题教学法,是以问题为载体贯穿教学过程,使学生在分析问题、解决问题的过程中萌生学习的动机和欲望,逐渐养成自主学习的习惯。

## 二、"差异化教学"中以培养学生核心素养及化学学科能力背景下存在的问题

教育部在《关于全面深化课程改革落实立德树人根本任务意见中》明确提出了研究各学段学生发展核心素养体系的要求。化学学科核心素养反映了社会主义核心价值观下化学学科育人的基本要求,全面展现了化学课程学习对学生未来发展的重要价值。化学核心素养包括"宏观辨识与微观探析""变化观念与平衡思想""证据推理与模型认知""科学探究与创新意识""科学态度与社会责任"5个方面。这5个方面立足高中生的化学学习过程,前3个方面要求学生形成化学学科的思想和方法,后两个方面从实践层面激励学生勇于创新,进一步解释了化学学习更高层次的价值追求。中央办公厅和国务院办公厅2017年印发的《深化教育体制机制改革的意见》,要求在培养学生基础知识和基本技能的过程中,强化学生关键能力培养。培养认知能力,引导学生具备独立思考、逻辑推理、信息加工、学会学习、语言表达和文字写作的素养。提高学生践行知行合一、动手实践和解决实际问题的能力。培养创新能力、激发学生好奇心、想象力和创新思维。

传统的课堂教学,教师一般以"中等"学生为标准设计教学,但这会使高水平学生因缺乏挑战而感到厌烦,而另一部分学生又会因难度过大而放弃挑战。所以,造成课堂效率偏低。但教师在教学中,考虑到学生学习能力的差异,关注学生学习能力与学习目标之间的关联,恰到好处地关注不同层次学生的学习程度,会大大提升课堂教学效率。当然,要把这种"差异化"设计普及每个学生身上也不现实。所以目前教师通常采用的是分组学习的方法。挑战性大、思维量大的问题由水平较高的学生解决。基础性学习任务由学习态度好但缺乏挑战精神的中等水平学生承担。中差生则完成辅助性学习任务。

新时代对学生的思维有了更高的要求。而学生独立思考习惯的养成,逻辑推理能力和创新能力的培养都是从课堂的点滴中积累起来的。"量变引起质变",任何学习不会一蹴而就,所以怎样在课堂这有限时间里尽可能地提高效率,培养学生思维成了重中之重。我认为:好的问题设置对学生课堂中思维的提高起到了非常重要的作用。问题教学已被大多数教师认可,并在教学中广泛运用,但是,传统的问题教学在实施过程中还存在一些问题:A. 问题的思维质量不高。教学中"是不是""对不对""行不行"的问题较多,这类问题比较简单,学生很容易回答,对学生思维能力的培养没有很大帮助。B. 问题缺乏系统性。为了体现学生的参与性,一节课中教师往往问的琐碎问题较多,不管问题是否必要,为了问题而提问题,问题缺乏连续性、系统性,课堂教学的核心问题不突出。C. 问题设计得过难。没有根据学生的学情设计问题,问题的跳跃度较大。学生不明白问题的含义,不知道在问什么,不知道问题该如何分析。最后,问题的解决往

往成了教师的自问自答。虽然有提问的形式,但是问题并没有经过学生的思考,而是教师直接说出了答案。

问题教学的关键是设计好问题。"好问题"应该具有如下特点:A."好问题"是有意义的问题,能够引导学生主动学习。B."好问题"是有障碍的问题,能带给学生适当的矛盾和困惑,激发学生的思维碰撞。C."好问题"是连续的问题,通过一连串的问题引导学生发现问题、解决问题,在解决问题的过程中又不断地发现新的问题、解决新问题。D."好问题"是成系统的问题,问题和问题之间不是孤立的而是相互联系的,通过问题之间的联系建立问题系统,从而形成有价值的知识体系和问题体系。E."好问题"是激发思维的问题,学生要思考"为什么""怎么样""还有什么"等问题,关注学生思维品质的提升。课堂上问题教学的落实,需要和谐、自由的师生关系和民主、自由的教学氛围的创设。教师要关注自由、民主、平等教学氛围的创设,引导学生尊重科学、分工合作、乐于倾听、善于表达、敢于质疑并提出不同的观点。要精心设计紧密联系生活、生产实际的教学情境,努力营造轻松和谐的教学环境,激发学生思维。要创设足够多的师生交流和学生间交流的机会,留足时间给学生思考、讨论、实践、表达,同时也关注培养学生倾听的习惯、合作的意识和能力。

## 三、问题情景设置和课例研究内容

### (一)问题教育在高中化学概念教学中的应用

在传统的化学教学中,概念的简单记忆和反复练习的现象比较严重,这种现象的结果是学生死记概念、不真正理解概念。概念教学是学生认知化学活动的基础,新课程提倡概念的理解和构建,概念教学中进行问题教学,有助于引导学生从定义为中心的概念教学,转变为基于认识和发展的概念教学,重视概念的建构和认识发展。问题教育引导教师在教学过程中根据教学目标和认知规律,从学生的实际出发,以启发学生的思维为核心设计问题,激发学生的学习兴趣、调动学生的学习主动性,引导学生分析问题、解决问题、理解概念的本质。布鲁纳倡导通过发现学习来教授概念。他认为学生获得新知识是学生自己主动的、积极的认知过程,而不是简单地接受教师的讲授和解释。发现学习是一种以学生为主体的探究学习方式。为此,教师应对教材进行开发,增加趣味实验,创设问题教学的情境,形成探究推理的"问题链",在问题的解决过程中学生理解了概念和外延,能形成对概念的深层次认识。

### (二)问题教育在高中元素化合物教学中的运用

元素化合物的知识具有生动具体、形象直观的特点,学生理解起来一般不存在困难,但由于元素及其化合物知识涉及的物质种类多、记忆和掌握的知识多,往往学生记忆困难。同时,元素化合物的知识对学生的迁移应用能力有较高的要求,学生常常觉得学习了很多知识,但并不知道如何用所学知识来解决实际生活、生产问题。促进元素化合物知识理解掌握的问题教育形式主要有：引入性的、诊断性的、差异性的、探究性的。通过一系列问题的设置，引入新知识、建立新旧知识的联系和区别，加强学生对元素化合物知识的理解掌握，有助于发展思维的准确性、深刻性。

（1）引入性的问题教育法

引入性问题教育法一般在课首引入，引起学生的关注，激发学生的学习热情，为后续教学埋下伏笔。在设计引入性问题时，要根据学生的认知规律，在学生已有的认知基础上展开新课的学习，引导学生把旧知识和新知识结合起来，有助于学生对新知识的掌握。

（2）诊断性的问题教育法

诊断性的问题教育法，即教师在课堂上针对学生容易出现错误的知识点，精心设计一系列有针对性的问题，诱使学生充分暴露错误，然后其他学生或者教师指出错误所在，使学生在被纠错过程中得到锻炼，获得真知。

（3）差异性问题教育法

差异性问题法，是指相似的一类问题，其结果出人意料，与学生学习的前概念相违背的一组问题。这些问题与学生学习化学的前概念发生矛盾，能引发学生强烈的认知冲突，激发学生的学习动机，加深对原有知识的新认识。通过知识冲突，学习新知识，最终理解和掌握这些物质检验中容易混淆的、误解的知识。

（4）探究性问题教育法

对于难以利用已有知识直接推理获得答案的问题，可以设计探究性问题。鼓励学生发现问题、大胆猜想、设计实验、收集材料、实验验证、归纳总结等自主探究活动，培养学生的探究意识和创新能力。

## （三）问题教育在高中化学实验教学中的运用

兴趣是积极探索某种事物的认识倾向，是对事物本身或事物未来的结果引发预测的情绪表现，是激发学生思维活动的核心因素。一般的问题可能是随意的、零散的、没有联系的，而一连串问题具有明确的指向性和紧密的连续性，可以使学生保持持久的学习兴趣，进而转化为实验学习的内驱力，促进学生积极地参与实验学习。探究性学习倡导的是学生自主提出问题、解决问题的学习过程。问题的层层推进，有助于改变单一的、接受式学习方式，促进自主发现和自主探究学习方式。通过多层次问题的不断发问，学生不仅知道"是什么""为什么"，还知道"怎么样""还有什么"，有助于培养学生的学习能力和探究能力。实验教学中的问题设计，既有预设性的问题又有生成性的问题。课堂教学往往会产生一些生成性的问题。这些生成性的问题可能是学生在自主探究的基础上独立提出的，也可能是学生在合作学习的过程中讨论得出的，也可能是学生在教师的引导下生成的新问题，通过新问题的不断产生提升学生的质疑能力。

## 主要参考文献

[1] 王磊.基于学生核心素养的化学学科能力研究[M].北京:北京师范大学出版社,2017.

[2] 吕崧.问题启迪思维:"问题链"在初中化学教学中的运用[M].上海:上海交通大学出版社,2014.

[3] 上海市教育委员会教学研究室.学变化之理 修格致之道:中学化学学科育人价值研究[M].上海:上海教育音像出版社,2013.

[4] 王后雄."问题链"的类型及教学功能:以化学教学为例[J].教育科学研究,2010(5).

[5] 郑金洲.问题教学[M].福州:福建教育出版社,2005.

# 基于化学核心素养培养的课堂问题系统构建策略研究

上海市海滨中学　朱忠伟

**摘要**

"问题化学习"中，关于课堂问题系统构建的思想，体现了知识获取过程中发现、分析、解决问题的理念，体现了对学生必备品格和关键能力培养的核心素养要求。本文通过课堂教学实践，对如何通过问题系统构建、培养化学核心素养展开研究。

**关键词**

核心素养　问题化学习　追问　问题系统构建

高中化学新课标提出了培养学生核心素养的要求，核心素养的培养应该基于有意义的学习，基于学生能力养成的体验式学习。"问题化学习"的教学关注对核心问题进行分解、建构，以形成动态的、符合学生认知规律的问题系统加以推进解决。如何才能在核心问题解决过程中，渗透对学生核心素养的培养？学习的关键在于获取学习是否有意义，能否提升学生的学科素养。化学知识的获取过程包括发现、分析和解决问题，这就决定了高中生化学核心素养必须而且只能在化学问题解决的学习中形成和发展。

在高一化学《电解质的电离》的教材编排中，存在两个不足：一是学习过程比较单调，从导电性到电解质的概念，中间跨度较大，学生可以生硬地记住概念却不能对概念形成深刻的理解；二是学生不能明白学习电解质的知识是否有意义，教材中并没有出现关于电解质在生产生活中的重要应用。对于这样的教学显然无法驱动学生的求知热情，自然也谈不上对学生核心素养的培养。

为了在课堂问题的解决过程中提升学生的化学学科核心素养，我尝试着通过建立教师学生互动式追问的模式展开了课堂教学实践，问题系统如下图所示。

问题化学习的理论认为，课堂追问的过程不仅形成了一个有序的符合逻辑的问题链、问题系统，从而降低了思维的难度。课堂追问的过程更促进了知识生成过程的细致深入，从而使学生对知识的理解和掌握愈加深刻。

于是，我首先在课上展示了两张不同的心电图，要求学生观察两张心电图的细节差别并思

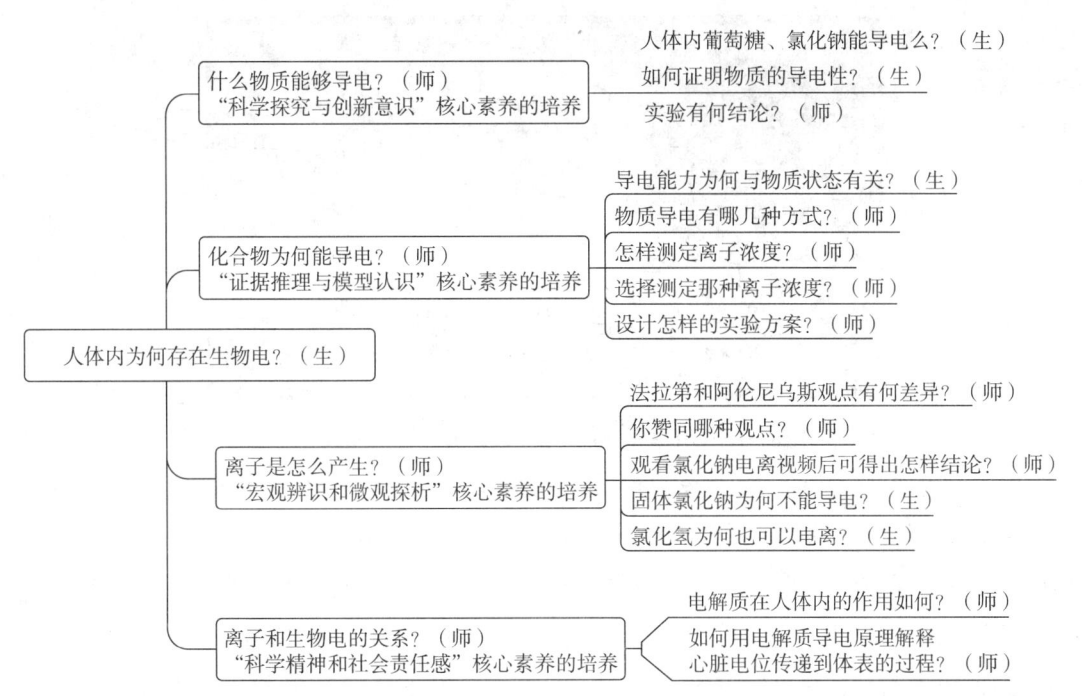

```
                                              ┌─ 人体内葡萄糖、氯化钠能导电么？（生）
                  ┌─ 什么物质能够导电？（师）    ├─ 如何证明物质的导电性？（生）
                  │   "科学探究与创新意识"核心素养的培养  └─ 实验有何结论？（师）
                  │
                  │                              ┌─ 导电能力为何与物质状态有关？（生）
                  │                              ├─ 物质导电有哪几种方式？（师）
                  ├─ 化合物为何能导电？（师）     ├─ 怎样测定离子浓度？（师）
                  │   "证据推理与模型认识"核心素养的培养  ├─ 选择测定那种离子浓度？（师）
人体内为何存在生物电？（生）                     └─ 设计怎样的实验方案？（师）
                  │
                  │                              ┌─ 法拉第和阿伦尼乌斯观点有何差异？（师）
                  │                              ├─ 你赞同哪种观点？（师）
                  ├─ 离子是怎么产生？（师）       ├─ 观看氯化钠电离视频后可得出怎样结论？（师）
                  │   "宏观辨识和微观探析"核心素养的培养  ├─ 固体氯化钠为何不能导电？（生）
                  │                              └─ 氯化氢为何也可以电离？（生）
                  │
                  │                              ┌─ 电解质在人体内的作用如何？（师）
                  └─ 离子和生物电的关系？（师）   └─ 如何用电解质导电原理解释
                      "科学精神和社会责任感"核心素养的培养   心脏电位传递到体表的过程？（师）
```

考产生原因。我问学生：人体内为什么存在生物电？人体内的生物电是如何传递到外部检测仪器的？心电图的展示以及神秘的生物电似乎与化学没有关联，却一下子抓住了学生的求知热情，将学生带入探究学习的课堂情境之中。学生对生物电的产生、传递纷纷发表自己的观点，有学生认为是人体内的葡萄糖可以导电，也有学生认为是血液中的氯化钠可以导电。化学实验探究遵循着提出化学问题，形成猜想和假设，获取和处理信息，基于证据推理得出结论并做出解释的过程。通过课堂上的实验验证，得出了以下结果：不同的物质导电能力不同；同种物质的不同状态导电能力也不同。学生对这样的一个实验结果依然迷惑不解？会自我追问：为什么导电能力和状态有关？为什么不同物质导电能力不同？金属导电通过电子定向运载电荷实现，不同状态的化合物又是靠什么导电？学生组内追问：离子也带有电荷，溶液导电是否与离子有关？如何简易测定离子浓度？到底测定哪种离子的浓度是最为便捷的？如何设计实验验证自己的猜测？教师追问，激发了学生积极思维的热情，学生追问，提升了自我思维的品质，一系列不同类型的追问中，"科学探究与创新意识"以及"证据推理与模型认识"的学科核心素养得到了培养。

通过实验设计，采用了测定不同pH值盐酸溶液与通电后小灯亮度的关系，学生可以获知溶液导电能力强弱与溶液中离子浓度的关系。于是，我又给学生介绍了一场电化学历史上的争论。如下图所示，法拉第认为只有在通电的条件下，电解质才会分解为带电的离子；阿伦尼乌斯认为不需要通电，电解质会自动电离。真相如何？离子是电流作用下产生的？还是电解质在水中会自发地离解成阴阳离子？溶液中的离子是怎么产生的？怎样的离子才能运载电流？我以密集的方式连续对学生发问，使其思维保持高度活跃，不断深入。

为了引导学生从物质微观结构角度思考问题，我播放了一段展示氯化钠在溶液中电离的动画。学生这时对现象背后的本质探索已经在不断深入。通过动画，学生了解了氯化钠溶液导电是由于在水分子作用下，氯化钠中的离子键被破坏，从而产生了自由离子，在电场作用下，离子定向移动，溶液产生电流。这时，有学生问：氯化钠固体不存在离子键，为何能导电？还有学生问：氯化氢不存在离子键，为何也能导电？在解决氯化钠溶液导电原因后，学生基本上已经完成了化合物导电原理的解释，但氯化钠有离子键却不导电，氯化氢不含离子键，溶液却能导电，这就让刚建立的因离子键被破坏而产生离子的理论产生了缺陷？如何进行弥补呢？于是，通过引导学生，通过类比、分析、综合，进一步完善了化合物导电理论：化合物溶于水中，当离子键或共价键被水分子破坏后，产生了自由离子，从而使溶液具备了导电性。离子并不是通电以后才产生的，这个判定支持了阿伦尼乌斯的观点，这样，就培养了学生能尊重事实和证据，独立思考，敢于质疑和批判不同观点，提出创造性见解的品质。学生通过与教师互动追问及思考，对解决问题的思路就有了一个清晰的认识，思维也从狭隘走向广阔，从粗浅走向深刻。在对化合物导电的微观视角的追问、分析、思考中，学生透过现象看到了决定事物性质的本质原因，接受了微观结构决定宏观性质的化学思想，"宏观辨识与微观探析"学科素养得到了增长，对化学现象的认识也就更加深刻。学生对电解质和非电解质概念的理解也就水到渠成，顺理成章了。

最后，我展示了关于心肌细胞内外钠钾离子运动的图片，问学生：电解质在人体内的作用如何？如何用电解质导电原理解释心脏电位传递到体表的过程？通过这样的追问，使得学生能够反思本课时参与过的实验探索，交流讨论，并将得出的结论指向生命科学的热点应用——生物电化学。不同学科间的知识发生了渗透交叉，学生对化学学科与生命领域的紧密关联有了深刻的认识和感悟，在解决真实情境问题中的化学问题的同时，又培养了学生的科学精神和社会责任感的化学学科核心素养。

"以食盐为原料的化工产品——氯碱工业"是另外一堂培育核心素养的教学实践活动。高中电化学的知识版图中，电解饱和食盐水是其中重要的知识环节，知识综合性较强，涵盖了电解质的电离，氧化还原反应的基本特征，能量的转化，离子的运动等知识点。从电解水实验，过渡到电解饱和食盐水，再抽象到电化学中电解池的知识体系，存在着一个渐进的探究过程，契合了学生的认知发展。另外电解的产物又构成了现代化学工业产业链的重要原料，能从简单的物质中创造出巨大的经济价值，所以本节课又具有很强的理论意义和实际意义，但同时也是理论教学中的重点和难点,同时化学电解在生活中的应用,培育了学生能从问题和假设出发,确定探究目的,设计探究方案,进行实验探究搜集实验证据,得出实验结论的科学探究过程,在探究中学会合作培养责任。设计问题系统如下图所示。

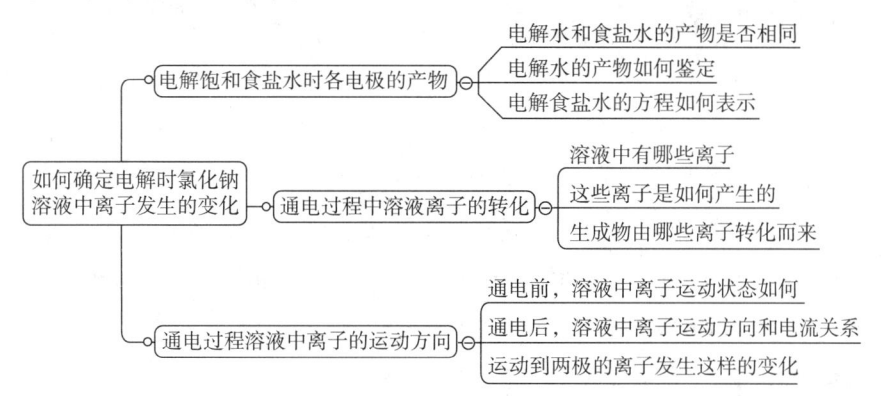

```
                              ┌── 电解水和食盐水的产物是否相同
           ┌─ 电解饱和食盐水时各电极的产物 ──┤── 电解水的产物如何鉴定
           │                  └── 电解食盐水的方程如何表示
如何确定电解时  │                  ┌── 溶液中有哪些离子
氯化钠溶液中 ──┼─ 通电过程中溶液离子的转化 ───┤── 这些离子是如何产生的
离子发生的变化 │                  └── 生成物由哪些离子转化而来
           │                  ┌── 通电前,溶液中离子运动状态如何
           └─ 通电过程溶液中离子的运动方向 ──┤── 通电后,溶液中离子运动方向和电流关系
                              └── 运动到两极的离子发生这样的变化
```

本节课的设计以学生探究为主线,以学生对教学内容的自主建构为目标,以教师的课堂情境创设和调控为手段来建构。具体来说,首先通过社会环境需求对汽车工业发展产生的影响引发学生兴趣,随后对未来汽车动力的新能源的两种发展方向:电力驱动还是氢燃料电池驱动进行选择,引发学生的热议,活跃课堂气氛,调动学生积极性。通过对电解水实验的复习回顾,提出在水中加入能增强电解效果的氯化钠对电解产物是否会产生影响。接着引导学生基于已有知识经验对实验进行预测,由预测再进入实践验证,对自己的假想进行验证,总结规律,挖掘内涵,寻找从宏观现象的产生和微观领域的粒子运动的关联性,最终通过微观分析阐明电解饱和食盐水的原理。将学习目标问题化,在教学中构建问题系统,以学科问题为基础,学生问题为起点,教师问题为引导,这样的教学设计体现了科学探究的普遍规律,有助于培养学生的科学思维能力。

为了能够提高课堂的有效性,构建学习认知梯度,对学生探究活动的设计如下表所示。

| 学生活动 | 设计意图 |
| --- | --- |
| 1. 提出氢气来源的解决方案。 | 发散学生思维,活跃课堂气氛,复习电解知识。 |
| 2. 针对各小组解决方案的优缺点分析。 | 培养学生建立观点与结论间逻辑关系的思维习惯。 |
| 3. 对电解食盐水实验的现象进行描述,可能产物进行推测、验证、说明原因。(推测对实验结果产生的疑问) | 培养学生通过分析、推理等方法认识研究对象的本质特征,以及提出假设,实验验证,搜集证据的检验方法,建立证据推理模型。 |
| 4. 针对溶液中实际存在微粒,探讨微粒的来源及发生的转变,各小组提出各自的见解并进行汇报交流。 | 小组合作,集体交流,碰撞出智慧观点。 |
| 5. 对不同电极生成不同产物的现象展开讨论,分析原因。 | 层层深入,探索事物表象下的微观本质,建立电化学的微粒观。 |
| 6. 总结电解食盐水反应规律,并对氯碱工业产品应用的前景进行描绘。 | 拓宽学生视野,引导学生创建美好生活的理念,发展学生科学精神。 |

如此一来,使得学生对整节课要完成的任务就可以一目了然,课堂教学进程也会更加流畅。在课堂讨论中,学生首先会对电动汽车更加推崇,但经过对电力产生源头的主要方式是煤炭等化石燃料燃烧的了解后,势必会将解决汽车动力能源问题的方案转向氢气,因为氢气更加清洁环

保,燃后的产物是水,完全没有污染。但是如何才能高效获取大量氢气,由此学生产生了解决氢气来源问题的思考和讨论。根据奥苏贝尔的认知同化学习理论,学生的学习应该是有意义的接受学习,这种学习是通过新知识与学生认知结构中的有关观念相互作用而进行的,其结果是新旧知识意义的同化。学生从电解水引发如何制氢气更合理的思考,根据学生已有认知,电解水会产生氢气,但这种方式单纯产生氢气却又耗费了大量电力,可能导致结果得不偿失。从而引导学生转变思考方向寻找更经济的制备氢气的方法。学生的学习产生了自己想要解决的问题,学习强烈的欲望就产生了。通过课堂对进行电解食盐水的实验探究,学生了解了获得氢气的其他途径,但是对氢气及氢氧化钠固定在阴极产生,氧气固定在阳极产生的结果又产生了强烈的疑问。在整个教学设计中,努力让实验的事实性结果和学生的常识性认知产生一次次思维上的矛盾冲突,从而将学生的一个个疑问串成一条导向课堂核心问题的线。

学生学习中的任何一个问题都应该存在于一个问题系统中,根据问题的层次或推演过程,形成线性的问题链。由此,问题系统就产生了通过分层次推进的小步走模式,提高了学生的思维层次和教学的有效性。

课堂追问的问题系统要求问题间有联系,有梯度,有前因后果,有铺垫;化学学科的学习,需要在学生能带着疑问在探究体验过程中自主获取化学学科知识,课堂追问的方式恰好能培养学生敢于质疑,追根问底的思维方式,进而获得问题解决的方案和结果,使化学学科核心素养得以提升。

**主要参考文献**

[1] 李俊.化学学科核心素养探析[J].教育理论与实践,2019(11).

[2] 林佳昆.高中化学课程教学中核心素养培养的教学策略分析[J].课程教育研究,2019(15).

[3] 徐谊.关于问题化学习的五个问题[J].上海教育,2015(12).

[4] 王滋旻.基于思维导图开展"问题化学习"实践探索:以高中化学复习课为例[J].中学化学教学参考,2016(19).

[5] 徐谊.利用问题化学习促进有效教学[J].现代教学,2017(Z3).

[6] 徐崇文.基于学材实施问题化学习推动课堂转型[J].现代教学,2014(17).

[7] 徐倩,潘晨聪,薛婷彦,等.十问"问题化学习"[J].上海教育,2015(34).

[8] 吴佳.高中化学课堂有效提问现状调查研究[D].武汉:华中师范大学,2014.

[9] 于江雁,熊士荣.奥苏贝尔认知同化学习理论在化学教学导入课中的运用[J].科技视界,2011(23).

# 第二部分
# 课堂教学设计

# 共价键
## （第一课时 共价键的形成和共价分子）

上海市高境第一中学　陈　君

## 一、设计思想

本章是第一章原子结构的逻辑延伸，讨论原子间如何通过化学键构建成分子或晶体，是高中化学基础型课程中有关物质结构理论的重要内容之一，对于学生进一步学习化学及其他科学有重要的意义。

本节课内容比较抽象，通过氢气和氯气的爆炸实验，学生小品的表演把问题具体化，慢慢引出，激发学生学习的兴趣，帮助学生建立结构与性质之间的联系，发展"宏观辨识和微观探析"核心素养，让学生逐步体会能从宏观和微观相结合的视角去分析和解决问题。

在认识化学键，讨论离子键、共价键形成过程中，感受从原子电子层结构的差异探索形成不同类型化学键的化学模型方法，引导学生进行解释，促使学生反思原有的概念模型的局限性，深化对微粒间相互作用模型的认识，发展学生"证据推理和模型认知"核心素养。感受物质性质和物质结构之间的关系，为以后形成结构决定性质这一重要观念打下基础。

借助实物模型（枣子、黑豆、牙签）、简单动画模拟等手段，让学生亲手搭建分子模型，降低教学内容的抽象性，提升课堂的有效性，促进学生对共价分子和空间构型的理解和认识。

## 二、教学目标

1. 理解共价键的概念，认识共价键是原子间通过共用电子而产生的强烈的相互作用。

2. 理解共价分子中原子间按一定数目比互相结合，学会一些常见共价分子的电子式、结构式书写。

3. 能解释共价键（简单个例）的形成过程。

4. 通过氯化氢的生成实验，培养从宏观和微观结合上收集证据，从不同角度分析问题，推出合理的结论。通过对氯化氢形成过程的讨论，让学生用抽象思维去感受微观世界中物质的变化，在科学研究中培养质疑的品格。

5. 在对共价键形成过程的学习中，让学生体验从宏观辨识到微观探究的科学方法。

## 三、核心素养发展目标

### （一）素养1　宏观辨识和微观探析　水平2

能运用微粒结构图式描述物质及其变化的过程,能从物质的微观结构说明同类物质的共性和不同类物质差异及其原因。

### （二）素养3　证据推理与模型认知　水平2

能从宏观和微观结合上收集证据,能依据证据从不同视角分析问题,推出合理的结论;能理解、描述和表示化学中常见的认知模型,指出模型表示的具体意义,并运用于理论模型解释或推测物质的组成、结构、性质和变化。

### （三）素养4　科学探究与创新意识　水平3

具有较强的问题意识,能在与同学讨论基础上,提出探究的问题和假设,依据假设提出实验方案,独立完成实验,收集实验证据,基于现象和数据进行分析并得出结论,交流探究成果。

## 四、重点与难点

重点：共价键的形成及概念。

难点：常见共价分子中原子配比及电子式、结构式的书写。

## 五、教学流程

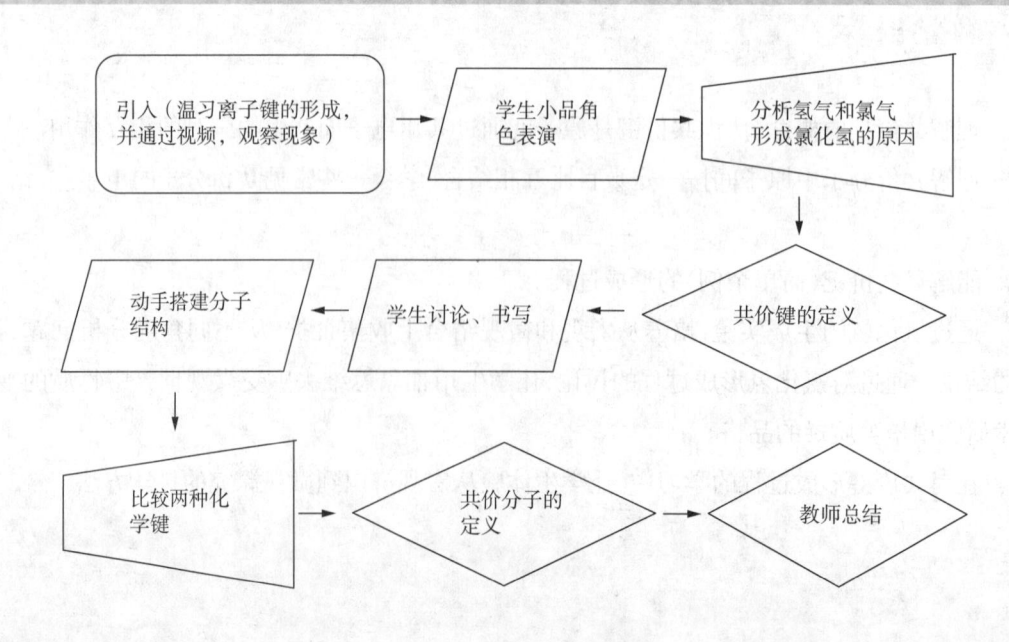

```
引入（温习离子键的形成，→ 学生小品角 → 分析氢气和氯气
并通过视频，观察现象）    色表演       形成氯化氢的原因
                                              ↓
动手搭建分子 ← 学生讨论、书写 ← 共价键的定义
结构
   ↓
比较两种化 → 共价分子的 → 教师总结
学键         定义
```

## 六、教学过程

| 教学环节 | 教学内容和学生活动 | 预期目标 |
| --- | --- | --- |
| 引入 | 讲述：事物发展的趋势是稳定平衡，化学世界的变化，物质的形成就是由不稳定向稳定的变化，上节课我们学习离子键，离子键是怎么形成的呢？<br>在第二章氯气的性质实验中，我们学习了氢气在氯气中安静的燃烧，那么把氢气和氯气混合在一起进行光照，又会有什么现象呢？<br>学生活动：观察视频实验，陈述所观察到的现象。 | 温习离子键的概念，并从化学实验引入，激发学生的学习热情。 |
| 小品角色表演 | 身材健硕的学生A演氯原子，身材矮小的学生B扮演氢原子，枣子作为最外层电子，进行角色表演。 | 通过小品的类比表演，体验结构决定性质的思想。 |
| 原子的结构示意图和电子式 | 问题：氢原子和氯原子在原子组成上有什么特点？我们通过什么化学模型去描述？<br>学生活动：书写原子的结构示意图和电子式，并陈述原子的特点。<br>讲述：从刚才的活动中，我们知道了原子核外电子排布有一定的规律，都需要达到稳定的结构。氢原子和氯原子都各自需要电子而达到稳定的结构。 | 从实验中得到了稳定的氯化氢，进而从微观角度进一步认识原子的特点。 |
| 共价键的定义 | 学生活动：学生归纳共价键形成的过程，并给出定义。<br>教师板书：共价键定义。 | 培养学生归纳总结能力。 |
| 常见共价化合物中原子配比及电子式、结构式书写 | 教师讲述：1到18元素的示意图需要我们熟练掌握，下面我们如何用化学语言来书写一些共价化合物的形成过程呢？<br>书写氯化氢、硫化氢、水、氨气、甲烷的电子式。<br>请学生分小组讨论为什么共价化合物中原子间按一定数目比互相结合。并写出它们的电子式，教师从旁指导。<br>突破难点方法：提示学生，研究相关原子形成共价键时，要达到饱和电子层结构，各需要多少数目的共用电子对。 | 建立认知模型，运用模型解释化学现象。 |
| 学生活动 | 通过枣子、牙签等实物搭建简单分子的结构式。 | 通过实物模型，认识分子结构。 |
| 共价键和离子键形成的对比 | 教师讲述：回忆刚才的小品，身材健硕的学生A扮演氯原子，身材矮小的学生B扮演氢原子，枣子作为电子，形成离子键中的那原子又有怎么样的脾气性格呢？<br>学生活动：（结合离子键、共价键的特点，进行类比） | 通过对比感悟化学键中离子键和共价键之间的同与异，进一步认识结构决定性质的思想。 |
| 共价分子定义 | 学生活动：以氢氧化钠为载体，学生归纳共价分子的概念。<br>教师板书：共价分子定义。 | 培养学生归纳总结能力。 |
| 温故知新 | 教师小结电子配对法——缺几个电子就拿出几个电子共用。<br>共价键到离子键的递变的认识。 | |

## 七、案例分析

本节课共价键第一课时是高中化学必修课程中的核心内容之一。共价键是学生学习了离子键的基础上再次接触到的化学键中的另一种重要的相互作用，内容比较抽象。因此在设计过程中注意以下几点。

### （一）从视频实验引入

主要是让学生能通过氢气和氯气光照反应的爆炸实验现象激发学生的探究兴趣，迫切想通过学习知道氢气和氯气光照爆炸生成氯化氢，在氯化氢中氢原子和氯原子之间究竟存在一种什么样的强烈的相互作用，那么这种强烈的作用是什么？是如何产生的呢？运用微观的图示法：原子结构示意图、电子式等化学语言来描述物质及其变化过程，能从微观角度认识共价键形成的过程，从微观和宏观结合的视角对物质结构有一个分类和表征。

### （二）基于真实情境的创设

通过模拟氯与氢的学生的表演，让学生以观众的身份进入课堂学习，在情境中认识化学的微观过程。一是激发学习兴趣，二是加深对共价键的理解。使学生加深记忆，突出了学生作为学习主体的主动性。

从宏观（学生表演）和微观（共价键形成视频）结合上收集证据，从不同的视角，推出合理的结论，解释、描述和表示化学中物质形成的共价键这样一种化学模型。

### （三）运用模型法，揭示物质的本质

组织学生进行小组的探究活动，以黑豆作为氢原子，冬枣作为非氢元素的原子，牙签作为共价键，动手搭建各种物质的结构。通过已有的知识，对物质的结构提出可能的假设，通过分析推理加以证实和证伪。理解结构决定性质的化学思想。建立学生认识事物的理念：提出假设，建立模型，实验论证，模型改进。

（四）类比离子键和共价键的异同。

离子键和共价键是两种不同的化学键，也可以认为是从共价键递变到离子键（氯气—氯化氢—氯化钠），通过分析两种模型，能够进一步认识到，模型的建立是对复杂的化学问题进行分析得来的，培养学生证据推理和模型认知的能力。

（五）以史为鉴，培养科学态度

通过介绍化学键，特别是共价键的发现历程，培养学生严谨求实的科学态度、崇尚真理的意识，增强学生的社会责任感。

本节课是学生学习了离子键的基础上，再次接触到的化学键中的另一种重要的相互作

用——共价键,内容比较抽象。因此,本节课主要是要把新学的知识和旧的知识有机联系,消化抽象的理论知识,使学生在原有的知识基础上有大的提高。通过氯气和氢气光照生成氯化氢的实验、学生角色扮演以及原子结构示意图的讲解,让学生从宏观、微观角度,深刻认识到非金属原子间存在一种强烈的相互作用。通过小组活动,搭建氯化氢、水、氨气、甲烷这些物质的结构式,体会物质的空间构型,不仅认识物质的微观结构的模型,也为培养结构决定性质的化学思想打下基础。通过共价键和离子键的定义、成键条件、成键离子、表示方法、用电子式表示形成过程等的比较,加深同学们对共价键的理解,尤其是使同学们学会用电子式书写共价键的方法。

当然,对于共价键的简单分子的电子式、结构式要加强练习。本节课上,对于各个阶段时间的把握要恰当,特别是对于学生小组活动时搭建简单分子的空间模型,要给予学生充足的时间去尝试搭建,进行思考,小组之间可以再进行讨论,谈谈感受,让学生体会结构决定性质的化学思想。

# 以情境教学为抓手,实施高中化学核心素养教育
## ——以"电化学的起源"为例

上海市宝山中学 李 蔚

## 一、设计思想

电离理论是中学化学的重要基础理论之一。学生在初中阶段,已经认识了酸、碱、盐,知道了物质是由分子、原子、离子构成的,本节课就化合物是否导电对物质再次进行分类。进一步学习电解质、非电解质、强电解质、弱电解质、电离等知识,使学生初步理解电离理论,使之理论化、系统化,为后续学习打好基础。

本节课理论性强,涵盖概念性知识多。因此教师将演示实验、微观模型、化学史实与教学内容有效融合。学生将通过对"哪些液体能导电""电解质为什么会导电""电离程度与电离方程式"三个问题的分析讨论,探索、解决问题,得出结论。从而获得化学知识、形成学科素养。课堂教学设计的基本思路如下:

### (一)观察导电实验,能从宏观特征对化合物再分类

教师演示不同化合物在不同状态下的导电实验,学生观察现象、客观记录、充分讨论,对化合物进行再分类,得出电解质与非电解质的概念,此过程中感悟概念的形成过程。

阿伦尼乌斯《电离学说》指出:离解程度决定于物质的本性。在此情境下通过验证实验,对比 0.1mol/L 盐酸与 0.1mol/L 醋酸的导电实验现象,结合数据,将电离程度和强、弱电解质的理论模型之间进行关联和合理匹配,从而理解强电解质与弱电解质的概念,并学会用电离方程式对强、弱电解质进行表征。

### (二)依据微观模型,建构及描述电解质的电离过程

从物质结构的观点讨论电解质的电离过程是一个透过现象看本质的过程,需要学生建立从具体到抽象的思维方式。教师带领学生结合已有的学习经验:"化合物导电是因为有自由移动的离子",结合氯化钠的溶解动画以及微观模型,再次思考并描述"氯化钠晶体溶于水产生自由移动离子的过程",以此突破了电离这一难点。使学生学会从宏观与微观相结合,收集证据、分析问题、推出合理的结论。

### (三)了解化学史实,感悟电解质对人类发展的贡献

从电化学的诞生及其涉及的科学史实引入课题,并首尾呼应,突出化学与其他学科的联系,

感受及重现科学发展的历程,以此激发学生的学习兴趣。教学中穿插以人体体液为真实的问题情景,思考人体内的化合物哪些是电解质、哪些是非电解质、哪些是强电解质、哪些是非电解质,如何用实验的方法区分这些化合物,以此推进课堂教学,激发学生去了解人体内体液的成分及其对生命体的重要作用。

课堂中,将学生分组进行合作学习。通过观察实验、分析问题、证据推理、得出结论等方法,促进协作与归纳交流。在实验观察中生成问题,在分析推理中提升思维,以此激发学生的求知热情,培养学生的能力,落实化学学科的核心素养。

## 二、教学目标

1. 通过不同状态化合物的导电实验、同浓度盐酸和醋酸导电实验的对比,学会从化合物导电的宏观特征入手对化合物进行分类。理解电解质与非电解质、强电解质与弱电解质的概念,知道常见电解质与非电解质。

2. 通过观察微观图示、宏观现象,深入理解电解质在水溶液中的自动离解行为,学会用宏观与微观相结合的思想解决化学问题。能够描述电解质的电离过程,理解电离与导电的关系。

3. 感悟电解质在生命活动中的意义,感受科学世界的奇妙与技术的进步对人类发展的贡献。

## 三、核心素养发展目标

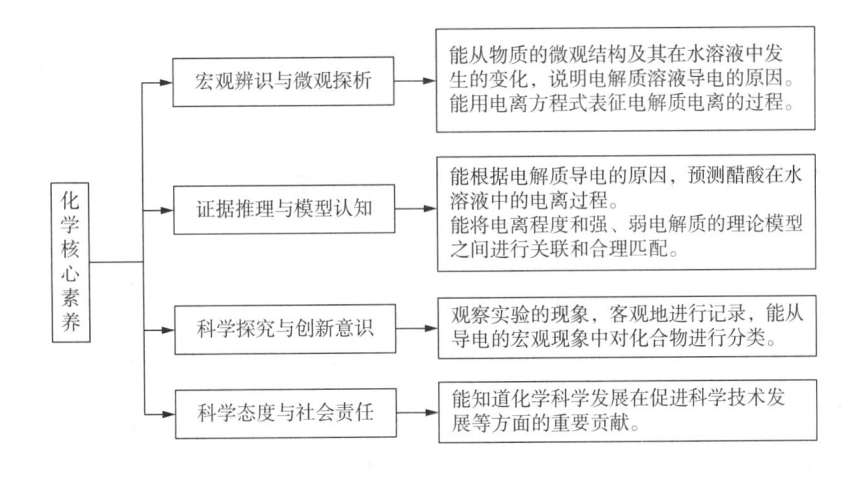

| 化学核心素养 | | |
|---|---|---|
| | 宏观辨识与微观探析 | 能从物质的微观结构及其在水溶液中发生的变化,说明电解质溶液导电的原因。能用电离方程式表征电解质电离的过程。 |
| | 证据推理与模型认知 | 能根据电解质导电的原因,预测醋酸在水溶液中的电离过程。能将电离程度和强、弱电解质的理论模型之间进行关联和合理匹配。 |
| | 科学探究与创新意识 | 观察实验的现象,客观地进行记录,能从导电的宏观现象中对化合物进行分类。 |
| | 科学态度与社会责任 | 能知道化学科学发展在促进科学技术发展等方面的重要贡献。 |

## 四、重点和难点

电离概念的建立。

## 五、教学流程

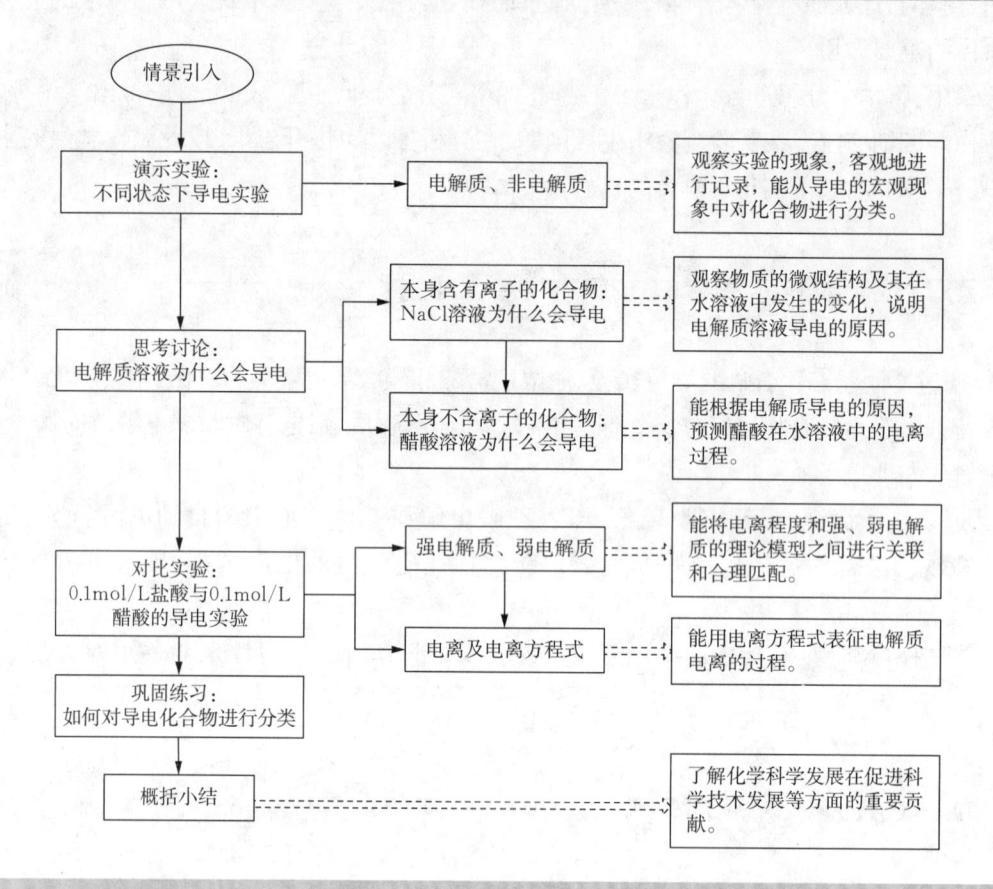

```
情景引入
    ↓
演示实验：              →  电解质、非电解质  ┈→  观察实验的现象，客观地进
不同状态下导电实验                              行记录，能从导电的宏观现
                                                象中对化合物进行分类。
    ↓
                        →  本身含有离子的化合物：  ┈→  观察物质的微观结构及其在
                           NaCl溶液为什么会导电       水溶液中发生的变化，说明
思考讨论：                                             电解质溶液导电的原因。
电解质溶液为什么会导电
                        →  本身不含离子的化合物：  ┈→  能根据电解质导电的原因，
                           醋酸溶液为什么会导电       预测醋酸在水溶液中的电离
                                                      过程。
    ↓
对比实验：              →  强电解质、弱电解质  ┈→  能将电离程度和强、弱电解
0.1mol/L盐酸与0.1mol/L                           质的理论模型之间进行关联
醋酸的导电实验                                    和合理匹配。
                        →  电离及电离方程式  ┈→  能用电离方程式表征电解质
                                                  电离的过程。
    ↓
巩固练习：
如何对导电化合物进行分类
    ↓
概括小结  ┈→  了解化学科学发展在促进科
              学技术发展等方面的重要贡
              献。
```

## 六、教学过程

### （一）环节一：课题引入，"电解质溶液"的由来

【史料情境1】伽伐尼的死蛙实验

这是一只神奇的灯泡，我一手握住螺口，一手按住灯泡的底部，我们会发现灯泡亮了。这个简单的现象，涉及了许多电化学的知识。而电化学的起源，要从一只青蛙说起。

伽伐尼是第一个把电和生命体联系起来的科学家。他把一只解剖好的青蛙平放在玻璃板上，用铜钩勾住蛙腿，再用一根细长的铁杆，一端去接触铜钩，另一端去碰蛙腿，发现蛙腿会发生收缩。伽伐尼的发现引起了物理学家们极大的兴趣，伏特在多次实验后认为：蛙肌收缩是因为蛙脚与不同金属连接成闭合回路后会产生电流，而电流是肌肉中的某种导电液体与两根金属作用产生的结果。

今天，我们就沿着前人的足迹，一起来研究液体与导电的关系。

**设计意图**：引入课题。叙述"电化学的起源"，引导学生沿着前人的足迹，研究液体与导电的关系。

## (二) 环节二：哪些液体会导电？

**【实验情境1】** 化合物在液体状态下的导电实验。

实验1：蒸馏水的导电实验。

生命体中最多的液体是什么？纯水能不能导电？我们来做实验。用灵敏电流计、一节1号电池以及蒸馏水，形成闭合回路。观察电流计是否发生偏转？

现象记录：灵敏电流计有微弱的偏转，蒸馏水有极其微弱的导电性。

实验2：溶液的导电实验。

纯水中混有其他物质形成溶液，是不是会导电呢？人体内有哪些液体，我们先来了解一下，如下所示。

| 人体体液(部分) | 化合物 |
|---|---|
| 细胞液 | 含氯化钠 |
| 血液中的血糖 | 葡萄糖($C_6H_{12}O_6$) |
| 血液呈极弱的碱性 | 含氢氧化钠 |
| 人体内润滑剂之一 | 含醋酸(HAc) |
| 水体污染时摄入硝酸盐 | 可能有硝酸钾 |

试验物质导电装置

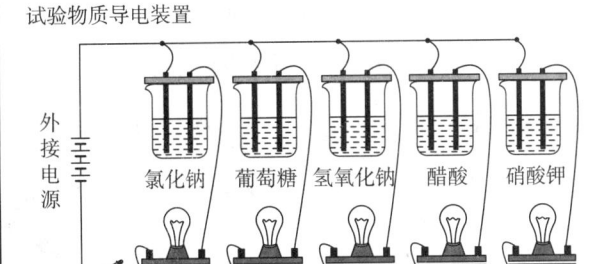

实验3：熔融状态下的导电实验

① 熔融硝酸钾：连接好装置（如右图所示），在大试管里装入少量硝酸钾晶体，顶部接有小灯和蜂鸣器，打开电源，加热玻璃管，待晶体融化时，观察灯泡与蜂鸣器的情况，记录现象。

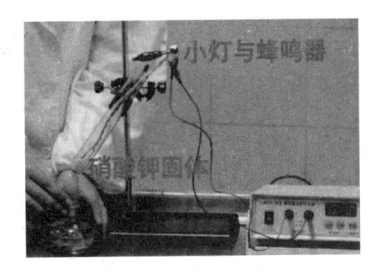

现象记录：硝酸钾熔化时能导电。

② 冰醋酸：即纯醋酸，当温度低于16.6℃时，是一种无色晶体，看上去像冰，所以称为冰醋酸。今天温度高于16.6℃，现在即是它的熔化状态，我们用灵敏电流计、一节1号电池以及冰醋酸，形成闭合回路。观察电流计是否发生偏转？

现象记录：冰醋酸熔化时不能导电。

**【学生活动1】** 基于以上实验结果(PPT，如右表所示)，法拉第根据液体是否导电，对化合物进行再分类。把导电化合物称为电解质，不导电的化合物称为非电解质。根据我们得到的实验现象，法拉第会如何给"电解质"与"非电解质"下定义？哪些化合物属于电解质？哪些化合物属于非电解质？

| 化合物 | 水溶液 | 熔化 |
|---|---|---|
| 氯化钠 | 导电 | 导电 |
| 葡萄糖 | 不导电 | 不导电 |
| 氢氧化钠 | 导电 | 导电 |
| 醋酸 | 导电 | 不导电 |
| 硝酸钾 | 导电 | 导电 |

**【概念建立】** 电解质：在水溶液或熔化状态下能导电的化合物。非电解质：在水溶液和熔化

状态下都不能导电的化合物。酸、碱、盐、水等属于电解质。大部分的有机物等属于非电解质。

**设计意图**：能认真地观察实验，客观描述及记录现象，基于实验事实对化合物进行分类。学会从化合物导电的角度对物质进行分类，从而掌握"电解质"与"非电解质"的概念。

### （三）环节三：电解质溶液为什么会导电？——本身含有离子的化合物

【史料情境2】阿伦尼乌斯的发现。

根据我们做的实验，可以发现：$KNO_3$ 溶液导电、$KNO_3$ 固体不导电、而溶剂水只有极其微弱的导电性。

类似现象化学家阿伦尼乌斯也有发现。他得出这样的结论：纯净的水不导电，纯净的固体食盐也不导电，把食盐溶解到水里，盐水就导电了。他会怎么解释这个现象的呢？

【问题引导】首先，请大家想一想，化合物为什么会导电？

【分析讨论】化合物导电是有自由移动的离子。

【学生活动2】根据 NaCl 固体的晶体模型（如下图所示）以及 NaCl 固体溶于水的微观动画，我们从微观的角度去探析一下。观看的时候思考以下几个问题：

①为什么氯化钠固体没有自由移动的离子？
②为什么氯化钠溶液中有自由移动的离子，溶液中的水分子起到什么作用？
③请描述氯化钠晶体溶于水产生自由移动离子的过程。

【分析讨论】氯化钠固体是由阴阳离子构成的，这些离子通过离子键在空间中按一定方式有规则地紧密排列。当氯化钠溶于水时，受水分子的作用，形成了自由移动的钠离子和氯离子。在氯化钠固体中，这些离子不能自由移动，所以固态的氯化钠不能导电。而氯化钠溶液在水分子的作用下，破坏了离子键，形成自由移动的钠离子和氯离子，自由移动的离子发生定向移动，产生导电的现象。

【概念建立】这说明物质导电只有带电微粒是不够的，应该是要产生自由移动的带电微粒。我们把电解质在水溶液或熔化状态下，离解产生自由移动离子的过程叫作电离。

电解质导电原因是因为电解质电离产生自由移动的离子，自由移动的离子发生定向移动，产生导电现象，并且，自由移动离子浓度的越大，导电能力越强。

**设计意图**：教师由实验现象提出需要进一步研究的问题，从宏观现象过渡到微观分析。学生从已有的学习经验出发，根据氯化钠的微观结构及其在水溶液中的溶解过程，分析解释化合物导电的原因,在此基础上建立电离的概念,并学习用电离方程式表征电解质电离的过程。

## (四) 环节四：电解质溶液为什么会导电？——本身不含离子的化合物

【学生活动3】①根据导电实验可将化合物分为"本身含有离子的化合物""本身不含离子的化合物"。$NaCl$、$NaOH$、$CH_3COOH$、$KNO_3$中哪些是本身含有离子的化合物？能不能用导电实验来判断哪些是离子化合物？

②描述$KNO_3$在水中的电离过程。

③预测$CH_3COOH$在水中的电离过程。

【分析讨论】$NaCl$、$NaOH$、$KNO_3$是离子化合物。$CH_3COOH$是本身不含离子的化合物。在熔化状态下能导电的化合物是离子化合物。

当硝酸钾溶于水时,受水分子的作用,形成了自由移动的钾离子和硝酸根离子。醋酸在水分子作用下,能形成自由移动的醋酸根离子和氢离子。

【实验情境2】验证实验：冰醋酸导电实验。

冰醋酸本身没有离子,但在水分子作用下,能形成自由移动的醋酸根离子和水合氢离子,这个过程称为"离子化过程"。

我们可以通过实验来验证"离子化过程"。醋酸是电解质,但熔化状态下它不导电,说明本身没有离子。我们继续用胶头滴管往烧杯内滴加少量水,观察电流计的变化。

现象记录：冰醋酸不导电,随着加入水量的增多,电流计偏转得越来越厉害。

【分析小结】以上实验说明：电解质产生自由移动的离子是一个自发过程,与通电无关。而且水越多,电离出来的离子个数也越多。

设计意图：基于实验事实,得出判断离子化合物的实验方法。能根据电解质导电的原因,预测并描述醋酸在水溶液中的电离过程,通过实验验证预测是否正确。教师训练学生能从实验记录中提出证据的能力,对有关的化学问题提出假设并依据证明,证实或证伪假设。

## (五) 环节五：影响电离程度的因素有哪些？

【史料情境3】以上是阿伦尼乌斯的《电离学说》,他指出：电解质溶于水能不同程度地离解成带正、负电荷的离子,离解程度决定于物质的本性以及它们在溶液中的浓度。

【实验情境3】为什么说电离程度还取决于物质本身的性质呢？

大家来看一组对比实验的结果（如下图所示）。相同温度下,0.1mol/L的醋酸溶液与0.1mol/L的盐酸溶液分别做导电实验,观察现象。

现象记录：等浓度时,盐酸的导电能力大,醋酸的导电能力小。

【引导思考】为什么醋酸的导电能力小于盐酸的导电能力？

这说明盐酸与醋酸的电离程度是有差异的。盐酸,在水溶液中能完全电离,0.1mol/L的$HCl$溶液中,有0.1mol/L的氢离子、0.1mol/L的氯离子,电离程度为100%。

醋酸,常温时,在水溶液中部分电离,1000个醋酸分子中只有13个醋酸分子发生电离,电离

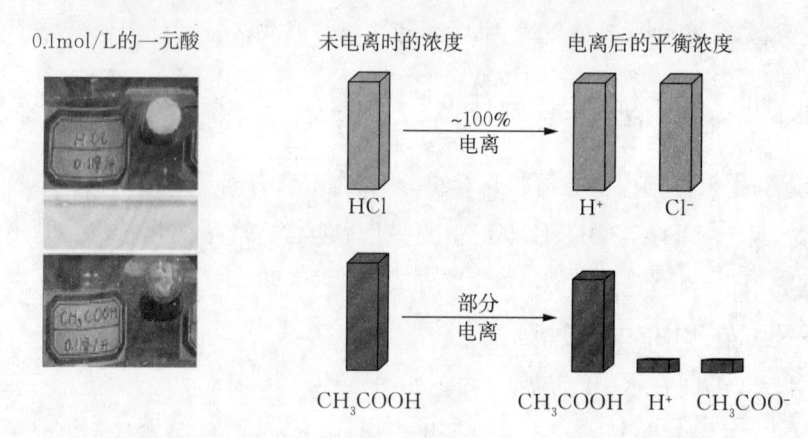

程度为1.33%,只能电离出极少量的氢离子和醋酸根离子,大部分还是以醋酸分子的形式存在溶液中。

所以,影响电离程度的因素与物质本身的性质有关。

【概念建立】所以,我们可以根据电离程度对电解质进行分类。

我们把能完全电离的化合物称为:强电解质;部分电离的化合物称为:弱电解质。

可以用电离方程式表示电解质的电离过程。用"→"表示强电解质的完全电离,"⇌"表示弱电解质的部分电离。

【学生活动4】如何对导电化合物进行分类:人体内含有这些化合物(如右表所示),判断哪些是强电解质、哪些是弱电解质、哪些是非电解质? 如若属于电解质,书写电离方程式。

请归纳,哪些化合物是强电解质? 哪些是弱电解质?

| 化合物 | 分类 | 电离方程式 |
| --- | --- | --- |
| $H_2O$ | | |
| $C_2H_5OH$ | | |
| $NH_3 \cdot H_2O$ | | |
| $CO_2$ | | |
| KCl | | |

【分析讨论】KCl属于强电解质。$H_2O$、$NH_3 \cdot H_2O$属于弱电解质。$CO_2$、酒精属于非电解质。

电离方程式:$KCl \longrightarrow K^+ + Cl^-$;$H_2O \rightleftharpoons H^+ + OH^-$;$NH_3 \cdot H_2O \rightleftharpoons NH_4^+ + OH^-$。

强电解质:强酸、强碱、大部分盐;弱电解质:弱酸、弱碱、水。

【布置作业】①查阅资料,找找人体内还有哪些强电解质与弱电解质,书写相关电离方程式。

②了解电解质与生命的关系,完成科技写作《电解质与生命》。

设计意图:能根据实验现象,对电解质进行再分类,将电离程度和强、弱电解质的理论模型之间进行关联和合理匹配。学会用电离方程式表征强、弱电解质电离的过程。

## (六) 环节六:一只青蛙引发的思考

【史料情境4】电解质溶液的相关化学史。

今天我们沿着前人的足迹,学习了电解质的知识,让我们一起回顾一下这段科学史。

1780年,意大利解剖学家伽伐尼做了死蛙实验,认为生命体中存在动物电。1800年,伏特推翻了他的论点,认为是生命体中的液体在导电。同年,英国人尼科尔森证明了溶液具有导电性。6年后,英国人戴维发现熔融液体也具有导电性。1833年,法拉第提出了他的离子观,把这种液体称为电解质溶液,其中指出电解质在通电条件下才能电离。到了1883年,阿伦尼乌斯指出电解质溶液可以自发地产生离子,与通电无关,提出电离学说。

那只青蛙的故事结束了吗?没有。伏特把青蛙改成电解质溶液,放入不同的金属电极,发明了伏特电池。英国人沃勒改动物实验为人体实验,他把自己的左脚和双手放入装有电解质溶液的盆中,然后将溶液和静电计连通,发明了人类第一台心电图机。而生物学家研究了蛙腿为什么会收缩,提出了"生物电"的观点。今天,我们把电池装在灯泡里,把自己的左手和右手分别连接在电池的正负两极,通过体内的电解质溶液的电离,形成电流,使灯泡发亮。

【分析总结】我们要学会基于现象,提出假设,通过分析推理加以实证,最终建立观点与证据之间的逻辑关系。并且,能够合理应用这一系列的科学知识,促进科技的发展。

**设计意图**:了解电离学说的发展史,感悟电解质在生命活动中的意义,了解化学科学发展在促进科学技术发展等方面的重要贡献。

### (七) 板书设计

电化学的起源——电解质

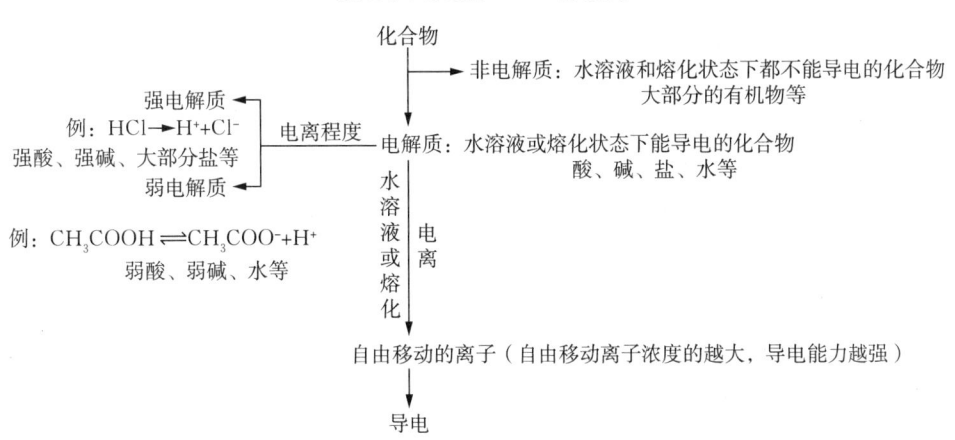

```
                    化合物
                      │
              ┌───────┼──── 非电解质:水溶液和熔化状态下都不能导电的化合物
              │       │                大部分的有机物等
     强电解质 │  电离程度
  例:HCl→H⁺+Cl⁻       │
  强酸、强碱、大部分盐等 ├──── 电解质:水溶液或熔化状态下能导电的化合物
     弱电解质 │                       酸、碱、盐、水等
              │    水
  例:CH₃COOH⇌CH₃COO⁻+H⁺ 溶
     弱酸、弱碱、水等    液   电
                       或   离
                       熔
                       化
                        │
                  自由移动的离子(自由移动离子浓度的越大,导电能力越强)
                        │
                       导电
```

(板书设计示意,实际公式为:$HCl \rightarrow H^+ + Cl^-$;$CH_3COOH \rightleftharpoons CH_3COO^- + H^+$)

## 七、案例分析

情境教学在当今教育背景下,其价值逐渐凸显,学生只有在问题情境中发现问题,用自己所学的知识去解决问题,在解决问题的过程中产生能力,才能落实核心素养的培育。情境的开发有三条途径:第一是实验的情境;第二是科学的史实,即化学史的情境;第三是社会生产生活中客观的例子。无论哪一种,都可以作为这节课教学的素材。

本节课先用电化学起源引入课题,而且做到了首尾呼应,教学中还有生活情景(人体体液)、实验情境,整节课围绕情景进行教学,选用的情境贴近课题,体现了情景教学的要求。教学设计利用不同情境之间逻辑的关联,通过真实情境将教学环节串联,促使学生产生主动学习的兴趣。

最后，本节课通过科学史的介绍，突出了化学与其他学科的联系，使学生意识到学科融合在有效地解决及探究问题中的重要性。

电离过程是教材的一个难点。教师通过分析学生已有学习经验，结合图示，让学生从已有经验出发，观察模型、分析思考，解决问题，从而突破了电离过程这一教学难点。通过问题情境使得知识内容结构化，让学生对电离过程这一板块的内容留下深刻印记。

本节课存在的问题有：(1)学生表述不完整、不到位，教师应该思考如何在日常教学中合理设计问题，并且留给学生更多的机会，以增强学生的表述能力。(2)教学设计上，应该更加注重科学探究与创新意识，使用适当的方式促成学生思想方法的形成，从而对更多的教学目标和教学行为进行设计，以提高学生的科学素养。

# "共价键"教学设计

上海市吴淞中学　吴振峰

## 一、设计思想

高中化学学科核心素养主要包括"宏观辨识与微观探析""变化观念与平衡思想""证据推理与模型认知""科学探究与创新意识""科学态度与社会责任"五个维度。高中化学学科的核心素养是学生发展全面核心素养的重要组成部分，是高中生综合素质的具体体现。劳厄(M. Laue)曾说："重要的不是获得知识，而是发展思维能力。教育给予人们的无非是当一切已学过的东西都忘记后所剩下来的东西。"化学学科核心素养的提出旨在通过化学学科教学深化化学学科的学科价值和进一步加深学科教学的育人价值。

化学学科区别于其他学科的本质特征在于其微观研究视角，从原子、分子层面来认识物质的结构和聚集状态，有助于预测和研究物质的性质，为设计和创造新的分子提供科学依据。化学键与晶体理论是从微观视角出发，解释由不同的作用力形成不同微粒，剖析不同微粒形成不同物质的性质，从微观结构牵引到宏观物质性质，拓展学生视野，建立"结构决定性质"的视角，培养"宏观辨识与微观探析"的核心素养。同时通过建立和运用合理的理论模型，挖掘结构和性质之间的潜在联系，解释或推测物质的组成、结构、性质和变化等。培养"证据推理与模型认知"的核心素养。

化学键和晶体理论从分子、原子的构成基础来揭示其变化的基本规律，并通过化学符号进行统一表述。教师在实际教学过程中要帮助学生建立以微观为切入点的正确化学研究视角，要强调从微观粒子的相互作用和影响来透彻地认识物质的世界。

在教学中，我们根据化学学科的核心本质和鲜明特征，深入揭示化学现象的本质，逐步建构和完善解决复杂化学问题或跨学科问题的科学心智模式。促发学生从多个视角寻找学科知识间内部的逻辑关系，构建具有学科价值的知识体系，引导学生的思维，从事实证据过渡到概括性的概念、原理、规律，再逐步形成科学的思想方法和科学素养。

## 二、教学目标

1. 理解共价键的概念，认识共价键是原子通过形成共用电子对而产生的强烈的相互作用。能解释共价键(简单个例)的形成过程，在共价键形成过程中，进一步感受化学模型方法的应用。

通过对物质及其变化进行分类和表征,建立宏观与微观相结合的视角。

2. 学会一些常见共价分子的电子式、结构式的书写。根据化学问题情境的分析,能从不同视角分析问题,推出合理的结论。

3. 通过对化学史的了解,知道科学的发展规律和认识过程,崇尚科学真理,在基础知识学习过程中,永葆对未知世界的探究意识和科学精神。

## 三、核心素养发展目标

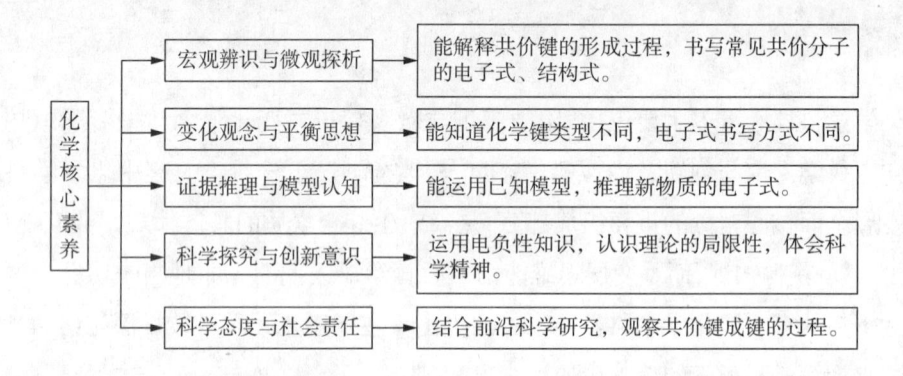

| 化学核心素养 | |
|---|---|
| 宏观辨识与微观探析 | 能解释共价键的形成过程,书写常见共价分子的电子式、结构式。 |
| 变化观念与平衡思想 | 能知道化学键类型不同,电子式书写方式不同。 |
| 证据推理与模型认知 | 能运用已知模型,推理新物质的电子式。 |
| 科学探究与创新意识 | 运用电负性知识,认识理论的局限性,体会科学精神。 |
| 科学态度与社会责任 | 结合前沿科学研究,观察共价键成键的过程。 |

## 四、教学重点和难点

### (一) 重点

1. 理解共价键的概念和解释共价键的形成过程。
2. 书写共价分子的电子式和结构式。

### (二) 难点

1. 解释共价键的形成过程。
2. 共价分子的电子式和结构式的正确书写。

## 五、教学流程

### (一) 设计思路

根据教材安排,共价键的教学内容在离子键之后,学生学习了离子键的基础上,对原子间的相互作用已有一定的认识,故共价键的学习相对容易,但是让抽象问题具体化,学生的认识过程仍旧需要一定的时间,要让学生充分参与,慢慢体会。本节课从化学史出发,巩固复习化学键和离子键的知识,再由"榫卯结构"作为引入共价键的学习,将抽象的成键过程具体化,便于学生理解共价键的形成和概念,也为常见共价分子的电子式书写打下一定基础。在整个教学过程中,重视"宏观辨识与微观探析""证据推理与模型认知""科学探究与创新意识"和"科学态度与社会责任"的培养和落实。

## (二) 教学流程

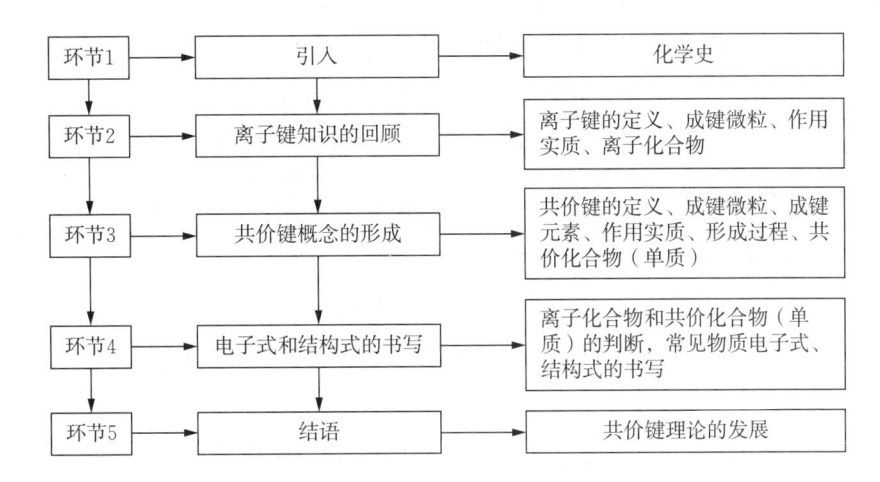

```
环节1 → 引入 → 化学史
环节2 → 离子键知识的回顾 → 离子键的定义、成键微粒、作用实质、离子化合物
环节3 → 共价键概念的形成 → 共价键的定义、成键微粒、成键元素、作用实质、形成过程、共价化合物(单质)
环节4 → 电子式和结构式的书写 → 离子化合物和共价化合物(单质)的判断,常见物质电子式、结构式的书写
环节5 → 结语 → 共价键理论的发展
```

## 六、教学过程

学科核心素养的提出推动了综合教育的改革,综合教育的改革也促进了学科核心素养的完善。要将核心素养育人目标体系,落实与推行到具体的教育和社会活动中去,进而真正实现其育人功能与价值,是教育领域面临的重大问题。需要教师努力地摸索和实践,才能将学科核心素养融入我们的教学实践和课堂教学中,使核心素养"软着陆"。

对于化学,绝对不是不承认学科本体知识的重要性,而是强调在学习过程中真正重要的是将知识转化为能力。忘记化学知识后所剩下来的东西就是化学基本观念和学习方法,即从化学的视角思考、分析、解决问题的思维方式。化学学科核心素养的提出,旨在深化化学学科的学科价值和进一步加深学科教学的育人价值。化学学科并不希望将化学课本、知识和笔记等琐碎的记忆固化在学生的大脑中,而是希望将所学的知识转化为学习的智慧。

本节课从整体来看,以"古今中外"四个字为教学主线开展教学,从古希腊的恩培多克勒、德谟克利特、德国的J.R.格劳伯三位科学家关于化学键思想的思考引入课题,以孙武"上下同欲者胜,风雨同舟者兴"彰显中国人"合作共赢"的思想,并将这种共同合作,一同进步的思想渗透到传统文化中,讲述了中国古老的文化和智慧——榫卯,适时切入共价键的学习,在结尾时美国科学家首次观察到两个原子成键的过渡状态,对微观世界进行了一定的展望,期待同学对科学世界的进一步认识。整节课希望呈现一个完整的故事,而并不是单调的学习共价键的概念、电子式、结构式的书写。在基础知识学习过程中,体会科学之美,崇尚科学,永葆对未知世界的探究意识和科学精神。培养"科学态度与社会责任"。

在高一教学中,我们会发现,化学键这块内容的教学是十分困难的。究其原因:首先,学生的认知水平还没能达到直接认识微观世界,抽象的、看不到的原子间的相互作用对学生的思维和认识水平提出了很大的挑战;其次,学生在初中阶段没有形成完整的微观视角,学习化学键之前,按照教材学习原子结构的相关内容,本节课由"榫卯结构"进行课程的引入,用从学生"看得见"的视角,开展共价键的教学,从榫卯通过凹凸部分相结合的连接方式形成稳定结构,暗示学生原子也可以通过类似的方式以一定的顺序和取向进行合理的组合。以两个氯原子形成氯气,展示微粒模型靠近后形成共价键,再将模型转化为用电子式书写其形成过程,实现"宏—微—符"的转换,易于学生理解,同时揭示共价键成键本质。培养"宏观辨识与微观探析"。

书写物质电子式的教学中涉及判断物质的分类——离子化合物和共价化合物(单质),在一般教学中,教师常采用给出离子化合物一般是由活泼金属元素和活泼非金属元素组成的,共价化合物(单质)一般是由非金属元素组成的。对于学生来说,这种直接给出的结论是十分生涩的,并难以理解的。在设计本节课时,采用"电负性"的概念来归纳常见物质的成键方式,在此基础上,在得出成键元素和所成化学键类型的关系,做到有据可依、有理可循,较为符合学生的认知。培养"证据推理与模型认知"。

同时,以"电负性"为切入口,讲述 $BeCl_2$、$AlCl_3$ 成键过程中的反常现象,说明我们学习的理论存在一定的局限,无法对所有物质的成键方式进行解释。对学生给予希望,期待学生深入的学习和进一步的探究和摸索。培养"科学探究与创新意识"。

本节课希望通过促发学生从多个视角寻找学科知识间内部的逻辑关系,构建具有学科价值的知识体系,引导学生从事实证据过渡到概括性的概念、原理、规律,再逐步形成科学的思想方法和科学素养。在教学中,教师采用合理且多样的方式揭示化学学科的核心本质,用深入浅出的语言或方式呈现化学世界的联系,逐步建构和完善解决复杂化学问题或跨学科问题的科学心智模式。

## 七、案例分析

"共价键"是沪教版高一化学第3章的内容,学生在第1章中学习了微观粒子的基本概念,在一定程度上形成了微粒观;第2章是以"开发海水中的卤素资源"展开对卤素相关知识的学习,丰富了对物质的认识;第3章化学键的相关知识,正是将前两章内容进行联系的关键环节,实现了"宏—微"的相互联系。"共价键"是在学生学习了化学键的基本概念和离子键之后的一种微粒形成物质的新方式,对于完善学生理解物质世界的形成有着极为重要的作用。

### (一) 以情境为抓手,深挖化学史料

我国化学家傅鹰教授说:"化学给人以知识,而化学史给人以智慧。"由于篇幅等的限制,在教材中关于化学键、离子键和共价键的化学史料相对较少,在启发性、探究性的深度和广度、人文精神的意境上仍有可以继续思考的空间。

本节课从早期历史入手,讲述了化学键的起源。恩培多克勒把世界分为"气、土、水、火"四种

元素,这四种元素在"爱"和"恨"的作用下分裂并以新的排列重新组合时,物质就发生了质的变化。这种作用力可以被看成是最早的化学键思想。德谟克利特设想原子与原子间,存在着一种"钩子",也可以说是粗糙的表面,以致它们在相互碰撞时黏在一起,构成了一个稳定的聚集体。中世纪的J.R.格劳伯认为物质的微粒具有亲和力,由此互相吸引而结合在一起。

对化学史料的研究,营造一种科学的学习氛围,人们对化学键朦胧的认识,启发了后来的化学家,也促发了学生进一步学习化学的兴趣。

### (二) 以传承为根基,丰富学科素养

华东师范大学钟启泉教授曾将学科课程定义为三个层面: 学科知识体系、学科思维体系、学科育人功能。任何学科既有其个性存在,又都异曲同工、殊途同归。作为任课教师,实现知识学习的同时,也要促进能力、道德、智慧的有机统一。

随着人们对微观世界的认识不断的深入,西方科学家发展出了很多关于共价键的理论,这些理论在一定程度上解释了微粒通过何种方式形成物质的问题。对于共价键的初学者来说,这些理论的认识太过晦涩,不利于学生知识体系的形成。本节课利用孙武"上下同欲者胜,风雨同舟者兴"彰显中国人"合作共赢"的思想,并将这种共同合作,一同进步的思想渗透在传统文化中,讲述了中国古老的文化和智慧——榫卯,适时切入共价键的学习。既有文化的传承,又有爱国主义情怀,同时渗透了化学学科核心素养。

### (三) 以理论为依据,搭建推理模式

由于微粒间关系和物质性质呈现的复杂性,造成化学学科的理论研究难度十分大,所以在解释一些现象时,很难用某个固定的理论完美地给出答案。导致了高中化学教学中,存在着较多"要记住"的问题。共价键的形成本身缺乏实验支撑,尤其是哪些元素是以离子键成键,哪些元素是以共价键成键。在一般教学中,教师常采用给出离子化合物一般是由活泼金属元素和活泼非金属元素组成的,共价化合物(单质)一般是由非金属元素组成的。对于学生来说,这种直接给出的结论是十分生涩的,并难以理解的。在设计本节课时,采用"电负性"的概念来归纳常见物质的成键方式,在此基础上,再得出成键元素和所成化学键类型的关系,做到有理可依、有据可循,较为符合学生的认知特点。

### (四) 以发展为目的,培养学科态度

共价键的学习并不是仅仅想让学生知道共价键的定义,会书写几个电子式和结构式那么简单。我们需要通过学习,发展思维能力,学会用不同的视角观察世界,并用前瞻性的、科学性的眼光看待事物的发展。化学学科核心素养的提出旨在通过化学学科教学深化化学学科的学科价值和进一步加深学科教学的育人价值。本节课以一则新闻作为结尾,讲述了美国科学家们利用X射线激光首次一瞥两个原子在变成分子的过程中,刚形成微弱的化学键时的过渡状态。这并不是纯粹的理论数据,我们可以看到随着技术的发展,我们是否能够操控原子的成键,以达到服务

生产生活的目的,建立起理论学习和生活实际的联系,培养学生崇尚科学的态度,激发学生投身科学研究的兴趣。

## (五)仍需改进之处

1. 在课堂中,对于学生思考问题,要敢于给予充足的时间;
2. 教师的语言要更加精练。

# 基于核心素养提升的高中化学课堂实践
## ——电解质的电离

上海市海滨中学　朱忠伟

## 一、设计思想

通过硝酸钾、氢氧化钠、葡萄糖固体，硝酸钾、氯化氢、氢氧化钠的水溶液，以及熔化的硝酸钾和葡萄糖等导电性实验的比较、分析，归纳得出物质导电能力与种类和状态有关，激发学生对导电能力的原因及影响因素的思考；通过盐酸的pH值和导电能力的关系，分析得出化合物导电原因是离子存在，导电能力强弱与离子浓度大小有关；通过对氯化钠和氯化氢溶液电离过程分析，从微观视角理解离子产生原因，培养学生"宏观辨识与微观探析"的化学核心素养。

结合以上分析，引出电解质与非电解质的概念，归纳总结电解质和非电解质的概念，理解电解质与非电解质的区别，在电解质、非电解质的判断过程中，感受从实验事实到理论归纳，理论推测再付诸具体实践经受检验的科学研究方法，从而培养学生"证据推理和模型认知"的化学核心素养。

## 二、教学目标

1. 理解电解质与非电解质的概念，电解质的电离过程，掌握电离方程式的书写。

2. 通过硝酸钾、氢氧化钠、葡萄糖固体，硝酸钾、氯化氢及其水溶液、氢氧化钠等水溶液，以及熔化的硝酸钾和葡萄糖等导电性实验的比较，领悟比较性实验研究、分析、归纳的科学方法。结合离子化合物、共价化合物的知识，尝试解释实验现象，领悟物质结构决定物质性质的学科思想。

3. 通过生活中应用电解质的事例分析，感悟学习电解质意义和作用。能在思考分析过程中倾听他人意见，相互启发，体会合作交流的重要与快乐。在从现象到本质到总结出一般规律的过程中，培养学生归纳分析总结的能力。

## 三、核心素养发展目标

1. 能联系物质的组成和结构解释宏观现象，能从物质的微观结构说明同类物质的共性和不同类物质性质差异及其原因。

2. 能从宏观和微观上收集证据，能依据证据从不同视角分析问题，推出合理结论；并用理论模型解释物质变化。

3. 培养学生较强的问题意识，在小组讨论基础上提出探究的问题和假设，依据假设提出实验方案，独立完成实验，收集证据，基于结果分析，得出结论并交流。

## 四、重点和难点

**学习重点**：电解质、非电解质，电离方程式。
**学习难点**：电离、用物质结构知识解释电离。

## 五、教学流程

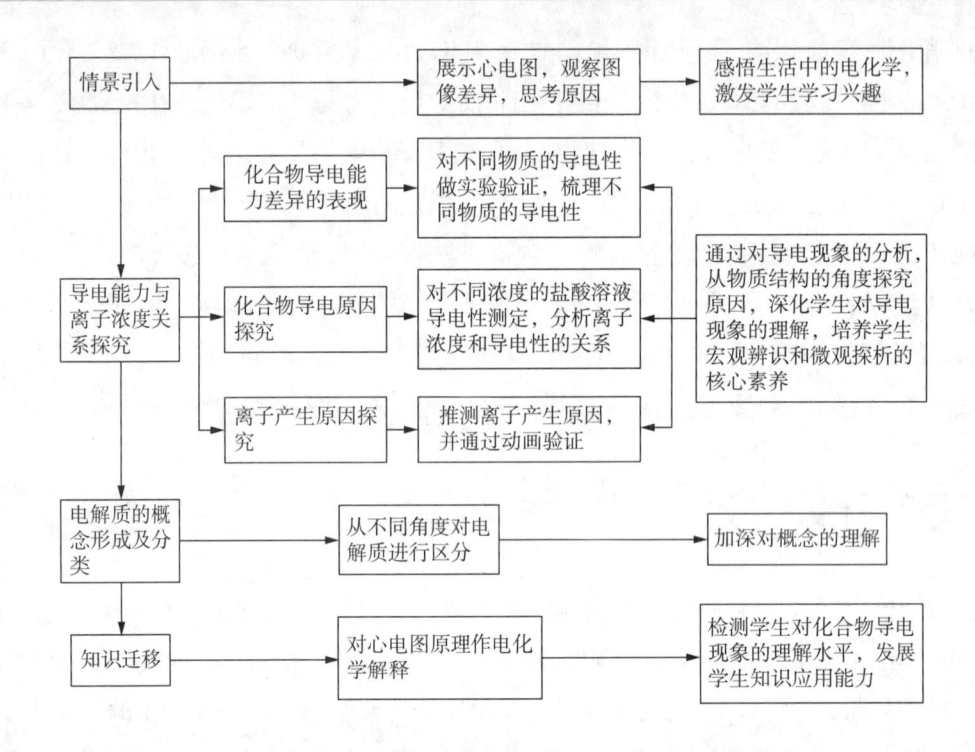

```
情景引入 ──→ 展示心电图，观察图像差异，思考原因 ──→ 感悟生活中的电化学，激发学生学习兴趣

导电能力与离子浓度关系探究
  ├─ 化合物导电能力差异的表现 ──→ 对不同物质的导电性做实验验证，梳理不同物质的导电性
  ├─ 化合物导电原因探究 ──→ 对不同浓度的盐酸溶液导电性测定，分析离子浓度和导电性的关系
  └─ 离子产生原因探究 ──→ 推测离子产生原因，并通过动画验证
         ──→ 通过对导电现象的分析，从物质结构的角度探究原因，深化学生对导电现象的理解，培养学生宏观辨识和微观探析的核心素养

电解质的概念形成及分类 ──→ 从不同角度对电解质进行区分 ──→ 加深对概念的理解

知识迁移 ──→ 对心电图原理作电化学解释 ──→ 检测学生对化合物导电现象的理解水平，发展学生知识应用能力
```

## 六、教学过程

| 教学环节 | 学生活动 | 教师活动 | 设计意图 |
| --- | --- | --- | --- |
| 引入新课 | 观察图片：通过对心电图的观察比较，判断不同检测结果。<br>讨论：<br>1. 人体内为什么存在生物电？<br>2. 人体内的生物电是如何传递到外部检测仪器的？ | 创设情境：展示两张不同的心电图，引导学生观察两图的区别，思考差别原因。<br>分析：<br>常见的金属单质导电原理：<br>1. 电流的载体：电子。<br>2. 电流的传递方式：电子定向移动。 | 唤醒学生生活经验，激发学生学习兴趣，引出课题。 |

续前表

| 教学环节 | 学生活动 | 教师活动 | 设计意图 |
|---|---|---|---|
| | | 提问：人体的导电除了金属导电可能外，你还知道什么物质也可以导电？（电解饱和食盐水） | 知识回顾，引导学生对物质导电现象的思考。 |
| 新课教学（子问题1：化合物导电能力的差异） | 讨论：<br>1. 人体内可能导电的物质有哪些？<br>2. 如何设计实验验证这些物质的导电性？<br>思考，预测实验结果：<br>1. 观察实验：记录实验现象。<br>2. 结果交流：汇报实验结果，指出哪些物质能够导电。 | 介绍人体内重要的一些化学物质：<br>人体血液的 pH 标准在 7.35～7.45 之间：人体内含氢氧化钠。<br>人体胃液的 pH 标值在 1～3 之间：人体内含盐酸。<br>人空腹的时候血糖值在 3.9～6.1mmol/L：人体内有葡萄糖。<br>平常点滴用的氯化钠注射液浓度是 0.9%：人体内有氯化钠。 | 将需要探究的化学物质与人体生理活动联系起来，引发学生对实验探究的关注。 |
| 新课教学（子问题1：化合物导电能力的差异） | <table><tr><th>状态</th><th>物质</th><th>导电性</th></tr><tr><td rowspan="3">固体</td><td>硝酸钾</td><td>×</td></tr><tr><td>葡萄糖</td><td>×</td></tr><tr><td>氯化钠</td><td>×</td></tr><tr><td rowspan="5">化合物溶液</td><td>硝酸钾</td><td>√</td></tr><tr><td>氯化氢</td><td>√</td></tr><tr><td>氢氧化钠</td><td>√</td></tr><tr><td>葡萄糖</td><td>×</td></tr><tr><td>氯化钠</td><td>√</td></tr><tr><td rowspan="2">熔融态化合物</td><td>硝酸钾</td><td>√</td></tr><tr><td>葡萄糖</td><td>×</td></tr></table>结论：<br>不同的物质导电能力不同；<br>同种物质的不同状态导电能力也不同。 | 水质污染时人体会摄入硝酸盐：人体内可能有硝酸钾。<br>实验探究1(演示实验)：<br>提出实验要求，要求学生进行实验摸索。<br>根据提供的实验用品：<br>(1) 纯固体化合物导电性<br>测试硝酸钾、葡萄糖、氯化钠固体的导电性。<br>(2) 化合物溶液导电性<br>测试硝酸钾、氯化氢、氢氧化钠、葡萄糖、氯化钠溶液导电性。<br>(3) 固体化合物熔化后导电性<br>测试熔化状态下硝酸钾以及葡萄糖的导电性。<br>引导学生对实验结果进行质疑，展开讨论 | 用实验启发思维，培养学生观察、记录及分析实验的能力。<br><br>培养学生表达叙述化学知识的能力，深化对知识的理解。<br><br>使学生投入到实际问题的解决过程中，激发学生创造性思维能力，培养学生缜密的逻辑分析能力。 |
| 新课教学（子问题2：化合物导电的原因） | 提出假设：<br>1. 溶液导电是由于溶液中存在离子。<br>2. 离子浓度越大，导电能力越强。<br>讨论方案设计：<br>实验室可以用仪器直接测量的离子浓度只有氢离子浓度，可用 pH 计或酸度计测定不同浓度盐酸溶液中氢离子浓度，进行导电性实验，观察小灯亮度。<br>学生实验： | 提问：氯化钠溶液为什么可以导电？氯化氢溶液为什么可以导电？<br>提问：氯化钠溶液中氢离子浓度很小，却依然有较强的导电能力，为什么？<br>实验探究2,引导学生实验操作：<br>实验准备：0.1mol/L 盐酸溶液，蒸馏水，烧杯，酸度计。 | 培养学生合作实验探究知识的能力以及发现问题解决问题的能力。<br><br>培养学生缜密的逻辑分析能力。 |

续前表

| 教学环节 | 学生活动 | 教师活动 | 设计意图 |
| --- | --- | --- | --- |
| | 结果交流：<br>画出盐酸浓度与小灯亮度的大致关系曲线。 | 实验操作：配置不同浓度盐酸，贴上稀释倍数标签，测定不同浓度盐酸溶液的pH值，通电，观察小灯亮度。<br>结论：<br>1. 溶液导电是由于溶液中存在离子。<br>2. 离子浓度越大，导电能力越强。 | |
| 新课教学（子问题3：离子产生的原因） | 提出推测：<br>观看电离过程动画演示，学生代表描述离子产生原理：构成化合物的分子或离子之间存在着作用力，使它们结合在一起。但这些微粒之间也存在空隙。溶于水时，水分子会进入那些空隙中。最后水分子会把离子分割包围，破坏了物质结构，就形成了可自由移动的离子。<br>课堂练习：<br>分别写出下列物质在水溶液中的电离方程式。<br>(1) $H_2SO_4$；<br>(2) $Ba(OH)_2$；<br>(3) $KI$；<br>(4) $CaCl_2$。 | 过渡：电化学史之辨<br>离子是电流作用下产生的还是电解质在水中会自发地离解成正负离子？<br>提问：氯化钠溶液中自由离子是怎么产生的？<br>提问：氯化氢分子里没有离子键，溶液中离子是怎么产生的？<br>电离方程式的表达方式：<br>1. 电离：电解质在水溶液或熔化状态下，离解产生自由移动离子的过程。<br>2. 电离方程式。如：<br>$NaCl \longrightarrow Na^+ + Cl^-$；<br>$HCl \longrightarrow H^+ + Cl^-$。 | 揭示离子产生的微观过程，引导学生应用由表及里的科学分析方法，培养结构决定性质的科学思想。<br><br>培养学生发现矛盾，提出问题并进行探究的能力。<br><br>通过常见电离方程式书写，为后续强弱电解质学习以及离子方程式学习做铺垫。 |
| 新课教学（子问题4：导电物质如何进行分类） | 阅读教材：<br>对导电化合物进行分类。<br>讨论：<br>如何根据化合物导电能力差异做物质类别划分？<br>课堂练习：<br>如下物质：①石墨棒②二氧化硫③氨气④液态氯化氢⑤硫酸溶液⑥硫酸钡⑦固态氯化钾⑧酒精。<br>本身能导电的是：<br>本身不能导电的是：<br>熔融状态能导电的是：<br>电解质是：<br>非电解质是： | 归纳小结：电解质和非电解质的划分方法<br>1. 根据导电能力<br>(1) 电解质：凡是在水溶液中或熔融状态下能够导电的化合物。（两者任一）<br>(2) 非电解质：在水溶液中和熔融状态下都不导电的化合物。（两者都不，条件更苛刻）<br>2. 根据物质种类<br>(1) 电解质：酸、碱、盐、水。<br>(2) 非电解质：上述类别以外物质。<br>指导学生进行课堂训练 | 培养学生对化学知识进行归纳整理的能力。<br><br>激发学生思考，培养学生开放性思维，从不同侧面对电解质非电解质进行解读，加深理解，简化知识记忆。 |
| 知识拓展 | 1. 讲述自己查阅资料所得电解质作用。<br>2. 根据所给图片，描述心电图检测机理。 | 提问：电解质在人体内的作用？如何用电解质导电原理解释心脏电位传递到体表的过程？ | 通过对心电图的理解，深化认识电解质与非电解质。 |

续前表

| 教学环节 | 学生活动 | 教师活动 | 设计意图 |
|---|---|---|---|
| 课堂小结 | 1. 化合物的导电性与其种类和状态的关系。<br>2. 化合物导电的原因以及导电能力强弱的影响因素。<br>3. 物质电离原理的微观解析及化学表达。<br>4. 导电化合物的分类方法。 | | |
| 作业设计 | 课堂作业 | 实验报告数据整理和分析。 | 复习巩固。 |
| | 课后作业 | 练习册 7.1 节练习。 | 复习巩固。 |
| 板书设计 | 7.1 电解质的电离<br>一、化合物导电能力存在差异<br>二、化合物导电原因<br>　　存在自由离子，离子浓度越大，导电能力越强<br>三、化合物产生自由离子原理<br>　　水分子对离子键和共价键产生了破坏<br>四、电解质和非电解质<br>1. 根据导电能力的划分<br>　　电解质：水溶液或熔融状态能导电的化合物<br>　　非电解质：…………都不能导电的化合物<br>2. 根据物质类别的划分<br>电解质：酸、碱、盐、水 | | |
| 教学反思 | | | |

# 七、案例分析

## （一）展示心电图，引发学生思考，激发学习兴趣

通过对心电仪使用原理思考的引入，建立课堂问题链的起点，引导学生对人体内部存在的电和外部仪器记录的电之间关联的思考，进而介入对体内电流载体即导电物质的存在、起源及变化的探究。

## （二）以实验贯穿课堂，以实证探究的方式培养学生学科核心素养。

通过实验，学生发现问题、探究问题、解决问题，体现了化学实验在化学教学的重要性。培养学生通过实验探究物质的性质，收集实验证据，基于实验事实得出结论，进而落实了证据推理的核心素养。

## （三）建立多视角研究物质性质的思维，加深对学科知识理解的广度和深度

通过对氯化钠、氯化氢电离过程的微观分析，从化学事实到理论归纳，深化学生对导电现象的理解。让学生能够从微粒结构、微粒间作用力等说明或预测物质的性质；从宏观到微观对电离

进行分析,从多个角度认识化学的本质。

## (四)引入化学史教学,培养学生科学责任

阿伦尼乌斯创立电离理论的化学史,体现化学学科的德育教育。培养学生崇尚科学真理,不迷信书本和权威。

## (五)密切学科知识与生活应用的联系,感受化学在生产生活中的重要地位

教学首尾对心电图原理做出电化学解释,使学生认识电解质在日常生活中的应用。培养学生理论联系实际的观念,将化学成果应用于生产、生活的意识。

# "影响化学反应速率的因素"教学设计

上海市吴淞中学　边飞燕

## 一、设计思想

本节学习内容是高中理论化学重点知识之一,是上一节"化学反应速率"的延续,也是下一节"化学平衡"的铺垫,在知识体系上起着承上启下的作用。化学反应速率能帮助学生定量地了解反应的快慢,本节学习可以帮助学生更全面地了解反应物的本性和外界因素对化学反应速率的影响。通过外界条件对化学反应速率影响的认识,可以更好地揭示外界条件对化学平衡移动影响的本质。

学生对外界因素对化学反应速率的影响已有基本的判断,那么这节课的学习过程应侧重于明晰并通过实验验证这些因素对反应速率的影响,强调对实验方案的选择和对比实验中对变量的控制。最好还能引发学生对为什么有此现象和结论的思考,并由此引出对有效碰撞理论的简介。学习方式上,采用基于多元智能理论的小组合作学习方式,希望学生在提出假设、设计实验、动手验证、交流质疑这个完整的探究过程中充分发挥各自的优势智能,为完成小组目标而共同努力。教学过程中通过设置多重切入点、提出恰当的比喻、允许学生以不同的方式呈现自己对核心问题的理解等环节,力求实现"为理解而教"的教学目标。

## 二、教学目标

1. 通过对比实验和生产、生活中的实例,理解外界因素对化学反应速率的影响。

2. 通过测定镁带与稀盐酸反应速率的变化,经历从实验数据出发,建立数学图像的过程,了解通过实验探究化学问题的常用方法;通过设计简单实验探究影响速率的因素,初步掌握控制实验变量的方法。

3. 通过对影响化学反应速率因素的探究,感悟化学反应速率与生产、生活的关系;通过小组合作的学习方式,充分发挥小组各成员的智能强项,初步形成小组成员之间的相互合作。承担小组成员的个人责任,感悟人际和小组相处的技巧;在合作中体验信任、尊重、成功等积极情感。

## 三、核心发展目标

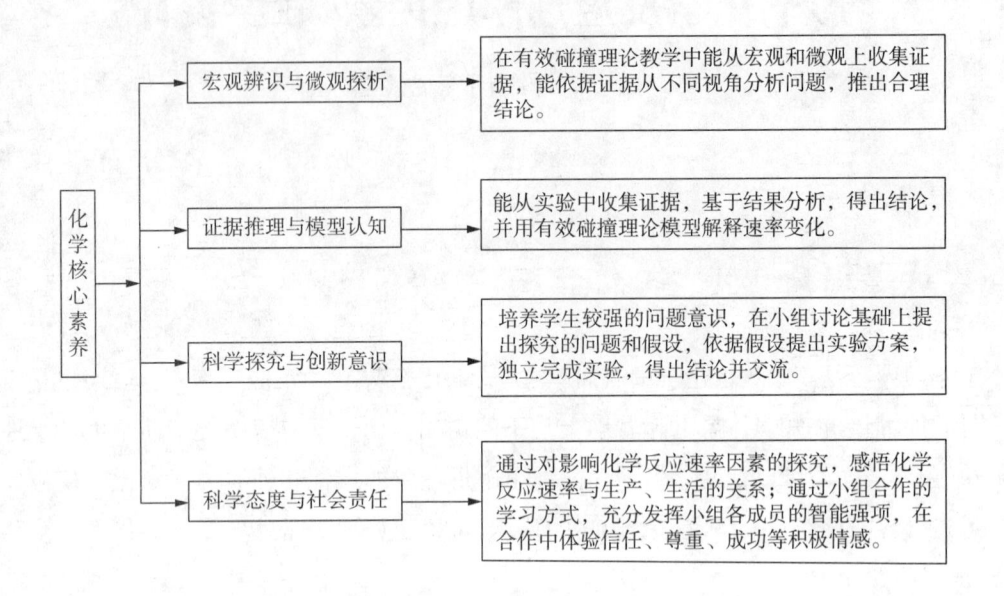

| 化学核心素养 | | |
|---|---|---|
| | 宏观辨识与微观探析 | 在有效碰撞理论教学中能从宏观和微观上收集证据，能依据证据从不同视角分析问题，推出合理结论。 |
| | 证据推理与模型认知 | 能从实验中收集证据，基于结果分析，得出结论，并用有效碰撞理论模型解释速率变化。 |
| | 科学探究与创新意识 | 培养学生较强的问题意识，在小组讨论基础上提出探究的问题和假设，依据假设提出实验方案，独立完成实验，得出结论并交流。 |
| | 科学态度与社会责任 | 通过对影响化学反应速率因素的探究，感悟化学反应速率与生产、生活的关系；通过小组合作的学习方式，充分发挥小组各成员的智能强项，在合作中体验信任、尊重、成功等积极情感。 |

## 四、教学重点、难点

重点：通过实验探究理解外界因素对化学反应速率的影响。

难点：对探究外界因素对化学反应速率影响的实验方案的评价。

## 五、教学流程

复习引入：钠、镁、铷、铯与水反应现象及速率比较。

实验活动：测定镁带与 2mol/L 的盐酸的反应速率，作 $V-T$ 图。

小组讨论：影响化学反应速率的外界因素有哪些？分别产生怎样的影响？

小组活动：设计并动手实验探究外界因素对化学反应速率的影响。

组间交流讨论：研究了哪种影响反应速率的因素？是否达到预期？得出了什么结论？

引出问题：实验方案合理吗？如何控制变量的？有改进方案吗？

归纳总结：外界因素对化学反应速率的影响。

活动：1分钟头脑风暴：请尽可能多地列举出生产生活中利用外界因素影响反应速率的事例。

拓展活动：在脑海中想象微观世界中的反应情况，结合化学键的知识，大胆假设，引出有效碰撞理论。

## 六、教学过程

| 教学内容 | 教师活动 | 学生活动 | 设计意图 |
|---|---|---|---|
| 复习引入 | [引言]在常温下,钠与水的反应很快,镁与水的反应很慢,这是由于化学反应速率的大小首先取决于反应物本身的性质。<br>[板书]内因：反应物本身的性质。<br>[提问]那么,某固定反应物的化学反应,其速率是否一成不变呢？如何定量描述化学反应速率？ | 思考并回答。 | 找到新知识与旧知识的联系点。 |
| 测定镁带与稀盐酸反应速率的变化 | [演示实验]测定镁带与2mol/L的盐酸的反应速率,测定哪种物质的改变量最为方便？<br>[要求]请根据数据作图,横坐标为时间,纵坐标为二氧化碳的体积。<br>[提问]由图我们发现了什么？请大家根据已有知识讨论、分析原因。<br>影响化学反应速率的外界因素还有哪些？分别产生怎样的影响？<br>[板书]外因：固体表面积、浓度、温度、压强、催化剂等。 | 观察并读数。（自然观察者智能）<br>完成作图。（逻辑－数学智能）<br>汇报讨论结果。（语言智能）<br>集体回答。 | 通过作函数图像进一步发现新问题,并激起继续探索的兴趣。 |
| 实验探究外界因素对化学反应速率的影响 | [过渡]以上结论是否正确？在什么条件下正确？请各小组通过实验验证。<br>[布置]各小组的研究任务。<br>[提示]在实验前先思考如下问题：<br>1. 你们准备借助什么现象或记录什么数据比较反应快慢？<br>2. 在实验中你们是如何控制变量的？<br>3. 如何分工可以在8min内完成任务？<br>给小组的建议：<br>1人记录实验现象；2人动手实验；1人负责掌控时间,和其他小组交流信息。<br>[学生实验]探究外界因素对化学反应速率的影响。<br>[组织活动]组间交流讨论及评价。<br>1. 你们探究的是哪种影响反应速率的因素？<br>2. 你们进行的实验和书中的实验方案有哪里不同？达到预期了吗？得出了什么结论？<br>3. 在实验中你们是如何控制变量的？<br>4. 你们有想尝试的其他实验方案吗？<br>[归纳总结]外界因素对化学反应速率的影响。 | 小组确定实验方案、动手实验,记录现象和数据、分析实验。<br>(逻辑－数学智能、身体运动智能、人际关系智能)<br><br><br><br>组间交流讨论及相互评价。（语言智能、逻辑－数学智能） | 通过小组合作的学习方式,充分发挥小组各成员的智能强项,增强团队协作意识。<br><br><br>初步掌握控制实验变量的方法。 |
| 得出结论 | [组织活动]1分钟头脑风暴。<br>请尽可能多地列举出生产生活中利用外界因素影响反应速率的事例。 | 集体回答。 | 感悟化学反应速率与生产、生活的关系。 |

续前表

| 教学内容 | 教师活动 | 学生活动 | 设计意图 |
| --- | --- | --- | --- |
| 感悟反应速率与生产、生活的关系 | [接龙游戏]规则：<br>前后4人为一个小组；<br>推选1位代表，各小组按顺序依次发言；<br>每次只说1点，不能重复；<br>发言次数最多的小组为优胜。<br>[提问]为什么外界因素对化学反应速率会产生这样的影响？<br>[提示]在脑海中想象微观世界中的反应情况，结合化学键的知识，大胆假设。<br>[引出]有效碰撞理论。 | 组内交流。（自然观察者智能）<br><br>组间互动。（人际关系智能） | 培养科学探索的精神：大胆假设，小心求证。 |
| 探究外界因素对反应速率产生影响的原因 | [布置课后活动]<br>1. 小组活动：书写感悟。<br>请4位小组成员相对而坐，每人一句，轮流写下自己对这节课的感言，并在后面签名。<br>2. 完成练习册相关作业。 | 先独立思考，再小组讨论。（视觉—空间智能）<br><br>（自我认识智能） | |

## 七、案例分析

　　这节课上下来，整体感觉我是满意的，能感受到学生们的情绪是愉悦的。教学实践本身就是一个不断追求创新和完美的过程，这个过程伴随着我们成功的喜悦，同时也伴随着我们些许的遗憾。但往往是这凝聚着心血的喜与忧、苦与乐的体验，才成就了我们作为教师最宝贵的积淀。

　　本课时结束时，在前面小组学生进行实验方案设计和交流的基础上，我请后面小组同学对其中的一种方案进行了尝试实验。现在想来这一环节放在本节课完成略显匆忙，不如在对设计方案充分讨论的情况下留下悬念，让学生在课下有充分的时间充分思考，在下一节课上再进行验证实验。

　　附：学生实验报告

影响化学反应速率的因素

【提出假设】

我们小组研究的影响化学反应速率的因素是：＿＿＿＿＿＿＿，

我们的假设是：＿＿＿＿＿＿＿＿＿＿＿＿＿＿＿＿。

【设计方案】

请设计具体的实验方案来验证你的假设。

| 实验装置、药品及简要步骤 | 实验现象 | 得出结论 |
|---|---|---|
| 我们小组进行的实验：<br>（用简单的装置图表示） | | |
| 我们小组想做的实验设计<br>…… | | |

备注：实验过程中我们小组观察到的异常现象或产生的疑问。

【小组活动，书写感悟】

请 4 位小组成员相对而坐，每人一句，轮流写下自己对这节课的感言，并在后面签名，3 分钟后进行小组间交流。

# 盐溶液的酸碱性

上海市吴淞中学  吴  芳

## 一、设计思想

### （一）教学目标设计

"盐溶液的酸碱性"是电解质理论的组成部分，它属于化学基础理论知识。教材把这部分内容安排在强弱电解质和电离平衡之后，目的是使盐类水解过程和规律的探讨能在电离理论和强弱电解质概念的指导下进行，学生运用已有知识，从中发掘出盐类水解新知识的"生长点"。本节内容分为三部分：建立盐类水解的概念；探讨盐类水解的规律；运用盐类水解的知识。

### （二）教学过程设计

本节教材涉及的知识面较宽，综合性较强，是前面已学过的电解质的电离、水的电离平衡和水的离子积以及平衡移动原理等知识的综合应用。针对这个特点，本节教学设计着重在以下五个方面进行突破：(1)采用实验启发，激发学生的学习激情，并通过感性认识揭示事物变化的本质，以促进师生双向活动，起到共鸣作用。(2)组织学生结合分组实验的结果对盐的组成进行分析讨论，从而使学生认识盐溶液的酸碱性与盐的组成之间的内在联系。(3)以问题探究的形式引导学生运用电离理论和平衡移动原理展开讨论，使学生理解盐类水解的本质。(4)以分组讨论的练习方式指导学生正确书写电离方程式。(5)以讨论、小结、课外探究的方式巩固和加深学生对盐类水解原理和平衡移动原理的理解，提高学生灵活运用知识的能力。

### （三）教学方法和手段设计

学生通过鲜明的盐类水解的实验事实，引发思考、探究，深入探讨实验的微观本质，并利用多媒体教学手段，帮助学生实现从感性认识到理性认识的飞跃，以形成盐类水解的概念；对于盐的水解规律，突出个别与一般的辩证关系，依据教材的典型实例，运用归纳法揭示两类盐(强酸弱碱盐、强碱弱酸盐)水解的规律。我在这节课中，围绕教学目标，通过多种教学方法的组合运用，充分体现学生在教师指导下实验观察、分析讨论、交流合作，从而达到教学目的。

## 二、教学目标

1. 理解盐类水解的本质；理解盐类水解对溶液酸、碱性的影响及变化规律。

2. 鼓励学生通过实验，分析归纳，自己找出结论，培养学生运用对比法和依据客观事实解决问题的逻辑思维能力。

3. 对学生进行科学态度和科学方法教育，学生学会透过现象看本质。创设宽松学习氛围，激发学生学习化学的兴趣。

## 三、核心素养发展目标

1. 能根据物质的微观结构预测物质在特定条件下可能具有的性质和发生的变化，并能解释其原因。

2. 能发现和提出有探究价值的化学问题，并依据实验目的优化实验方案，完成实验操作。

3. 通过观察能从不同角度对化学变化进行分类研究，逐步揭示其特征和规律。

## 四、教学重点、难点

教学重点：盐类水解的本质。

教学难点：盐类的水解方程式的书写和分析。

## 五、教学流程

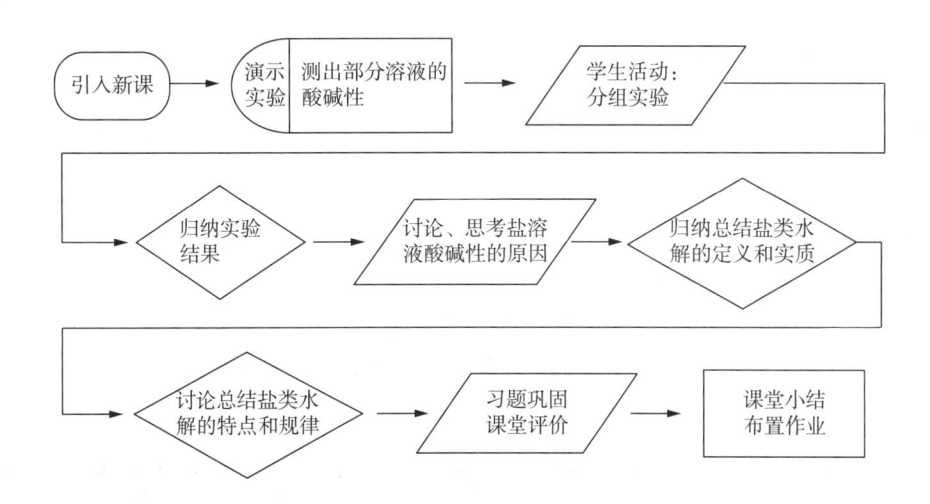

引入新课 → 演示实验：测出部分溶液的酸碱性 → 学生活动：分组实验 → 归纳实验结果 → 讨论、思考盐溶液酸碱性的原因 → 归纳总结盐类水解的定义和实质 → 讨论总结盐类水解的特点和规律 → 习题巩固 课堂评价 → 课堂小结 布置作业

## 六、教学过程

| 教学过程 | 师生活动 |
|---|---|
| 引言：纯水中，$c(H^+)=c(OH^-)$，呈中性，在纯水中加入酸或碱，溶液会呈酸性或碱性，若向水中加入盐，溶液会发生什么变化呢？<br>[板书] 第三节 盐溶液的酸碱性<br>[板书]一、盐溶液都是中性的吗？<br>1.教师演示实验：分别测出 $NH_4Cl$、$NaCl$、$CH_3COONa$ 溶液的 pH 值。<br>通过实验探求不同类盐溶液的酸碱性的关系，测定所给八种药品的 pH，完成实验报告，并整理实验结果进行讨论，得出结论。<br>强碱和弱酸生成的盐溶液呈碱性；<br>强酸和弱碱生成的盐溶液呈酸性；<br>强酸和强碱生成的盐溶液呈中性。<br>[提出问题]为什么不同盐类的水溶液酸碱性不同？<br>问题与讨论①$CH_3COONa$ 溶液中存在哪些离子？②哪些离子可能相互结合，对水的电离平衡有何影响？<br>③为什么 $CH_3COONa$ 溶液显碱性？<br>$CH_3COONa$ 溶于水时，$CH_3COONa$ 电离出的 $CH_3COO^-$ 和水电离出的 $H^+$ 结合生成难电离的 $CH_3COOH$，消耗了溶液中的 $H^+$，使水的电离平衡向右移动，产生更多的 $OH^-$，建立新平衡时，$c(OH^-)>c(H^+)$，从而使溶液显碱性。<br>[提出问题]为什么 $NH_4Cl$ 的水溶液显酸性？<br>[提出问题]结合以上分析，请同学归纳盐类水解的定义和实质。<br>[板书]二、盐类的水解：<br>1. 定义　　2. 实质<br>[提出问题]从盐类水解的化学方程式可以看出盐类的水解和酸碱中和反应有什么关系？有什么特点？<br>[提出问题]结合以上分析归纳盐类水解的规律。<br>3. 特点　　4. 规律<br>[习题巩固]<br>判断下列盐溶液的酸碱性：<br>(1) $CH_3COOK$　　(2) $NH_4NO_3$　　(3) $NaClO$<br>(4) $KAl(SO_4)_2$　　(5) $NaHSO_4$　　(6) $Na_2S$<br>2. 下列离子中，在溶液里不发生水解反应的是(　　)。<br>A. $Cu^{2+}$　　B. $I^-$　　C. $SO_3^{2-}$　　D. $F^-$<br>3. 在配制 $FeCl_3$ 溶液时，直接将 $FeCl_3$ 溶解于蒸馏水中，常见溶液略显混浊，为什么？如何才能配制出澄清的 $FeCl_3$ 溶液？<br>蒸发饱和食盐水能得到 $NaCl$ 晶体，蒸发饱和 $FeCl_3$ 溶液能得到 $FeCl_3$ 晶体吗？<br>[教学小结]由学生归纳总结出本节课重点内容布置作业：1.练习册 P40；2.复习本节知识。 | 学生思考。<br><br><br>学生按要求完成实验报告，分组讨论<br><br><br><br>教师提出问题。<br>学生思考。<br><br><br>教师讲授。<br><br><br><br>学生思考、讨论、归纳。<br><br><br><br>教师提出问题。<br>学生思考、讨论、归纳。<br><br><br>学生讨论、回答。<br><br><br><br><br>学生整理，教师辅导完成。 |

附：学生实验结论报告

请完成下列表格：

| 物质名称 | 溶液的酸碱性 | 生成该盐的 | | 盐的类别 |
|---|---|---|---|---|
| | | 酸 | 碱 | |
| NaCl | 中性 | HCl | NaOH | 强酸强碱盐 |
| $FeCl_3$ | | | | |
| $Na_2CO_3$ | | | | |
| $KNO_3$ | | | | |
| $(NH_4)_2SO_4$ | | | | |
| KCl | | | | |
| $Na_2S$ | | | | |
| $Cu(NO_3)_2$ | | | | |
| NaF | | | | |

## 七、案例分析

本节课的教学设计针对的是一般中学生的学情。设计的假设依据是：学生已经比较好地掌握了强、弱电解质、水的电离、弱电解质的电离平衡等知识。由此假设出发，认为学生已经掌握了探究的必要知识储备，因此教学设计中安排了比较多的学生活动。在教学过程中发现学生的知识储备不够，有必要及时给予提示，变学生活动为师生活动，加强教师的指导作用，同时，依据探究目的，设计方案，运用化学实验进行实验探究，并善于合作，敢于质疑，也通过在学习盐类的水解过程中运用过去学过的知识而强化对这些知识的掌握，能多角度、动态地进行分析，运用化学原理解决简单的实际问题。

# 探究气体体积的规律

上海市淞浦中学　许　健

## 一、设计思想

### （一）教学分析

物质的量是国际单位制中七个基本物理量之一,是宏观可称量的物质与微观粒子联系的纽带和桥梁,在化学计量中起着重要作用。气体摩尔体积是以物质的量为中心的计量关系网中的重要一部分。本节知识是初中所学的物质的量与质量,物质的量与微粒个数知识的重要延伸与补充,也为继续学习物质的量浓度打下基础。

本课内容在《2017 课程标准》中出现在主题 1 中,具体要求为:"能基于物质的量认识物质组成及其化学变化,运用物质的量、摩尔质量、气体摩尔体积、物质的量浓度之间的相互关系进行简单计算。"在《上海市高中化学学科教学基本要求》中体现如下:

| 学习内容 | | 学习水平 |
| --- | --- | --- |
| 4.1 气体摩尔体积 | 气体摩尔体积的概念 | B |
| | 气体摩尔体积的有关计算 | C |

本节课的知识是学生进入高中第一次碰到探究规律的知识学习,所以在学习过程中应重视探究的过程。根据本节课的特点:为什么在标准状况下 1mol 任何气体所占的体积都相等呢?这是全新的概念,若从介绍气体体积开始,有点就事论事的味道,若从概念本身来介绍概念,会觉得枯燥抽象。所以本节课决定从知识的应用出发,挖掘知识的含义,从而再应用,符合人们对于事物的认知规律。我校是普通高中,学生基础薄弱。根据学生实际,在探究过程中,采用启发—引导的方式,按照探究的一般过程去发现气体体积的规律,并在之后小结探究的一般过程与方法。规律发现之后,将其理论化,从而方便人们使用。使学生体会到"世上本没有摩尔,人们需要它,所以摩尔诞生了"。具体情景下使用气体摩尔体积的计算,也让学生感受了使用它的方便。

### （二）学习者与情境分析

学习本课之前,学生在初中已学习了物质的质量与物质的量之间的转换,物质的量与微粒数目之间的转换。体积是否与这些物理量之间有联系是本节课的探索目标。学生知道科学探究的一般步骤,能根据步骤一步步构建本课知识要点。通过吹气、气球的引入、搭建的模型、动画的展示能为学习创设良好的情境,帮助学生突破难点,理解知识并建构认知模型。

### (三)学科核心素养培养在课堂设计中的落实

| 学科核心素养 | 教学设计 |
| --- | --- |
| 宏观辨识与微观辨析 | 本课从宏观应用"一口气能吹出多少气体分子?"引入,结合小球模型,从微观角度探究影响气体体积的因素,建立"若气体分子数目相同,气体分子间距相同,则气体体积相同"的结论,体现微观决定宏观,并结合微观与宏观的视角理解气体摩尔体积的概念,突破难点,达到顺利解决实际问题的目的。 |
| 证据推理与模型认知 | 本课难点在推导气体摩尔体积,即理解决定气体体积的因素是分子数目和分子间距,能忽略分子大小。在突破难点时,应用了球棍模型和动画展示,学生能非常直观地理解为何气体分子大小不影响气体体积。在得出重要结论之后建立起 $V_m = V/n$ 的认知模型,并能运用这个模型解决实际问题。 |
| 科学探究与创新意识 | 本课课题是"探究气体体积的规律",设计中重点培养学生探究能力,引导学生通过分析、推理、大胆提出假设,并小心验证,从而得出结论,体验了科学研究的一般过程。 |
| 科学态度与社会责任 | 本课从我国庆祝反法西斯战争胜利的恢宏阅兵仪式引入,联系国庆 70 周年,爱国之情油然而生。看到七万只气球腾空而起,既激发了自豪感,也思考这七万只气球对于环境会造成的影响。培养从自身做起,保护环境的可持续发展意识。 |

## 二、教学目标

1. 理解决定气体体积的因素。
2. 理解气体摩尔体积。
3. 初步学会利用气体摩尔体积进行简单运算。
4. 通过探究气体体积的规律,体会科学研究的一般过程与方法。
5. 通过阅兵场景的引入,增强爱国自豪感。

## 三、核心素养发展目标

1. 通过小球模型模拟气体分子从微观角度理解影响气体体积的因素,达到理解气体摩尔体积的宏观概念。
2. 通过建立气体摩尔体积的认知模型,从建立前的微观分析到建立后的宏观应用,发展证据推理与模型认知素养。
3. 通过探究气体体积的规律,完整体验了科学研究的一般过程,培养科学探究与创新意识素养。
4. 通过阅兵场景的引入、气球升空的情景,既激发了自豪感,也思考这七万只气球对于环境会造成的影响,培养科学态度与社会责任素养。

## 四、重点和难点

重点:气体摩尔体积的概念。
难点:气体摩尔体积的推导。利用气体摩尔体积进行简单运算。

## 五、教学流程

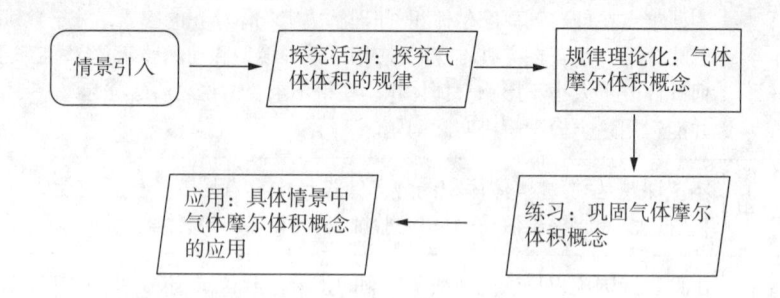

情景引入 → 探究活动:探究气体体积的规律 → 规律理论化:气体摩尔体积概念 → 练习:巩固气体摩尔体积概念 → 应用:具体情景中气体摩尔体积概念的应用

## 六、教学过程

| 教学内容 | 教师活动 | 学生活动 | 说明 |
| --- | --- | --- | --- |
| 课题引入 | 2015年9月3日,北京天安门广场上,一场气势磅礴的阅兵仪式结束时,七万只气球飞入了天空!吹气球是小朋友很喜欢的游戏,同学们是否思考过,你吹出的一口气中包含了多少个气体分子呢?<br>【引入】人吹出的一口气中含有多少气体分子?<br>【思考】若要计算出气体的分子个数,需要知道哪些物理量呢?<br>【过渡】对于气体,量取体积更为方便。物质的质量与物质的量之间可用摩尔质量联系,那体积与物质的量是否有关系呢?今天我们就来做回小科学家,探究体积的规律,能否与物质的量建立联系。若有联系则可以方便地直接从体积计算出个数了。<br>板书:课题——探究气体体积的规律 | 思考,想要知道吹出气体的质量与体积。<br>说出计算式:$N=nN_A=(m/M)N_A$ | 引出研究体积规律的必要性。<br><br>回顾旧知识。 |
| 探究决定物质体积的因素 | 【提问】老师为大家准备了大小不同的球若干个,假设这些是构成物质的微粒,请同学们利用它们探究一下有哪些因素会决定物质的体积呢?<br>【讲述】把构成物质的基本粒子类比这些球,那么同学们已经得出了影响物质体积的主要因素即微粒个数、微粒大小及微粒之间的距离。<br>板书:一、影响物质体积的因素<br>    微粒大小<br>    微粒数目<br>    微粒之间的距离 | 小组活动。<br><br>回答:结论:微粒大小、微粒数目与微粒间距。<br><br>笔记。 | 通过球的模型类比得出决定因素。 |

续前表

| 教学内容 | 教师活动 | 学生活动 | 说明 |
| --- | --- | --- | --- |
| 分析决定固、液、气三态体积不同的主要因素 | 【讲述】现在老师提供给大家两个资料。根据资料，请讨论：对于不同的物质状态，影响体积的三因素是否对每种状态都有很大的影响呢？<br>【资料一】固体、液体、气体物质构成基本粒子的排列图片。<br>【说明】微粒间的距离是平均距离。气体分子之间的平均距离大约为分子直径的10倍。<br>【资料二】实验事实：<br>1mol $H_2O(l)$ 体积为 18.0mL；<br>100℃ 1mol $H_2O(g)$ 体积为 $3.06×10^4$ mL；体积扩大了约1700倍。<br>【讨论】根据资料讨论对于不同的物质聚集状态，影响体积的三因素是否对每种状态都有很大影响呢？<br>【分析】由于固、液态基本微粒之间的距离较小，所以微粒大小各不相同，即使数目相同，体积也会不同。所以这两种状态的体积主要由微粒大小和微粒个数决定。是否气体也一样呢？ | 阅读资料。<br>思考。<br><br><br><br><br><br><br><br><br><br>讨论。 | 培养从资料中获取知识的能力。 |
| 根据决定气体体积的主要因素，大胆推测并验证关于气体体积的规律 | 【动画】微粒排队。<br>但对于气体，由于分子间距较大，当分子个数与分子间距相同时，即使分子的种类不同，大小不同，体积也会相同。<br>【展示】两个模型。<br>【讲述】这是个非常了不起的推论，同学们能否据此大胆提出一个有关气体体积规律的假设呢？<br>板书：【假设】分子个数相同，分子间距相同时，不同气体所占的体积相同。<br>现在老师给大家提供一些数据，请同学们计算一下当气体分子数都为 $N_A$ 个，在0℃、101KPa下，不同气体所占的体积。<br>【求证】计算 1mol 不同气体在标况下的体积。<br>通过计算同学们发现了什么？<br>【说明】将 0℃、101KPa 的状况称为标准状况，用 S.T.P 表示。<br>于是可得出结论： | 讨论交流并得出结论：影响固液态体积的因素。<br><br><br><br><br><br>提出假设。<br><br><br><br><br>分组计算。 | 两个气体分子大小不同，但数目与间距都相同的模型使用，帮助学生非常直观地得出假设结论。 |
| 根据气体体积的重要规律理解气体摩尔体积的概念 | 【板书】结论：在标况下，1mol 任何气体的体积都约为 22.4L。<br>【小结】同学们刚才的小科学家做得非常出色，得出了一个非常重要的结论，我们把刚才的探究过程梳理一下：经历了科学探究的一般过程，从提出问题→大胆假设→细心求证→得出结论。<br>现在我们将这个重大发现将其理论化。请大家打开书本翻到37页，划出重要结论。 | 汇报计算结果。 | |

续前表

| 教学内容 | 教师活动 | 学生活动 | 说明 |
|---|---|---|---|
| 利用气体摩尔体积解决实际生活中的问题 | 【板书】二、气体摩尔体积<br>二、气体摩尔体积符号：$V_m$<br>1. 定义：单位物质的量的气体所占的体积。<br>2. 决定因素：气体分子间平均距离大小。<br>3. 影响因素：<br>①温度越高,气体分子间距越大,体积越大；<br>②压强越大,气体分子间距越小,体积越小。<br>4. 单位：L/mol。<br>5. 计算式：$V_m = \dfrac{V}{n}$。<br>S.T.P时：$V_m = 22.4$ L/mol。<br>【巩固练习】<br>下列说法正确的是(　　)。<br>A. 标准状况下1mol任何物质的体积都约为22.4L<br>B. 1mol气体的体积约为22.4L<br>C. 22.4L气体所含分子数一定大于11.2L气体所含分子数<br>D. 标准状况下,1mol氧气和氮气的混合气(任意比)的体积约为22.4L<br>E. 1mol氖气和1mol氧气体积相同<br>分析各选项,尤其是E选项。<br>【实际应用】<br>1. 人呼出的一口气中含有多少气体分子？<br>2. 填充气球。<br>【小结】说说这堂课的收获。<br>作业：练习册P14(1-6)。<br>要求：写解题过程即计算式。<br>基础较好或有兴趣的学生完成。(1-10) | 体会科学研究的一般过程与方法。<br><br><br><br><br><br>笔记。<br><br><br><br><br><br><br><br><br><br><br><br><br><br>思考。<br><br><br><br>计算。<br><br>说说学到了什么。 | <br><br><br><br><br><br><br><br><br><br><br><br><br>为阿伏伽德罗定律的学习打下基础。<br><br><br><br><br><br><br><br><br><br><br>首尾呼应具体情景的设计让学生了解知识的价值。巩固物质的量为中心的计算网络。再次回顾科学研究的过程。 |

## 七、案例分析

　　本节课设计的思路是从知识的应用出发，挖掘知识的含义，从而再应用，符合人们对于事物的认知规律。且整节课从知识应用的引入到课程结束时回到知识的应用，达到首尾呼应的效果。

　　本节课难点的突破在于气体体积的决定因素上，即理解决定气体体积的因素是分子数目和分子间距，能忽略分子大小。在突破难点时，应用了球棍模型和动画展示，使学生能非常直观地理解为何气体分子大小不影响气体体积，成功突破了此难点。

本节课采用多媒体教学,从课题引入时用天安门阅兵仪式上气球图片的展示,到必要资料的告知,PPT的应用美观高效。但是黑板的板书也非常关键,设计时将板书串联起来,重要假设与结论在整节课中利用到的次数非常多。

课堂中注意鼓励性语言的使用。如"自信点儿、非常棒、很好……"本校学生在初中时处于班级中下水平,缺少成功体验,自信心缺乏。面对这样的学生,教师首先应有信心将其教好,并鼓励学生增强信心,这将有利于学生的个人发展,对学科教学也有很大促进作用。

课堂设计注意几个差异性教学:(1)教学的差异性:固体、液体、气体的体积影响因素不同点;(2)学生掌握知识的差异性:教师尊重学生的差异性存在,通过板书的交流,使更多的学生得到发展;(3)在计算一口气吹出多少个分子时,分别让男女生进行计算,既巩固了一节课的知识点,又增加一番乐趣,给学生的课堂带来生机和活跃。(4)作业的布置的差异性:一般学生做1-6题,基础较好或有兴趣的学生完成1-10。对学有余力的学生给予更广的空间发展。

重要概念的讲解结合书本必须扣住关键词,例如:"在标准状态下""任何""约",并且对关键词的化学含义要进行解释。巩固练习题的选取和考察次序也应该遵循由易到难的原则。对于选择题中E选项需详细讲解,并一层接一层地提问学生,直到达到只需添加"相同状况下"即可,而无须"在标准状况下",这为下节课的阿伏伽德罗定律的学习埋下伏笔。

应用题的选择贴近生活,使学生体会到知识的实际应用价值,解题思路以气体摩尔体积的基本应用为主,主要巩固学生的基本概念,且注意解题格式。

# 从黑火药到酸雨（除夕爆竹话硫黄）

上海市行知实验中学　陈　贤

## 一、设计思想

本章是第二章氯的单质和化合物之后又一章以非金属及其化合物为主要内容的章节。硫是重要的非金属元素，硫的化学性质具有代表性。通过对硫的学习，进一步对非金属元素知识作归纳和提升，为以后继续学习元素的知识提供铺垫。

本节课研究"从黑火药到酸雨"，从燃放烟花爆竹传统习俗到现在禁止燃放。文化习俗不可少，取而代之的是电子鞭炮。同时渗透四大发明之一黑火药的发明对人类的贡献，从了解鞭炮中的主要成分、反应原理来分析硫单质的性质。在学习了原子结构之后，从硫的原子结构模型，预测硫的化学性质。从宏观和微观相结合的视角分析与解决实际问题。领会物质的结构决定性质的思想。根据硫单质在化学变化中化合价的变化，学会分析简单的氧化还原反应。根据教师的演示实验，引导学生仔细观察实验现象，收集和表述实验证据，基于实验事实得出结论。写出铁与硫反应的化学方程式，阐述硫跟金属化合生成金属硫化物的特点。在得出反应结论后，让学生比较铁分别与氯气、硫、氧气的反应，从而得出三种非金属单质氧化性的强弱。用对比法认识物质之间的相似性和递变性。

在对硫的性质学习中，要紧密联系硫的用途（如硫黄温泉、硫黄香皂、火柴、烟花、工业添加剂、硫酸等），以加深对硫单质化学知识的理解。用辨析思维判断事物的两面性。树立良好科学态度与社会责任感。

## 二、教学目标

1. 学生了解自然界硫的存在形态；理解硫的物理性质和化学性质；知道硫的用途。
2. 利用氧化还原的理论来理解硫的氧化性和还原性，培养学生的逻辑思维能力。通过类比的方法来认识物质的性质，培养学生演绎、推理的能力。
3. 通过对鞭炮爆炸的主要成分、反应原理的认识，使学生关注社会问题，增强环境保护的意识。
4. 通过学生对文献查阅了解对黑火药的认识，与化学有关的变化过程的确有污染现象，但最终需要去减少、治理或消除这些污染。

## 三、核心素养发展目标

从硫原子的结构推理出硫元素的化合价,根据演示实验,引导学生仔细观察实验现象,收集和表述实验证据,基于实验事实得出结论。从宏观和微观相结合的视角分析,领会物质的结构决定性质的思想。培养宏观辨识与微观探析的核心素养。

根据硫单质在化学变化中化合价的变化,学会分析简单的氧化还原反应。体现了变化观念与平衡思想的核心素养。

在写出铁与硫反应的化学方程式的基础上,阐述硫跟金属化合生成金属硫化物的特点。在得出反应结论后,让学生比较铁分别与氯气、硫、氧气的反应,从而得出三种非金属单质氧化性的强弱。用对比法认识物质之间的相似性和递变性。体现了证据推理与模型认知的核心素养。

从燃放烟花爆竹传统习俗到现在禁止燃放。文化习俗不可少,取而代之的是电子鞭炮。折射出人们的社会态度与社会责任。

## 四、教学重点、难点

硫的化学性质;硫与氯气的氧化性比较。

## 五、实验准备

硫代硫酸钠溶液,稀盐酸,烧杯,胶头滴管,玻璃棒。实物:鞭炮。

## 六、教学流程

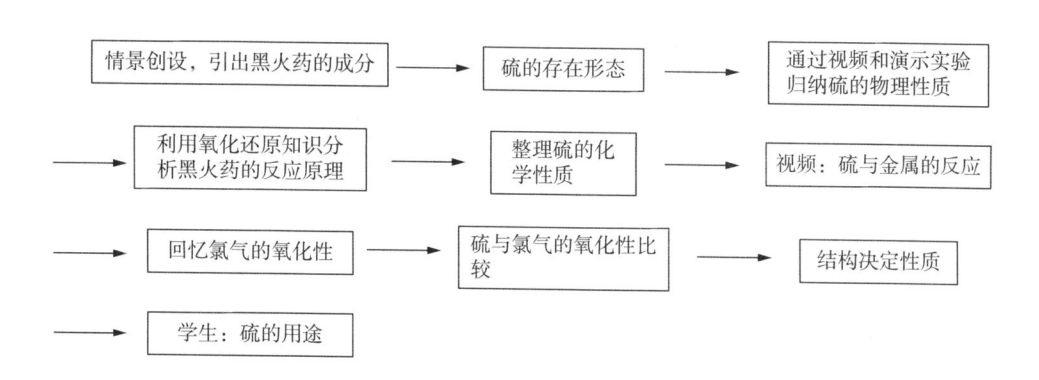

情景创设,引出黑火药的成分 → 硫的存在形态 → 通过视频和演示实验归纳硫的物理性质

利用氧化还原知识分析黑火药的反应原理 → 整理硫的化学性质 → 视频:硫与金属的反应

回忆氯气的氧化性 → 硫与氯气的氧化性比较 → 结构决定性质

学生:硫的用途

# 七、教学过程

| 教学内容 | 教师活动 | 学生活动 | 说明 |
|---|---|---|---|
| 火药的发明 | [引入]燃放电子鞭炮,叙述节假日燃放鞭炮带来的环境污染问题。从火山附近的温泉到硫黄香皂,从中国人引以为豪的黑火药到今天重要的化工产品硫酸,这些物质中都含有一种重要的元素——硫。今天,我们就来学习硫及其化合物的知识。<br>[板书]硫<br>[讲述]黑火药的发明和应用是中国古代四大科技发明之一,它的传播推广对人类社会的进步产生了巨大影响。下面请同学介绍火药的发明。<br>[小结]火药的发明和利用是我国劳动人民智慧的结晶,是在对一些化学物质和化学变化深刻认识的基础上总结出来的。"火药从中国经过印度传给阿拉伯人,又由阿拉伯人把火药武器一道经过西班牙传入欧洲"。<br>[讲述]硫是一种非金属元素,学习非金属元素及其化合物的一般顺序是:单质→氢化物→氧化物→含氧酸→含氧酸盐。 | 学生介绍:黑火药的发明及应用。 | 激发兴趣,增强民族自豪感和责任感。 |
| 硫的物理性质 | [板书]1. 硫的物理性质<br>[展示]硫黄的样品,观察其颜色、状态。将其晶体在研钵中研碎。<br>[演示]硫的溶解性实验:将少量硫黄粉末分装在三支试管中,然后向试管中分别加入少量蒸馏水、酒精、二硫化碳。观察现象。<br>[讲述]硫的熔点:112.8℃,沸点:444.6℃。 | 归纳:黄色或淡黄色固体,很脆,俗称硫黄。<br>硫不溶于水,微溶于酒精,易溶于$CS_2$。 | |
| 硫的化学性质 | [板书]2. 硫的化学性质<br>[理论分析]请同学们从化合价与原子结构两个角度分析单质硫的化学性质。<br><br><br><br>[小结]单质硫既有氧化性又有还原性。<br>[过渡]我们先来认识单质硫的氧化性。<br>[提问]与具有何种性质的物质反应才能体现单质硫的氧化性呢? | 回答:从化合价分析,硫元素有−2、0、+4、+6四种常见化合价,单质硫是0价,既有氧化性又有还原性。<br>从原子结构分析,硫原子最外层有6个电子,为了达到稳定结构,在化学变化中一般容易获得2个电子,也可以偏离6个电子,所以单质硫既有氧化性又有还原性。<br><br>回答:还原性物质,如金属、氢气、碳等。 | 在学习了原子结构之后,从硫的原子结构模型,预测硫的化学性质。从宏观和微观相结合的视角分析与解决实际问题。领会物质的结构决定性质的思想。发挥化学理论知识的指导作用。 |

续前表

| 教学内容 | 教师活动 | 学生活动 | 说明 |
|---|---|---|---|
| 硫的化学性质 | [板书](1)与金属反应<br>[学生实验]硫与铁的反应。<br><br>[教师演示]铁粉和硫粉充分混合操作,并提示注意观察现象。<br>[讨论1]如何证实铁与硫发生了化学反应?<br><br><br><br><br>[讨论2]铁粉与硫粉反应的生成物可能是什么?如何设计实验证明?<br><br><br><br>[板书]$Fe+S \xrightarrow{\triangle} FeS$<br>[拓展]写出氯气与铁反应的化学方程式,并对比硫与铁的反应,单质硫与氯气的性质有何不同?<br><br>[讨论]硫能与大多数金属反应,写出硫粉与铜粉、钠、铝、汞等反应的化学方程式,并作分析。<br><br><br><br><br><br><br>[讲述]硫和汞在室温下即可反应生成硫化汞,利用此性质可用来处理温度计、血压计等破碎后散落的汞。<br>[提问]硫与金属反应体现硫的什么性质?当硫与变价金属如铁、铜反应时有何特点?<br>[过渡]硫的氧化性不仅体现在硫与金属的反应上,还体现在与一些具有还原性的非金属反应。<br>[板书](2)硫与氢气反应<br>$H_2+S \xrightarrow{点燃} H_2S$<br>[板书](3)硫与氧气反应 | 小组实验:取4g铁粉和2.5g硫粉,在纸上充分混合,装入干燥的试管中,加热到混合物开始出现红热,立即移去热源。观察现象。<br>现象:剧烈反应,固体保持红热,生成黑色固体。<br>回答1:反应前将混匀的固体用磁铁吸引,证明混合过程中没有发生化学反应。加热过程中剧烈的反应现象及用磁铁检验生成的固体没有磁性,都证明铁和硫在加热过程中发生了化学反应。<br>回答2:铁和硫反应可能生成$FeS$或$Fe_2S_3$两种固体。查溶解性表,$Fe_2S_3$在水中不能稳定存在(会发生剧烈变化),所以将生成的黑色固体投入水中进行验证。<br><br>回答:$2Fe+3Cl_2 \xrightarrow{\triangle} 2FeCl_3$<br>氯气的氧化性强于单质硫。<br><br>回答:<br>$2Cu+S \xrightarrow{\triangle} Cu_2S$<br>$2Na+S \xrightarrow{\triangle} Na_2S$<br>$2Al+3S \xrightarrow{\triangle} Al_2S_3$<br>$Hg+S \longrightarrow HgS$<br><br><br><br><br><br>回答:硫与金属反应体现硫的氧化性,与变价金属反应时一般生成低价金属硫化物。 | 学会研究化学变化的一般方法。<br><br>让学生比较铁分别与氯气、硫、氧气的反应,从而得出三种非金属单质氧化性的强弱。用对比法认识物质之间的相似性和递变性。<br><br>与同一物质反应比较物质氧化性与还原性。<br>培养迁移、推理能力。学会总结规律。<br>全面准确认识单质硫的化学性质。 |

续前表

| 教学内容 | 教师活动 | 学生活动 | 说明 |
|---|---|---|---|
| 硫的化学性质 | [讲述]硫在空气和纯氧中均可燃烧生成$SO_2$。<br>[提问]写出该反应的方程式,并分析单质硫体现了什么性质?<br>[小结并板书]单质硫既有氧化性又有还原性。一般以氧化性为主,遇到强氧化剂时表现出还原性。但单质硫是一个弱氧化剂,与变价金属反应一般生成低价硫化物。 | 回答:$S+O_2 \longrightarrow SO_2$,表现还原性。 | |
| 硫的用途 | [板书]3. 硫的用途<br>请同学们阅读课本,归纳硫的用途。 | 阅读归纳:(1)制硫酸;(2)制农药(石灰硫黄合剂);(3)橡胶工业的重要添加剂等。 | |

## 八、案例分析

这节课总体来说达到了以下教学目标:

1. 渗透了环境应用绿色化学思想:从传统的烟花爆竹到电子鞭炮,对传统文化的传承和改进。

2. 从四大发明的黑火药到烟花爆竹,了解历史,诵读王安石的诗歌。文理结合。

3. 学生通过查阅资料,了解了硫元素在自然界中存在的形态,和硫单质的作用。培养学生对化学的兴趣和爱好。

4. 同屏器在教学上的应用,敢于创新,敢于挑战,将课件、网络很好地结合。

5. 这节课以硫元素作为主线,渗透了氧化还原的复习和应用。

6. 视频中的硫与金属的反应,从不活泼金属到活泼金属与硫的反应,解决了反应的激烈程度与物质本身的性质有关,为以后周期性的教学做好铺垫。

7. 从氯气与金属的反应和硫与金属的反应进行比较,让学生自己归纳出氯气的氧化性比硫强的依据,教师从微观的原子结构示意图去解释了氯的非金属性比硫强。通过硫与氧气反应,硫做还原剂,氧气做氧化剂的角度去解释氧气的氧化性大于硫。初步实现了元素性质的递变性。

不足之处:

1. 在视频实验中应该提示学生从观察到现象的激烈程度说明了金属的活泼性。

2. 硫单质的化学性质的归纳应该从硫元素的化合价变化说明硫单质的氧化性和还原性。

3. 学生反应程度还不够积极,与试讲的重点班有差异。作为普通班的教学更应该注重基础的教学。

4. 网上视频最好改为教师或学生的演示视频。

# 关于"水"的那些事

上海市罗店中学　侯佳筠

## 一、设计思想

本节课是高三的一节复习课,之前在教师的带领下学生已经较为系统地复习了基础理论部分《原子结构与元素周期律》《化学键和晶体》《化学中的平衡》《离子互换反应和氧化还原反应》的相关知识,应该说在解决单一化学问题方面存在的障碍不是很大。《普通高中化学课程标准2017版》指出"普通高中化学课程是与义务教育化学或科学课程相衔接的基础教育课程,是落实立德树人根本任务、发展素质教育、弘扬科学精神提升学生核心素养的重要载体。"化学课堂教学并不是培养解题机器,而应当是重视开展"素养为本"的课堂教学。引导学生进一步学习化学的基本原理和方法,形成化学学科的核心观念;结合学生已有的经验和将要经历的社会生活实际,引导学生关注人类面临的与化学有关的社会问题,培养学生的社会责任感、参与意识和决策能力。

学生从高一到高三,已经学习过了电解质溶液、氧化还原、化学平衡、物质鉴别、化学键与分子极性进行等相关理论知识,应该说基本的答题思路还是有的。但是当知识点的呈现方式发生变化,如加入了一定情境以后,学生对于答题时应该从什么角度出发,可能就会存在障碍。因为这个对于学生的要求比较高,一方面需要他具备较多的知识储备,另一方面也需要学生在考试中有良好的应试心态和解题的灵活性。

"水"是我们最为熟悉的物质,化学中的许多基础理论都与水有关。以"水"为载体,以点带面复习。全方位考察学生的知识储备和解决情境问题的能力。在习题的选择方面,首先要密切符合《课程标准》和《教学基本要求》,收集学生在平时考试中和作业中错误率较高的题目,进行重新编排与组合。分别涵盖了水的分子结构、物理性质、化学性质、与水有关的生活现象等几个方面。其次,部分习题来源于教材并进行了适当改变,从而合理有效地使用教材。题目的呈现方式也从选择题变为了简答题,可以避免学生进行胡乱猜测。通过简答的形式可以从根本上理解知识的本质。

## 二、教学目标

1. 能清晰地用化学用语表达水的结构。能设计简单实验证明水的极性。会应用相似相溶原理解释相关问题。

2. 能够用水从不同角度鉴别不同物质。能熟记一些常见物质水溶液的颜色。会计算一定体积水中的水分子数。

3. 能够通过简单计算说明水的电离程度。知道影响水电离平衡的因素。知道水中加入不同物质后对于水电离平衡的影响。

4. 了解人体血液的 pH 值及维持正常范围的原因。会按要求写出相应的化学方程式。能根据实验现象解释原因。

5. 能够从不同角度解释生活中的各种化学现象,并领会其中蕴含的化学原理。

6. 在答题过程中进行化学计算、数据处理、实验设计、微观模拟等能力的渗透和培养。

7. 通过设计实验方案,养成良好的科学素养,培养敢于创新的精神。

8. 结合自然现象,促进学生认识化学平衡对生产、生活和社会发展的作用。

## 三、核心素养发展目标

素养 1：宏观辨识与微观探析；

素养 2：变化观念与平衡思想；

素养 3：证据推理与模型认知；

素养 4：科学探究与创新意识；

素养 5：科学态度与社会责任。

## 四、教学重点和难点

重点：从电解质溶液、氧化还原、化学平衡、物质鉴别、化学键与分子极性等几个方面巩固相关知识点。

难点：清晰、规范、科学地表达清楚化学原理。

## 五、教学流程

引入（谈谈对水的认识）→ 学生表达、书写相关化学用语 → 教师演示实验 分子的极性 → 归纳整理 → 学生进行相关计算 → 归纳整理 → 学生进行电离知识的相关探究 → 师生交流 → 归纳整理 → 动画演示实验 会跳舞的钠 → 小结 布置作业

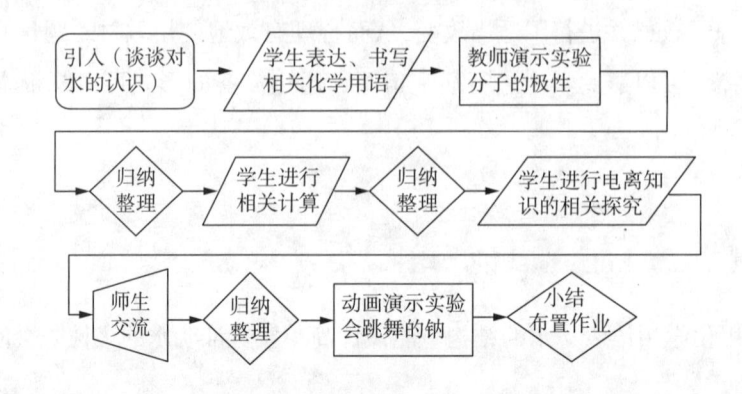

## 六、教学过程

| 教学内容 | 教室活动 | 学生活动 | 说明 |
|---|---|---|---|
| 情景引入 | 考察学生的已有知识，引出主题。 | 谈你对"水"的认识。 | 素养5：科学态度与社会责任。 |
| 熟悉水的结构 | 1. 运用不同的化学用语正确表达水分子的结构。<br>2. 能够设计实验证明水的极性。 | 1. 在黑板上书写相关的化学用语。<br>2. 学生进行演示实验的操作。 | 素养1：宏观辨识与微观探析。<br>素养3：证据推理与模型认知。<br>素养4：科学探究与创新意识。 |
| 探究水的溶解性 | 1. 计算一定体积水中的水分子个数。<br>2. 利用水来鉴别各种性质相似的物质。<br>3. 说出不同物质溶于水后的颜色。 | 1. 进行微粒的相关计算。<br>2. 从不同角度进行物质的鉴别。 | 素养1：宏观辨识与微观探析。<br>素养4：科学探究与创新意识。<br>素养2：变化观念与平衡思想。 |
| 探究水的电离能力 | 1. 能够计算多少个水分子里会有一个水分子发生电离。<br>2. 能够知道影响水的离子积常数的因素。<br>3. 能够知道在水中加入不同物质后对水的电离平衡的影响。<br>4. 能够表述出稀释对于弱电解质的电离过程的影响。<br>5. 能够说出不同盐溶液呈现不同酸碱性的原因。 | 1. 从定量的角度理解水的电离程度。<br>2. 探究影响水的电离程度的因素。<br>3. 通过语言表述对影响弱电解质电离因素有更深刻的认识。 | 素养1：宏观辨识与微观探析。<br>素养2：变化观念与平衡思想。<br>素养3：证据推理与模型认知。 |
| 看水"72变" | 1. 知道血液的pH与维持在正常范围内的原因。<br>2. 能够用不同的化学方程式体现水的不同作用。<br>3. 能够仔细观察实验现象，并由此得出结论。 | 1. 知道化学与生活的联系。<br>2. 书写化学方程式。<br>3. 概括实验现象。 | 素养1：宏观辨识与微观探析。<br>素养2：变化观念与平衡思想。<br>素养4：科学探究与创新意识。 |
| 水与生活 | 能够应用所学的化学知识解释生活中的化学问题。 | | 素养2：变化观念与平衡思想。<br>素养5：科学态度与社会责任。 |
| 总结 | 懂水、爱水、护水。 | 与自然和谐相处。 | 素养5：科学态度与社会责任。 |

## 七、案例分析

　　这堂课虽然着眼点小，但是将高一到高三的知识串联起来，从理论到生活，从习题到课本。有理有据。通过讲解水把零散的知识点联系起来，提高了学生的思维品质和化学核心素养。但是由于习题设置过多，造成时间紧迫，所以并没有时间完成所有的习题。

在教学的各个环节中落实核心素养：

1. 引入部分从"水"出发，让学生从各方面谈一谈对水的认识。这一环节主要落实核心素养中的"科学态度与社会责任"。学生会从地理、历史、生物、语文等学科的角度阐述自己的理解与认识。

2. 学生活动1主要是从水的结构入手，运用学过的化学语言来描述水的结构。这一环节落实了核心素养中的宏观辨识与微观探析、证据推理与模型认知。学生通过画比例模型和球棍模型、电子式、结构式，把抽象的结构具体化、形象化。为了证明水的极性设计了演示实验：静电对不同液体的影响。这一环节落实了核心素养中的科学探究与创新意识。学生通过演示、观察等多种手段，直观地认识到了水的极性。

3. 学生活动2"探究水的溶解性"这一内容中涉及了计算题、实验鉴别题。计算一定体积的水中所含的水分子数。这一环节落实了宏观辨识与微观探析，通过宏观一定量的水换算到微观粒子水分子的个数。

4. 学生活动3"探究水的电离能力"。从喝一口水中计算水分子的个数出发，瞬间拉近了化学与生活的距离。通过对电离平衡、水解平衡等存在的证明及平衡移动的分析，形成并发展学生的微粒观、平衡观。通过对生活中问题的解决，学生开展分析解释，促进学生认识水溶液中的离子反应与平衡对生产、生活和社会发展的作用。

5. 学生活动4"看水72变"。通过视频实验"会跳舞的金属钠"训练学生观察实验的投入程度，概括实验现象的完整度。

6. 能够运用相关知识与相关理论解释生活中的化学现象，学会用理论指导实践并更好地改善生活。

# "二氧化硫"教学设计

上海市高境第一中学 李红梅

## 一、设计思想

经过一个多学期的学习和初高中的衔接磨合,高一学生已经具备了学习元素化合物知识的基础,学生已经完成了氧化还原反应、卤素的学习,初步掌握了某些实验基本技能,这些都为本节课的学习打下了基础。高一年级的学生思维比较活跃,正处于由直观思维、形象思维向逻辑思维和抽象思维的转变过程,对形象、具体、有实验的教学模式比较感兴趣,但是他们的思维不够严谨,虽比较喜欢做实验,但缺乏正确的科学探究方法,因此需要在教师的引导下对二氧化硫的性质展开实验探究。

"二氧化硫"一直以来是诸多污染事件的元凶,酸雨、二氧化硫熏蒸馒头和木耳、用二氧化硫处理变质食物、水果……每一次的曝光都成为全民的一次科普化学课。这类环境污染以及食品安全报道造成的负面影响让越来越多的人认为化学物质都是有毒的,人们谈化色变,远离化学。恰恰相反,"化学是人类进步的关键",化学物质为人们创造了美好的生活,人们的衣、食、住、行哪一样能离开化学物质呢?二氧化硫就是一种朴素的、自然的化学物质,它的性质具有一般性和特殊性,如何正确地利用它为人类创造价值是我们应该承担起的社会责任。

因此,本课时在教学设计上将教学目标与学科核心素养发展水平有机融合,充分挖掘《二氧化硫》的学科育人价值。通过学习、探究二氧化硫的性质,引导学生建构"正确地评价化学物质,科学合理地使用化学物质"的价值观和评价观,发展"科学态度与社会责任"的学科核心素养;通过培养学生实验探究能力和分析、解决问题的能力,培养"证据推理与模型认知"和"科学探究与创新意识"。

## 二、教学目标

1. 能准确复述二氧化硫的物理性质,并且能列举二氧化硫的主要用途。
2. 能用所学知识设计并探究二氧化硫的化学性质。
3. 能运用二氧化硫的化学性质解决实际问题。
4. 形成从物质类别、氧化还原性(元素化合价)和特性等角度探究物质化学性质的化学思维方式。

5. 在实验探究活动中，能表现出科学务实的态度和良好的思维品质。

6. 能正确地评价化学物质，能倡导科学合理地使用化学物质，坚决抵制不法行为，树立正确的学科观念。

## 三、核心素养发展目标

变化观念与平衡思想：能根据观察和实验获得的现象概括化学变化发生的条件、特征与规律。

证据推理与模型认知：能从物质类别、氧化还原性(元素化合价)和特性等角度探究二氧化硫的性质，建立认识物质的认知模型。能对探究二氧化硫的性质提出假设和实验方案，并能够从实验探究过程中提取证据，依据证据证明假设。

科学探究与创新意识：能对二氧化硫的还原性、漂白性问题的解决提出可能的假设，依据假设设计实验方案，组装实验仪器，与同学合作完成实验操作，观察实验现象，客观地进行记录，并能对实验现象做出解释。在探究二氧化硫漂白性实验中，探究二氧化硫的漂白特点、原理以及与氯水漂白性的区别，在探究中一步步发现并提出需要进一步研究的问题。

科学态度与社会责任：关注环境保护，养成"绿色化学"观念，实验过程中注意用针筒实验，防止污染空气；在实验探究中，崇尚科学，实事求是；尊重科学伦理道德，正确合理使用二氧化硫，造福人类。

## 四、教学重点与难点

重点：二氧化硫的化学性质。

难点：二氧化硫的还原性和漂白性。

## 五、教学流程

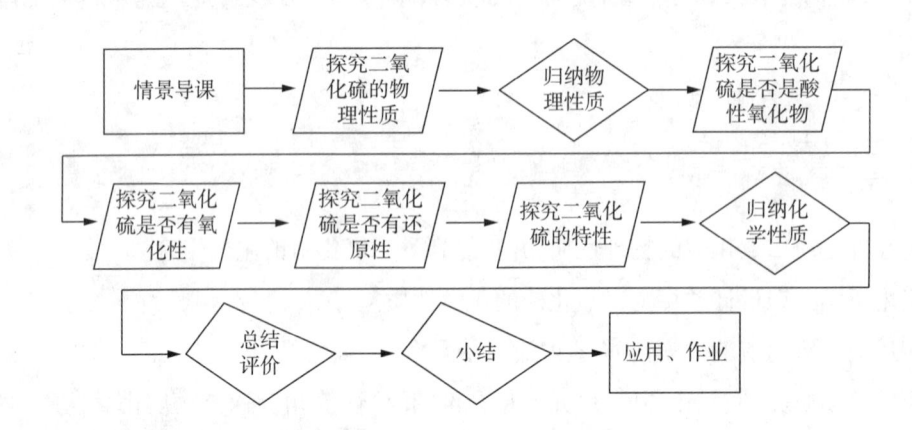

情景导课 → 探究二氧化硫的物理性质 → 归纳物理性质 → 探究二氧化硫是否是酸性氧化物 → 探究二氧化硫是否有氧化性 → 探究二氧化硫是否有还原性 → 探究二氧化硫的特性 → 归纳化学性质 → 总结评价 → 小结 → 应用、作业

## 六、教学过程

| 教学环节 | 教师活动 | 学生活动 | 设计意图 |
| --- | --- | --- | --- |
| 情境导课 | 【PPT】水果干类、蜜饯凉果、干制蔬菜、竹笋罐头、蘑菇罐头、干制食用菌、腐竹类、食用淀粉、食糖、葡萄酒、果酒等。<br>【设问】同学们知道这些食物的防腐剂经常用到什么吗？是二氧化硫。二氧化硫是无机化学防腐剂中很重要的一位成员。二氧化硫和亚硫酸盐允许在一些食品加工过程中使用。<br>【板书】二氧化硫。 | | 二氧化硫经常与不法商贩造假牵连在一起，又是大气污染的元凶之一，它在人们的印象里留下了不光彩的一面。食物的防腐剂，这与二氧化硫给学生留下的印象产生强烈的反差，设置认知冲突，引起学生的学习欲望。 |
| 过渡 | 【设问】同学们想知道二氧化硫的性质吗？化学是以实验为基础的学科，在学习化学过程中，实验探究是认识化学物质的重要手段。本节课的学习任务就是探究二氧化硫的性质。 | | 明确学习任务。 |
| 探究二氧化硫物理性质 | 【展示】展示一瓶二氧化硫。<br>【演示】把塞有橡皮塞、盛有 $SO_2$ 的试管倒立在水槽中，在水下打开胶塞，晃动、观察试管内水面的上升，橡皮塞塞上后，取出水面。<br>【板书】<br>一、物理性质<br>无色、有毒、有刺激性气味的气体；<br>易溶于水(常温常压下，1∶40)；<br>密度大于空气；<br>易液化(沸点：-10℃)。 | 【观察】全体学生观察颜色、状态。<br>【实验】两名同学到讲台前闻二氧化硫的气味。<br>【归纳】学生总结归纳二氧化硫的物理性质。 | 让学生通过观察、实验认识二氧化硫的物理性质。<br>学生实验时，教师注意指导和纠正学生操作，培育科学态度核心素养。 |
| 过渡 | 【引导】在探究化学性质之前要确定探究的内容和方向，首先应该从物质的类别、元素的化合价、特性等方面入手推测物质的化学性质，然后设计实验进行探究。<br>【PPT】探究一：二氧化硫是否是酸性氧化物；探究二：二氧化硫是否有氧化性和还原性；探究三：二氧化硫的特性。 | 【讨论】从物质的类别、元素的化合价、特性等方面入手推测二氧化硫的化学性质，确定探究任务。 | 培养学科核心素养：从物质类别、氧化还原性(元素化合价)和特性等角度探究二氧化硫的性质，建立认识物质的认知模型。 |
| 探究二氧化硫是否是酸性氧化物 | 【问题】从物质组成形式看，$SO_2$ 和 $CO_2$ 很相似，其性质可能相似。$CO_2$ 是一种酸性氧化物，$SO_2$ 是否也是？<br>【问题】什么是酸性氧化物？酸性氧化物的通性？如何证明？ | 【讨论】酸性氧化物定义和酸性氧化物的通性。<br>【设计】向 $SO_2$ 溶于水后的溶液中滴加石蕊试液，观察溶液是否变红。 | 通过讨论、设计实验方案、实验探究、分析总结，培养实验探究与创新意识的核心素养。 |

续前表

| 教学环节 | 教师活动 | 学生活动 | 设计意图 |
|---|---|---|---|
| | 【板书】<br>二、化学性质<br>　1. 酸性氧化物<br>　(1) 和水反应<br>　$SO_2+H_2O \rightleftharpoons H_2SO_3$（不稳定的中强酸）<br>　(2) 和碱反应<br>　$SO_2+Ca(OH)_2 \longrightarrow CaSO_3\downarrow +H_2O$<br>　$SO_2+CaSO_3+H_2O \longrightarrow Ca(HSO_3)_2$<br>　(3) 和碱性氧化物反应<br>　$SO_2+CaO \longrightarrow CaSO_3$ | 【探究】实验现象是溶液变红色。<br>【结论】实验证明，$SO_2$和水反应生成了对应的亚硫酸，酸碱中和一定生成盐和水，所以说$SO_2$是酸性氧化物，具有酸性氧化物的通性。<br>【板书】学生板书化学方程式。 | |
| 过渡 | 【问题】从元素化合价角度看，$SO_2$中S为+4价，是中间价态，所以$SO_2$既有氧化性又有还原性。你能通过怎样的实验来证明？ | | |
| 探究二氧化硫是否有氧化性 | 【问题】如何验证二氧化硫是否有氧化性？<br>【PPT】<br>（$SO_2$氧化剂／$H_2S$还原剂图示）<br>【板书】2. 氧化性 $SO_2+2H_2S \longrightarrow 3S\downarrow +2H_2O$ | 【讨论】验证氧化性方案。<br>【设计】$SO_2$和$H_2S$的反应。（此实验方案比较集中，实验在学习硫化氢时刚刚做过）<br>【描述】$SO_2$和$H_2S$反应生成淡黄色粉末和无色液滴。<br>【结论】反应中二氧化硫的化合价降低，得电子，证明有氧化性。 | 应用学过的知识解决问题，提升了学生的学科能力，同时也在心理上得到肯定，增强了自信。 |
| 探究二氧化硫是否有还原性 | 【问题】如何验证二氧化硫是否有还原性？<br>【PPT】<br>验证还原性方案（根据实验现象填写结论）：<br><br>| 方案 | 试剂 | 判断依据 | 结论 |<br>|---|---|---|---|<br>| 方案一 | 氯水、$BaCl_2$溶液 | 是否褪色，生成白色沉淀 | 褪色，白色沉淀——有还原性 |<br>| 方案二 | 溴水、$BaCl_2$溶液 | 是否褪色，生成白色沉淀 | 褪色，白色沉淀——有还原性 |<br>| 方案三 | 酸性高锰酸钾溶液、$BaCl_2$溶液 | 是否褪色，生成白色沉淀 | 褪色，白色沉淀——有还原性 |<br>| 方案四 | 双氧水、$BaCl_2$溶液、盐酸 | 是否生成白色沉淀 | 白色沉淀——有还原性 | | 【讨论】验证还原性方案。<br>【设计】学生分别从选择合适的氧化剂、判断依据和预测可能的实验现象等方面设计实验方案。<br>【探究】通过实验一一验证。<br>【结论】实验证明，$SO_2$可以使氯水、溴水、高锰酸钾溶液褪色，证明$SO_2$有还原性，并在课堂活动单上完成实验方案。 | 通过讨论制定实验方案，寻找判断依据、选择试剂、预测现象以及亲历实验过程，培养了实验探究与创新意识、证据推理与模型认知的核心素养。<br><br>与引课首尾呼应<br><br>为下节课"酸雨"做铺垫 |

续前表

| 教学环节 | 教师活动 | 学生活动 | 设计意图 |
|---|---|---|---|
| 探究二氧化硫是否有还原性 | 【解释】$SO_2$能作防腐剂的原因是因为有还原性。<br>【介绍】$SO_2$与氧气反应必须在催化剂的作用下才能反应。例如,在空气中粉尘的作用下,$SO_2$能与氧气反应生成$SO_3$,$SO_3$和水结合生成硫酸,从而形成酸雨。<br>【板书】3. 还原性<br>$SO_2 + Br_2 + 2H_2O \longrightarrow 2HBr + H_2SO_4$<br>$SO_2 + Cl_2 + 2H_2O \longrightarrow 2HCl + H_2SO_4$<br>$2SO_2 + O_2 \underset{\triangle}{\overset{催化剂}{\rightleftharpoons}} 2SO_3$ | | |
| 过渡 | 【介绍】二氧化硫不仅能作食物防腐剂,还是食物的"化妆品"。<br>【PPT】天然银耳和用硫黄熏蒸过的银耳。 | | 引出漂白性,同时强调二氧化硫的作用。 |
| 探究二氧化硫的特性 | (一) 探究漂白性的特点<br>【问题】用二氧化硫漂白纸张,为什么过了几年就会变黄?<br>【演示】将$SO_2$通入盛有品红溶液的试管中观察现象,然后再加热观察现象。<br>【板书】<br>4. 漂白性(不稳定,可逆)<br>二氧化硫+有色物质$\rightleftharpoons$无色物质<br>(二) 探究漂白性的原理<br>【问题】$SO_2$不仅能使品红溶液褪色,还能使溴水、酸性高锰酸钾溶液褪色,二者有区别吗?是表现还原性还是漂白性?<br>【讨论】师生共同讨论,设计实验,验证二氧化硫使品红溶液、溴水、酸性高锰酸钾溶液褪色,究竟是因为它的还原性还是氧化性。<br>【PPT】<br><br>| 实验内容 | 实验现象 | $SO_2$表现的性质 |<br>|---|---|---|<br>| 用针筒将溴水注入装有$SO_2$的集气瓶,过一会再加热,再冷却。 | 溶液褪色,加热无变化,冷却也无变化。 | 还原性 |<br>| 用针筒将酸性高锰酸钾溶液注入装有$SO_2$的集气瓶,过一会再加热,再冷却。 | 溶液褪色,加热无变化,冷却也无变化。 | 还原性 |<br>| 用针筒将品红溶液注入装有$SO_2$的集气瓶,过一会再加热,再冷却。 | 溶液褪色,加热后颜色又恢复,冷却又褪色。 | 漂白性 | | 【结论】$SO_2$使品红溶液褪色,加热后颜色又恢复,冷却又褪色,学生从上述现象得出$SO_2$的漂白性是不稳定的,反应是可逆的。<br>【实验】<br>1. 用针筒将溴水注入装有$SO_2$的集气瓶,溶液褪色,过一会再加热,无变化,再冷却,也无变化。<br>2. 用针筒将酸性高锰酸钾溶液注入装有$SO_2$的集气瓶,溶液褪色,过一会再加热,无变化,再冷却,也无变化。<br>3. 用针筒将品红溶液注入装有$SO_2$的集气瓶,溶液褪色,过一会再加热,颜色又恢复,再冷却又褪色。<br>【结论】二者有区别,$SO_2$与溴水、酸性高锰酸钾溶液反应是氧化还原反应,是不可逆的,而$SO_2$的漂白性是非氧化还原的化合反应,不稳定的,可逆的。 | 层层深入探究其漂白性,帮助学生理解二氧化硫漂白性的原理。进一步培养了实验探究与创新意识、证据推理与模型认知的核心素养,同时培养了科学精神。 |

续前表

| 教学环节 | 教师活动 | 学生活动 | 设计意图 |
| --- | --- | --- | --- |
| 探究二氧化硫的特性 | 【结论】由此可见，漂白一定褪色，褪色不一定是漂白，同一化学现象的背后，其化学原理却不一定相同。<br>【设问】二氧化硫的漂白性表现在与哪些物质反应呢？<br>【讲述】$SO_2$ 的漂白性一般是指使某些带有色素的有机物褪色。而溴水、酸性高锰酸钾溶液是本身有颜色的无机物，品红是有机物。<br>（三）探究 $SO_2$ 和氯水漂白性的区别<br>【问题】氯水能漂白品红溶液吗？<br>【演示】向氯水中滴加品红溶液，然后加热，观察现象。<br>【PPT】<table><tr><th>现象</th><th>漂白原理及特点</th></tr><tr><td>$SO_2$漂白品红溶液</td><td>是非氧化还原的化合反应，不稳定，可逆。</td></tr><tr><td>氯水漂白品红溶液</td><td>HClO 有强氧化性，是氧化还原反应，稳定，不可逆。</td></tr></table> | 【结论】氯水使品红溶液褪色，并且加热后不恢复。说明 $SO_2$ 的漂白性是不稳定的，而氯水中 HClO 有强氧化性，漂白是稳定的，不可逆。 | 培养变化观念与平衡思想，能根据观察和实验获得的现象，概括化学变化发生的条件、特征与规律。 |
| 归纳 | 【问题】你能说出二氧化硫有哪些用途吗？<br>【评价】二氧化硫的用途很广泛，但是有一些不法商贩利用二氧化硫的性质大量添加在食物中，牟取暴利，危害人们的身体健康，媒体曾报道过多起食物中残留二氧化硫超标的事件，这是二氧化硫的错吗？化学物质本身是没有对与错的，关键在于如何使用。我们应该正确地评价化学物质，科学合理地使用化学物质，才能为人类造福。 | 【归纳】二氧化硫的用途：<br>1. 制造硫酸。<br>2. 可以漂白白纸浆、毛、丝、草编制品等。<br>3. 作食物、干果、酒类的防腐剂。 | 化学物质本身是没有对与错的，关键在于如何使用。正确地评价化学物质，科学合理地使用化学物质。培养科学态度与社会责任的核心素养。 |
| 小结 | 【要求】通过这节课的学习，我们知道 $SO_2$ 和 $CO_2$ 虽然组成很相似，但它们的化学性质却差别很大。请同学们比较一下，二者化学性质的相同点和不同点。<br>【PPT】<table><tr><th rowspan="2">物质</th><th colspan="2">化学性质</th></tr><tr><th>相同</th><th>不同</th></tr><tr><td>$SO_2$</td><td>酸性氧化物【$H_2O$、NaOH、$Ca(OH)_2$、CaO 等】</td><td>较强的还原性【$KMnO_4$、$Br_2$、$O_2$ 等】、漂白性【品红】</td></tr><tr><td>$CO_2$</td><td>氧化性</td><td>无还原性、无漂白性</td></tr></table> | 【对比】学生分别从酸性氧化物、氧化性、还原性以及特性等方面加以比较，得出以下结论。 | 培养学生运用比较、归纳的方法学习化学。 |

续前表

| 教学环节 | 教师活动 | 学生活动 | 设计意图 |
|---|---|---|---|
| 应用 | 【问题】请大家设计一个实验,证明某混合气体中含有 $SO_2$ 和 $CO_2$。<br>【追问】<br>1. 鉴定 $SO_2$ 和 $CO_2$ 分别用什么试剂?<br>2. 先鉴定谁?<br>3. 鉴定 $CO_2$ 时如何排除 $SO_2$ 的干扰?<br>4. 吸收 $SO_2$ 用什么溶液?品红溶液行吗?为什么?<br>5. 如何确定 $SO_2$ 已经除尽?<br>【PPT】<br>混合气体→检测$SO_2$(品红)→除$SO_2$($KMnO_4$)→检测$SO_2$是否除尽(品红)→检测$CO_2$(石灰水)<br>混合气体→品红→$KMnO_4$→品红→石灰水 | 【讨论】学生针对老师的追问展开讨论。最后得出实验方案,并且回答每种试剂的作用。 | 培养学生的思辨能力,解决问题的能力,同时树立了实验探究与创新意识,对证据推理与模型认知有了深切的体会。 |
| 作业 | 【作业】二氧化硫通入含酚酞的氢氧化钠溶液后,溶液褪色,请设计实验,探究原因。 | | 将核心素养的发展引向深入。 |

# 七、案例分析

教学的最终目的是育人,所有学科教学是育人的载体。每一节课都是学科内容和育人价值不断体现和渗透的过程。以知识为载体,充分挖掘学科育人价值,落实化学学科核心素养,才能实现课堂教学的增值增效。

以往讲到"二氧化硫"时,教师经常用非常震撼的酸雨带来的危害画面或视频引课,教师试图以此引起学生的学习兴致,激起学生学习二氧化硫的热情,但是学生的感受是什么呢?课后我做了一些了解,多数学生提起二氧化硫想到的就是有毒啊、有害啊,并且带着对二氧化硫的厌恶、恐惧甚至是敌视的表情,很少有学生记得二氧化硫对人类有利的一面。诚然,许多化学物质都有一定的毒性或者对我们不利的特性,使用不当就会带来危害,难道这是化学物质的错吗?假如一位学生犯了错,我们能戴着有色眼镜评价他是一个坏人吗?能遗弃他吗?不能!教育是可以让一个人弃恶从善,走向新生的。我认为化学物质是朴素的、自然的,它们的性质具有一般性和特殊性,如何正确地利用它们为人类创造价值是我们应该承担起的社会责任。因此,"二氧化硫"这节课,我试图从全新的角度诠释它,还它一个公道!我设计了以下教学环节展开育人和落实学科核心素养的过程：

课题引入——二氧化硫是无机化学防腐剂中很重要的一位成员，二氧化硫和亚硫酸盐允许在一些食品加工过程中少量使用。从实用价值出发，这与二氧化硫给学生留下的印象产生强烈的反差，设置认知冲突，引起学生的学习欲望，激起学生学习的热情，有意义的学习从此开始。

课题展开——引导学生从物质类别、氧化还原性（元素化合价）和特性等角度探究二氧化硫的性质，建立认识物质的认知模型。在观察、分析、实验假设、方案设计、实验验证及归纳总结的体验活动中，促使学生对二氧化硫的性质展开深入的探究，让学生去智慧地交流、去智慧地实践、去智慧地研究，进一步理解科学探究的意义，学习科学探究的基本方法，提高科学探究能力，有效地落实"变化观念与平衡思想""证据推理与模型认知""科学探究与创新意识""科学态度与社会责任"的学科核心素养。在整个过程中，不断渗透二氧化硫的重要用途，试图从正面、科学的角度帮助学生认识化学物质，正确地评价化学物质，培养客观的理性的科学的价值观和评价观，培养学生成为一个有健全人格、健康心理，具有生命活力的人，一个快乐、和谐、智慧的人！

课题小结——教师引导学生对二氧化硫进行正确的评价，然后运用对比分析的方法，分析总结二氧化硫和二氧化碳的异同，加深对二氧化硫性质的理解，也为应用做好铺垫。

化学课堂不能仅仅停留在传授给学生一点化学知识，而应是学生通过学科学习而逐步形成正确价值观念、必备品格和关键能力的地方。我们面对的学生，是一个思维活跃的生命，他们可能是"一个社会的缩影，一个内外宇宙，一个世界的投射，一个变换无定的舞台"，因此把凝固的、静态的化学教学内容鲜活起来，改变知识的呈现方式，变成学生易于和乐于接受的教学信息，才是落实学科核心素养，体现学科育人价值的真正所在。正如著名教育家叶澜所说："把课堂还给学生，让课堂充满生命活力；把班级还给学生，让班级充满成长气息；把创造还给教师，让教育充满智慧挑战；把精神生命的主动权还给师生，让学校充满蓬勃生机！"

# 氯气

上海市吴淞中学　乔心悦

## 一、设计思想

"氯及其化合物"是高中化学必修课程中的核心内容之一，是高中一年级学生应学习的重点内容。氯元素是典型的非金属元素，氯气和含氯化合物在生产、生活中应用广泛。从研究方法看，其一，氯气是典型的非金属，本节学习化学特有的科学方法"结构决定性质，性质影响其制备和应用"，对以后研究其他非金属及其化合物具有指导意义；其二，化学是一门以实验为基础的自然科学，围绕着教学目的开展教师实验以及学生探究实验，可以激发学生学习的兴趣，打造高效课堂。从教育目的看，氯及其化合物在生活、生产上具有广泛的应用，研究它更具有现实意义。

## 二、教学目标

### （一）教学目标

1. 通过实验探究氯气的主要性质，初步形成基于物质类别、元素价态和原子结构对物质的性质进行预测和检验的认识模型。
2. 通过含氯物质及其转化关系的认识过程，建立物质性与物质用途的关联。
3. 通过设计氯气泄漏处理方案、自制家用含氯消毒剂等活动，感受化学物质及其变化的价值，进一步增强合理使用化学品的意识。

### （二）评价目标

1. 通过对氯气与水反应实验设计方案的交流与点评，让学生掌握物质性质的实验探究的知识。
2. 通过对含氯物质转化关系的讨论和点评，提高学生对物质及其转化思路的认识水平。
3. 通过对氯气泄漏处理方案的讨论和点评，提升学生解决实际问题的能力及其对化学价值的认识水平。

## 三、核心素养发展目标

宏观辨识与微观探析、变化观念与平衡思想、科学探究与创新意识。

## 四、重点与难点

重点：氯气的化学性质；氯水的物理性质和化学性质；漂粉精的成分和消毒作用。

难点：氯气和水反应、氯气和氢氧化钠溶液的反应；分析氯水中的哪种成分有漂白作用；漂粉精的消毒原理。

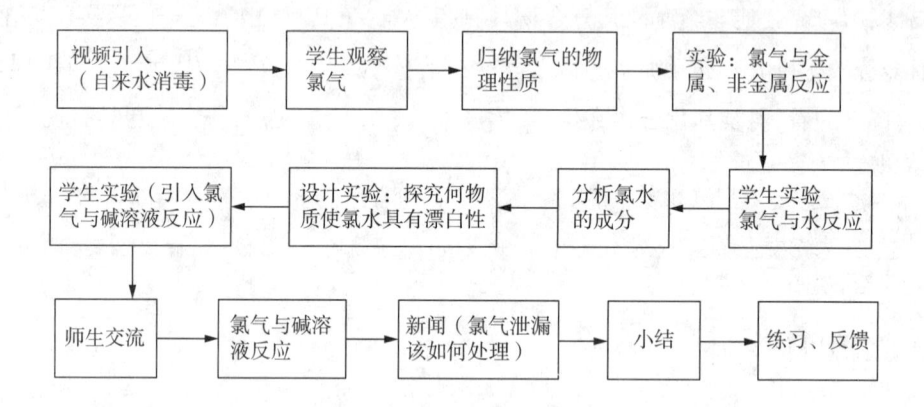

## 五、教学流程

视频引入（自来水消毒）→ 学生观察氯气 → 归纳氯气的物理性质 → 实验：氯气与金属、非金属反应 → 学生实验氯气与水反应 → 分析氯水的成分 → 设计实验：探究何物质使氯水具有漂白性 → 学生实验（引入氯气与碱溶液反应）→ 师生交流 → 氯气与碱溶液反应 → 新闻（氯气泄漏该如何处理）→ 小结 → 练习、反馈

## 六、教学过程

| 教师教法和教学过程 | 学生活动和学习过程 | 设计意图 |
|---|---|---|
| 视频引入：自来水消毒。 | 观看视频。放完后稍做讨论，说出有关氯气的信息。 | 调动学生学习的积极性，增强学习的趣味性。 |
| 展示：一瓶事先收集好的氯气。 | 让大胆勇敢的学生，尝试表现闻氯气的方法，并让他表述自己的感受，描述归纳出氯气的颜色、状态、密度、水溶性、气味等物理性质。 | 引导归纳出氯气的物理性质，同时通过氯气可用于自来水消毒，引申到有哪些化学性质？（激发学习热情，让每位学生都参与到高效课堂中） |
| 过渡：氯气有怎样的化学性质呢？先分析原子结构，推断氯气应具有强的氧化性。 | | |

续前表

| 教师教法和教学过程 | 学生活动和学习过程 | 设计意图 |
|---|---|---|
| 视频演示实验：<br>一、氯气与金属单质的反应<br>1. 灼热的铜丝伸入氯气的集气瓶中实验现象？化学方程式？加入适量蒸馏水观察溶液颜色？<br>2. 氯气与铁的反应呢？并向实验所在集气瓶中注入适量蒸馏水，观察溶液颜色。<br>3. 视频观看：钠与氯气的反应。<br>(扩展)氯气不仅可以跟上述三种金属发生反应，同时还可以和镁、铝等在一定条件下发生反应。 | 有棕黄色的烟产生，加入少量水后溶液变为蓝色。<br><br>学生书写化学方程式，归纳现象。 | 学生观察现象，描述现象。<br><br><br><br>归纳：金属与氯气反应生成金属的最高价氯化物。 |
| 二、氯气与非金属的反应<br>1. 视频：将燃烧的氢气导管伸入氯气的集气瓶中实验现象？化学方程式？<br>2. 视频：氢气与氯气的光照爆炸实验。<br>3. 视频：氯气与磷的反应。<br>[提问]上述现象说明什么？比较烟与雾区别。 | 安静燃烧，苍白色火焰，瓶口有白雾。<br><br>爆炸。<br>白色烟雾。 | 通过物质类别的分析来激发学生的联想能力和比较能力。<br>同一反应：条件不同，现象不同。<br>学生书写化学方程式。 |
| 三、氯气与水的反应<br>学生实验：将用集气瓶事先收集好的氯气，(1)取一干燥的红色纸条，用蒸馏水润湿其中央，迅速放入瓶中，塞紧塞子，观察现象；(2)向另一瓶氯气中放入一新鲜红色花朵，几分钟后观察现象；(3)直接向一氯气集气瓶中注入少量蒸馏水。<br><br>提问：为何湿润部分褪色？<br>探究：氯水中存在那些微粒？如何检验存在？(设计实验验证)<br><br><br><br><br><br><br><br>[提问]液氯与氯水有何区别？新制氯水与久置氯水有何不同？ | [学生实验并描述现象]<br>1. 红色纸条被水润湿部分明显褪色，其他干燥部分仍保持原色。2. 红色花朵逐渐褪色。3. 溶液呈黄绿色<br><br><br><br>分组展开讨论，各组代表发言后，进行验证试验。<br><br>[回答]存在：$Cl_2$，$H_2O$，$HClO$；$H^+$，$Cl^-$，$ClO^-$，少量 $OH^-$。<br>[结论]氯气无漂白性，起漂白作用的是次氯酸。<br>$Cl_2+H_2O \longrightarrow HCl+HClO$<br>[回答]液氯——纯净物氯水——混合物。<br>新制氯水中存在大量氯分子。<br>久置氯水中以盐酸为主，其漂白性减弱甚至消失。 | 实验引导，激发学生的积极性，并发挥学生的能动作用。<br>由现象，激发学生分析探究问题能力。<br><br><br><br>通过设计实验的方案，加深对氯气性质的认识，培养学生探究和发散性思维的能力，鼓励学生实验方案多样性。<br>让学生在自己操作的实验中体会乐趣。<br><br><br><br>运用分析和综合思维来辨析成分。 |

续前表

| 教师教法和教学过程 | 学生活动和学习过程 | 设计意图 |
|---|---|---|
| | [学生讨论]氯水是否有毒？自来水消毒利用的是氯水中的什么成分？ | |
| [演示]向盛有氯气的集气瓶中加入足量的氢氧化钠溶液有何现象？化学方程式？ | 黄绿色消失，溶液呈无色透明。<br>$Cl_2 + 2NaOH \longrightarrow NaCl + NaClO + H_2O$ | 启发学生联想思维。<br>由联想可知氯气与氢氧化钙的反应方程式并训练了学生的化学方程式的书写。 |
| 四．氯气与碱反应<br>$Cl_2+2NaOH \longrightarrow NaCl+NaClO+H_2O$<br>$2Cl_2 + 2Ca(OH)_2 \longrightarrow CaCl_2 + Ca(ClO)_2+2H_2O$<br>$Ca(ClO)_2 + 2CO_2 + 2H_2O \longrightarrow Ca(HCO_3)_2+2HClO$<br>[提问]漂白粉的制作原理和作用原理？保存时应注意什么？ | 学生书写练习化学离子方程式。 | 由次氯酸钙不稳定可知应密封保存。（运用联想思维） |
| [课堂小结]归纳氯气的物理化学性质。 | 学生思考小结。 | 培养学生自我归纳整理知识的能力。 |
| [课堂练习]真实新闻：附近工厂的氯气泄漏，如何处理？<br><br>了解氯气的重要性质，可以在突发事件中保护自身和他人的安全，根据氯气泄露事件的新闻图片，回答问题：<br>(1) 如果你当时在现场，你应该往_____（选择"山坡"或"低洼"）撤离。<br>(2) 如果你当时在距离化工厂较近的居民家中，利用家中现成的物质来制作简易"防毒面具"的方法是_____。<br>(3) 对于弥漫在空气中的氯气，消防队员用水幕进行处理(喷洒一种溶有挥发性物质的水溶液)，该化学物质是_____。 | (1)山坡。<br>(2)肥皂水浸湿的湿毛巾。<br>(3)浓氨水。 | 联系生活实际，学以致用，从学生的生活体验和已有知识出发，培养学生在真实情境下解决问题的能力。 |

## 七、案例分析

### （一）化学学科核心素养的落实

提高学生的科学素养是基础教育承担的重要任务，也是化学新课程改革的基本理念。按照新课程标准，化学学科核心素养包括五个方面：宏观辨识与微观探析、变化观念与平衡思想、证据推理与模型认知、科学探究与创新意识、科学态度与社会责任。然而，如何在课堂教学中全面、有效地提高学生的学科核心素养却是一个难题。化学新课程标准也明确指出要重视开展"素养为本"的教学，倡导真实问题情境下的创设，为了使真实情境下的教学在提高学生的科学素养中充分发挥作用，我用"自来水厂的消毒"的视频作为引入，自来水是每天都会接触的东西，与生活联系紧密，让学生发现化学离自己很近。通过学习氯气的性质，掌握自来水的消毒原理，让学生知道化学试剂在实际生产中要控制好"量"，不能滥用，化工生产基本原则之一就是要科学环保，实现"科学态度与社会责任"核心素养的培养。

通过实验探究氯气的主要性质，初步形成基于物质类别、元素价态和原子结构对物质的性质进行预测和检验的认识模型，建立观点、结论和证据之间的逻辑关系，培养"证据推理与模型认知"的学科核心素养。

通过实验，学生直观地看到氯水具有漂白性，可以使有色的布条、红色鲜花褪色。究竟是什么成分导致这个现象的产生，请学生自己设计实验并得到结论。使学生能从问题和假设出发，依据探究目的，设计探究方案，运用化学实验进行探究，把课堂还给学生，使学生从实验中获得喜悦感和成就感，落实"科学探究与创新意识"的学科核心素养。

### （二）教学反思

作为教师，我们有过精心设计相同内容的课在不同班级教学，学生学习的效果是不同的，有的班学生接受能力强，有的班学生接受能力差，这就要求我们根据不同班级的学情进行授课，因材施教。

在学生设计实验和验证"氯水中何种微粒具有漂白鲜花的作用"这个环节中，平行班学生比较习惯于听从指挥，独立设计实验的能力比较欠缺，迟迟不敢动手。这时，老师要引导学生思考，分析清楚新制氯水的成分，如何围绕实验目的进行逐一筛查。给学生多一点思考的时间。

对于提高班的学生，学习能力强、思维活跃，自主探究的欲望比较强烈。这种情况下，教师可以放手让学生自己去探究，少说多看，让学生自己通过实验去验证氯水的成分以及确定微粒的漂白性。在验证次氯酸根是否具有漂白性时，学生发现一开始 NaClO 溶液无明显漂白性，但下课时再观察，惊奇地发现有色的纸条褪色了。学生推测应该是产生了 HClO。教师可以抛给学生问题，查阅资料了解其原理，有助于学生形成完整的知识脉络。

另外,可加深有效作业的落实,在巩固基本学科知识的基础上,培养学生科学态度与社会责任感。如:有些农村地区在田间用氯气熏老鼠已达到灭鼠的作用,请学生评价是否赞成此做法?此外在课余时间,可以组织学生到附近的污水处理厂参观和学习新技术,开阔视野,提升自己的综合能力与素养。

# 培养核心素养的教学课例
## ——工业合成氨

上海市通河中学　孙莉莎

## 一、设计思想

### （一）教材分析

本节教学设计是基于沪科版高一化学第6章第3节的化工生产——工业合成氨这一课时的教学内容的。合成氨工业对化学工业、国防工业和我国实现农业现代化具有重要意义，是重要的化工生产；同时氮气、氢气合成氨反应也是一个学生熟悉的、典型的平衡体系。

本节内容是在学习了"化学反应的速率"以及"可逆反应的化学平衡"基础上，从反应速率和化学平衡两个维度选择合成氨的适宜条件，既是对§6.1、§6.2节知识的综合应用，也是体会化学理论的学习对生产实践指导作用的重要范例。

### （二）设计思路

本节教学内容是培养学生核心素养的重要载体。以往的教学设计大多是以合成氨反应为研究对象，引导学生应用化学反应速率和化学平衡的理论，分析和选择化工生产的适宜条件，认识并尝试运用化学反应原理，选择化工生产条件的思路和一般方法，初步形成多方面综合分析问题的意识。

但在充分发挥化学学科的育人价值，构建学生化学学科核心素养的课程理念下，我希望以新的视角重新挖掘本课时的教育价值，重构教学设计。我以哈伯——博施研究合成氨工艺的化学史为主线，在化学史的教学情境中，通过问题创设，培养学生的变化观念与平衡思想的化学核心素养；而在再现人类对合成氨工业研究的化学史中，感悟科学家所具有的科学态度和社会责任；通过对合成氨工业的评价，提出改进措施，培养学生的创新意识和绿色化学的核心素养。

## 二、教学目标

1. 通过再现工业合成氨的化学史，创设问题情境，应用化学反应速率和化学平衡的原理，分析、选择合成氨的适宜条件。

2. 理解应用化学反应原理分析化工生产条件的思路和方法，体验实际生产条件的选择与理论分析的差异，初步形成把握主要矛盾、统筹兼顾解决问题的意识，培养理论联系实际的能力。

3. 通过对合成氨工业工艺条件的评价，提出改进措施，培养学生的创新意识和绿色化学的核心素养。

4. 在再现人类对合成氨工业研究的化学史中，感悟科学家所具有的科学态度和社会责任，赞赏化学对生产、生活和社会发展的巨大贡献。

## 三、核心素养发展目标

1. 通过对氮的固定的方式与途径的讨论与评价，诊断学生能否根据反应条件，分析和评估物质转化过程中对环境和资源利用的影响。

2. 通过对合成氨工艺参数的选择研究，诊断学生能否根据反应速率理论和化学平衡原理对实际的化工生产进行分析，并基于现实问题提出改进方案。

3. 通过对合成氨模型的分析，诊断学生将化学知识与生产实践相结合的能力，以及对生产工艺模型的认知能力，诊断学生对化学价值的认识水平。

## 四、重点与难点

重点：应用化学反应速率和化学平衡的原理，分析、选择合成氨的适宜条件；形成并掌握用化学反应原理分析化工生产条件的思路和方法。

难点：应用化学反应速率和化学平衡的原理，分析、选择合成氨的适宜条件；根据反应速率理论和化学平衡原理对实际的化工生产进行分析，并基于现实问题提出改进方案。

## 五、教学流程

| Ⅰ 课堂讨论与交流 | Ⅱ 理论应用与讨论 | Ⅲ 概括与提炼 | Ⅳ 问题拓展与创新 |
|---|---|---|---|
| 科学态度与社会责任 | 科学探究与创新意识<br>变化观念与平衡思想 | 证据推理与模型认知<br>科学探究与创新意识 | 科学探究与创新意识<br>科学态度与社会责任 |
| 评价、交流 | 分析、讨论 | 讨论、交流 | 表达、交流 |
| 诊断"绿色化学"意识和对化学反应进行评价的水平 | 培养化学基本原理应用能力和问题分析与解决的能力 | 培养对知识的概括与提炼能力，运用模型表征生产工艺 | 培养"绿色化学"的方案的优化与改进能力和创新意识 |

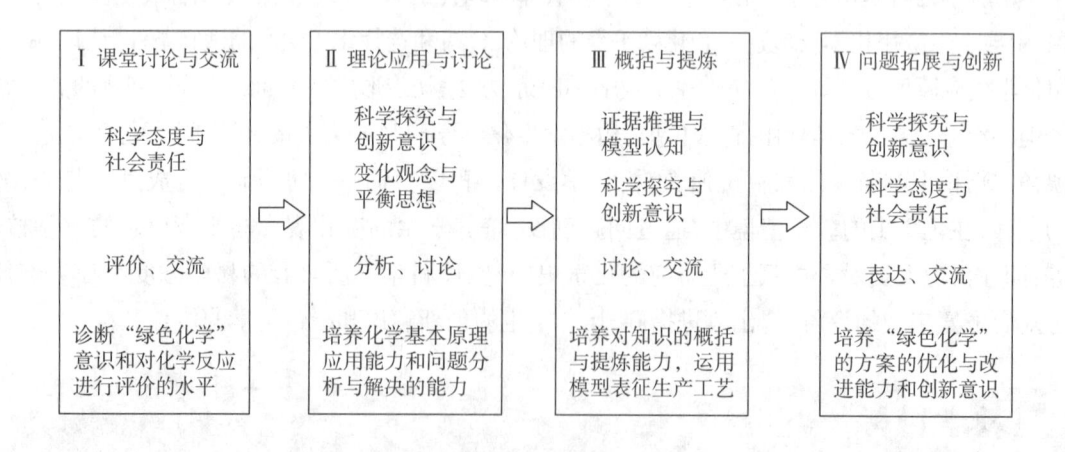

## 六、教学过程

### （一）课堂讨论与交流

【学习任务1】对固氮方式的评价与交流。

【评价任务1】诊断并培养学生的"绿色化学"意识和对化学反应进行评价的能力。

```
┌─────────────────────┐              ┌─────────────────────┐
│     展示：          │              │   真实情境素材      │
│ 粮食危机与氮的固定  │              │                     │
│     的意义          │              │                     │
└──────────┬──────────┘              └──────────┬──────────┘
           ▽                                    ▽
┌─────────────────────┐              ┌─────────────────────┐
│     提问：          │              │ 诊断学生对已有知识  │
│请说明为什么要进行氮 │              │ 的掌握程度，诊断学  │
│的固定？             │              │ 生用化学用语解释实  │
│请说明氮的固定的方式 │              │ 际化学问题的能力    │
│有哪些？             │              │                     │
│请对三种固氮方式进行 │              │                     │
│评价。               │              │                     │
└──────────┬──────────┘              └──────────┬──────────┘
           ▽                                    ▽
┌─────────────────────┐              ┌─────────────────────┐
│    评价交流：       │              │ 诊断学生的"绿色化学"│
│ 对三种固氮方式进行  │              │ 意识以及评价、交流  │
│     评价            │              │ 的能力              │
└─────────────────────┘              └─────────────────────┘
```

## （二）理论应用与改进。

【学习任务2】认识并分析合成氨工业的发展过程。

【评价任务2】诊断对知识的理解能力。

```
┌─────────────────────┐              ┌─────────────────────┐
│     认识：          │              │   真实情境素材      │
│ 合成氨的发展史      │              │                     │
│ 化学对工业生产的    │              │                     │
│ 指导作用            │              │                     │
└──────────┬──────────┘              └──────────┬──────────┘
           ▽                                    ▽
┌─────────────────────┐              ┌─────────────────────┐
│    讨论：           │              │ 诊断从资料中发现问  │
│ 勒夏特列探索合成氨  │              │ 题，解释问题的能力  │
│ 失败的主要原因？    │              │ 诊断用正确的化学用  │
│ 哈伯是如何制备纯净  │              │ 语表征所给信息的能  │
│ 的原料气？          │              │ 力                  │
└──────────┬──────────┘              └──────────┬──────────┘
           ▽                                    ▽
┌─────────────────────┐              ┌─────────────────────┐
│     认识：          │              │   真实情境素材      │
│ 哈伯的第一套合成氨  │              │                     │
│     工艺流程        │              │                     │
└──────────┬──────────┘              └──────────┬──────────┘
           ▽                                    ▽
┌─────────────────────┐              ┌─────────────────────┐
│    讨论：           │              │ 诊断运用反应速率理  │
│ 如何提高原料的利用  │              │ 论和化学平衡原理对  │
│ 率？                │              │ 实际的化工生产进行  │
│                     │              │ 分析的能力          │
└──────────┬──────────┘              └──────────┬──────────┘
           ▽                                    ▽
┌─────────────────────┐              ┌─────────────────────┐
│     认识：          │              │ 感悟科学家所具有的  │
│ 合成氨从实验室研究  │              │ 科学态度和社会责任  │
│ 到工业化生产中催化  │              │                     │
│ 剂问题的解决过程    │              │                     │
└──────────┬──────────┘              └──────────┬──────────┘
           ▽                                    ▽
┌─────────────────────┐              ┌─────────────────────┐
│    讨论：           │              │ 初步形成应用化学反  │
│ 如何选择适合的合成  │              │ 应原理分析化工生产  │
│ 氨工业的温度和压强  │              │ 条件的思路和一般方  │
│                     │              │ 法，初步形成把握主  │
│                     │              │ 要矛盾、统筹兼顾解  │
│                     │              │ 决问题的意识和能力  │
└──────────┬──────────┘              └──────────┬──────────┘
           ▽                                    ▽
┌─────────────────────┐              ┌─────────────────────┐
│     总结：          │              │ 赞赏化学对生产、生  │
│ 合成氨工业的最佳工  │              │ 活和社会发展的巨大  │
│     艺参数          │              │ 贡献                │
└─────────────────────┘              └─────────────────────┘
```

## (三)条件的概括与模型的抽象(提炼)

【学习任务3】认识合成氨工业生产流程的模型,对合成氨工艺流程提出改进方案。

【评价任务3】诊断对知识的概括与提炼能力,模型认知能力;培养创新意识和"绿色化学"的观念。

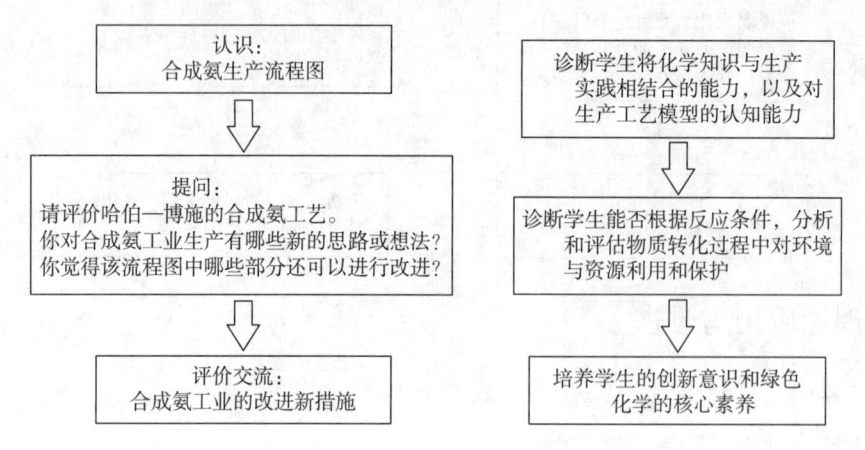

```
认识:                          诊断学生将化学知识与生产
合成氨生产流程图                实践相结合的能力,以及对
      ↓                        生产工艺模型的认知能力
提问:                                  ↓
请评价哈伯—博施的合成氨工艺。   诊断学生能否根据反应条件,分析
你对合成氨工业生产有哪些新的思路或想法?  和评估物质转化过程中对环境
你觉得该流程图中哪些部分还可以进行改进?  与资源利用和保护
      ↓                                ↓
评价交流:                      培养学生的创新意识和绿色
合成氨工业的改进新措施          化学的核心素养
```

## (四)问题的拓展与创新

【学习任务4】认识合成氨工业研究的前沿和新动向,对本节学习内容进行检测与反馈。

【评价任务4】诊断学生对已有知识的掌握程度,诊断学生的知识应用能力,诊断学生对抽象模型的理解能力。

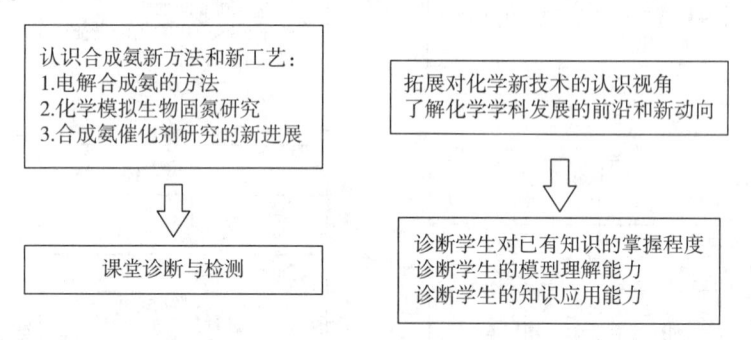

```
认识合成氨新方法和新工艺:
1.电解合成氨的方法              拓展对化学新技术的认识视角
2.化学模拟生物固氮研究          了解化学学科发展的前沿和新动向
3.合成氨催化剂研究的新进展
      ↓                                ↓
课堂诊断与检测                  诊断学生对已有知识的掌握程度
                                诊断学生的模型理解能力
                                诊断学生的知识应用能力
```

# 七、案例分析

本节课的教学是在学习了化学学科核心素养的基础上进行的。以往的教学是从"又快又多"即"化学反应速率与化学平衡"两个角度引导学生展开的,教师的关注点在知识的传授和学生的应用方面。通过核心素养的学习,我想尝试跳出教材本身,从合成氨的化学史入手,挖掘学科背后的育人价值。我觉得工业合成氨包含着很多培养学生核心素养的切入点——"变化观念与平衡思想、证据推理和模型认知、科学探究与创新意识、科学态度和社会责任",怎样在教学设计中,运用合适的载体将它们渗透下去,是要反复思考并做出取舍的。

我觉得本节课自身的教学内容并不是很难,绝大部分学生都能够从反应速率和化学平衡两个维度选择合成氨的适宜条件。所以我增加了原料气的制备与净化教学内容,这是对学生生产安全意识的培养和渗透;我增加了对三种固氮方式的评价,引导学生客观地认识生产生活中的问题,形成"绿色化学"的观念,并为后面合成氨工业的改进埋下伏笔;我还增加了对合成氨工艺的改进讨论环节,这是为了让学生开阔思路,了解化学学科发展的前沿动态——从模拟生物固定技术的介绍到模拟光合作用吸收原料气中的$CO_2$,"绿色化学"的观念逐渐深入并且发展了跨学科综合考虑实际问题的能力。而其他领域对合成氨的探索和研究也让学生的化学视野更加开阔,更加赞赏化学对生产、生活和社会发展的巨大贡献。

# 铝的重要化合物（学生实验）

上海市罗店中学　魏婷婷

## 一、设计思想

　　元素化合物作为中学化学的基础知识，是学生了解多彩世界、体会化学魅力的主要途径；它为学生形成化学概念和理解化学理论提供了丰富的感性素材，也是化学概念和理论的用武之地；化学实验在此大放异彩，也成为学生最有兴趣学习的部分。在设计铝的重要化合物时，坚持以探究作为本节课的主线，将教师放在一个引导者的位置，不断引导学生去发现规律，体验化学知识来源于实验这一理念。

## 二、教学目标

1. 掌握 $Al(OH)_3$ 的两性。
2. 通过学生分组合作实验探究 $Al(OH)_3$ 的制法。
3. 通过 $Al(OH)_3$ 的实验室制法和实验探究，认识两性氢氧化物概念；能写出 $Al(OH)_3$ 分别与强酸和强碱反应的离子方程式。
4. 通过 $Al(OH)_3$ 治疗胃病等素材，了解铝的重要化合物在社会生活中的应用，养成用化学视角关注社会、关注生活的观念。

## 三、核心素养发展目标

1. 引导学生学会科学的思维方法，提高学生观察、思考、分析、解决问题的能力。
2. 提高沟通、表达的能力，小组合作能力及实验探究能力。
3. 养成积极的探索精神和强烈的参与意识，激发学生的社会责任感。
4. 引导学生关注社会热点，关注身边的化学。

## 四、重点和难点

重点：$Al(OH)_3$ 的两性。

难点：两性氢氧化物概念的形成；学生分组合作实验，培养探究能力以及分析实验现象、获取有价值信息的能力。

## 五、教学用品

药品：$AlCl_3$ 溶液、氨水、稀 HCl 溶液、NaOH 溶液。

仪器：6 支小试管、试管架、胶头滴管、废液缸、吹管。

媒体和教具：多媒体设备；课件。

## 六、教学流程设计

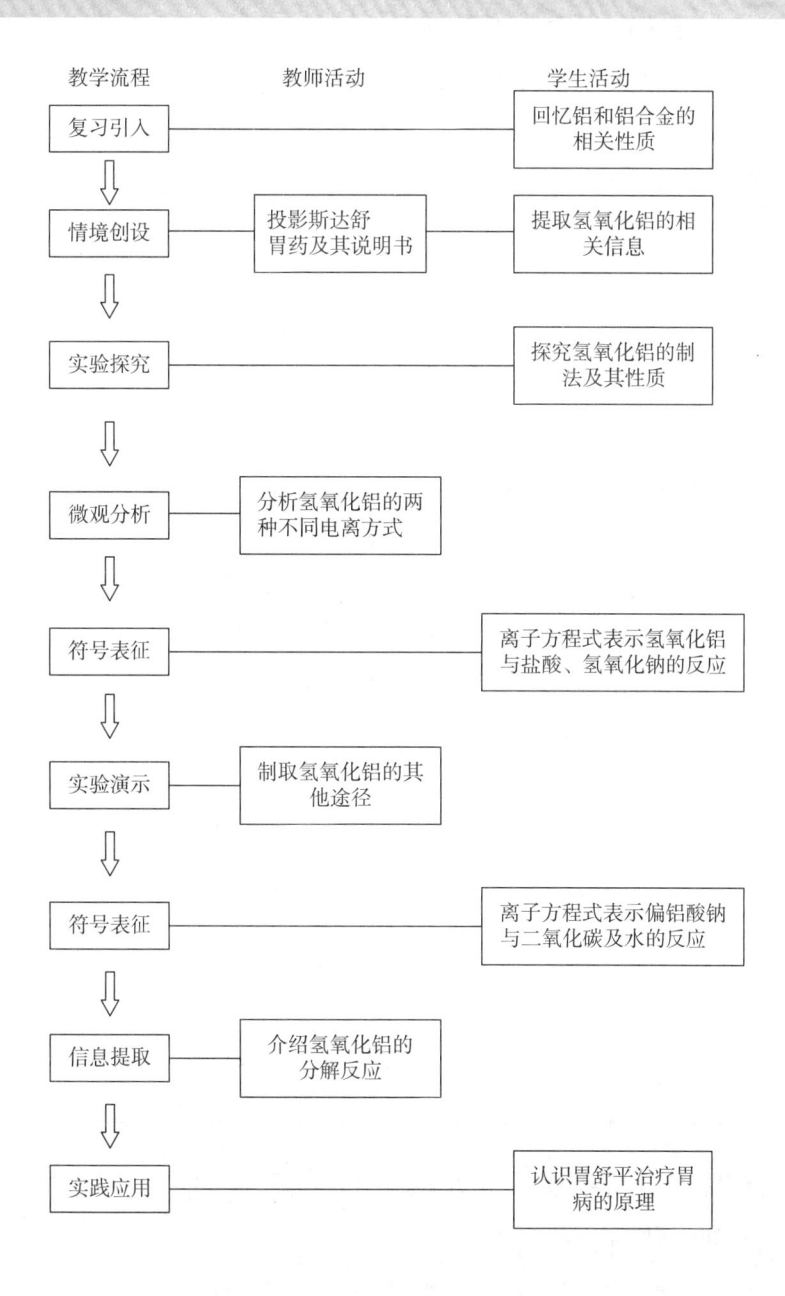

| 教学流程 | 教师活动 | 学生活动 |
|---|---|---|
| 复习引入 | | 回忆铝和铝合金的相关性质 |
| 情境创设 | 投影斯达舒胃药及其说明书 | 提取氢氧化铝的相关信息 |
| 实验探究 | | 探究氢氧化铝的制法及其性质 |
| 微观分析 | 分析氢氧化铝的两种不同电离方式 | |
| 符号表征 | | 离子方程式表示氢氧化铝与盐酸、氢氧化钠的反应 |
| 实验演示 | 制取氢氧化铝的其他途径 | |
| 符号表征 | | 离子方程式表示偏铝酸钠与二氧化碳及水的反应 |
| 信息提取 | 介绍氢氧化铝的分解反应 | |
| 实践应用 | | 认识胃舒平治疗胃病的原理 |

## 七、教学过程

[复习引入]上节课我们学习了铝和铝合金的相关性质,知道了 Al 加酸可以转换成 $Al^{3+}$;加碱可以转换成 $AlO_2^-$;和水加热可以转换成 $Al(OH)_3$,这节课我们就来探讨 $Al(OH)_3$ 的相关知识。

[板书]铝的重要化合物——氢氧化铝

[情境引入]多媒体投影胃药"斯达舒"说明书。

[设问]通过阅读以上说明,你可以获取哪些信息?

[学生回答]$Al(OH)_3$ 能中和胃酸,说明氢氧化铝具有碱性。

[追问]氢氧化钠也有碱性,为什么不用氢氧化钠来制备"斯达舒"呢?

[提问]请同学们在学案上写出 $Al(OH)_3$ 与胃酸反应的化学方程式,并改写成离子方程式。

[学生板书]$Al(OH)_3 + 3H^+ \longrightarrow Al^{3+} + 3H_2O$

[提问]既然 $Al(OH)_3$ 具有弱碱性,是弱电解质,你能写出它的电离方程式吗?

[板书]氢氧化铝的电离方式:$Al(OH)_3 \rightleftharpoons Al^{3+} + 3OH^-$

[过渡]在实验室我们如何制备氢氧化铝呢?

[投影]提供药品:$AlCl_3$ 溶液、稀 HCl 溶液、NaOH 溶液、氨水。

提供仪器:6 支小试管、试管架、胶头滴管、废液缸、吹管。

请同学们根据提供的仪器和药品,设计制备氢氧化铝的可能方案。

[讨论汇报][PPT]制备氢氧化铝的方案。

[分组实验]学生根据提出的方案,分组完成上述实验。

[提示](1)注意分工合作,认真观察记录现象;(2)液体试剂用量一般 2mL 左右;(3)试剂要逐滴加入,边加边振荡;(4)制得的氢氧化铝备用。

[小组汇报][PPT]实验方案、操作方法、现象与结论。

| 实验步骤 | 实验现象 | 分析和结论 |
| --- | --- | --- |
| 实验1:<br>取一支试管,加入 1-2mL ＿＿＿ 溶液,逐滴加入 ＿＿＿ 溶液直至 ＿＿＿ 。 | (学生记录) | 化学方程式:＿＿＿＿＿＿<br>(离子方程式:＿＿＿＿＿＿)<br>化学方程式:＿＿＿＿＿＿<br>(离子方程式:＿＿＿＿＿＿)<br>结论:＿＿＿＿＿＿ |
| 实验2:<br>取一支试管,加入 1-2mL ＿＿＿ 溶液,逐滴加入 ＿＿＿ 溶液直至 ＿＿＿ 。 | | 化学方程式:＿＿＿＿＿＿<br>(离子方程式:＿＿＿＿＿＿)<br>结论:＿＿＿＿＿＿ |

[交流讨论]得出制备氢氧化铝的最佳方案。

[板书]氢氧化铝的实验室制法:

(1)氯化铝与过量的氨水

[学生板书]氨水与氯化铝反应的化学方程式、离子方程式：

$$AlCl_3+3NH_3\cdot H_2O \longrightarrow Al(OH)_3\downarrow +3NH_4Cl$$

$$Al^{3+}+3NH_3\cdot H_2O \longrightarrow Al(OH)_3\downarrow +3NH_4^+$$

[设疑]为何氢氧化钠滴入氯化铝溶液时，先出现沉淀后又消失了呢？

[思考交流]氢氧化铝可以溶于过量氢氧化钠溶液。

[启发引导]$Al(OH)_3$可以溶于过量氢氧化钠溶液说明了$Al(OH)_3$有什么化学性质？

[学生回答]氢氧化铝具有酸性。

[追问]氢氧化铝为什么既有碱性还有酸性呢？

[讲述并提问]$Al(OH)_3$可以看成$H_3AlO_3$，铝酸($H_3AlO_3$)是几元酸呢？

[回答]三元酸。

[讲述]大量科学实验表明$1mol\ H_3AlO_3$只能消耗$1mol$的$NaOH$，说明$H_3AlO_3$是一元酸。

[微观分析]氢氧化铝与强碱反应的原因。

[板书]氢氧化铝的酸式电离方式：(此时完善氢氧化铝的两种电离方式)

$$AlO_2^-+H^++H_2O \rightleftharpoons Al(OH)_3 \rightleftharpoons Al^{3+}+3OH^-$$

[学生板书]氢氧化铝与盐酸、与氢氧化钠反应的离子方程式：

$$Al(OH)_3+3H^+ \longrightarrow Al^{3+}+3H_2O \quad Al(OH)_3+OH^- \longrightarrow AlO_2^-+2H_2O$$

[总结归纳]两性氢氧化物的概念。

[提问]那么$Al(OH)_3$能溶于弱酸吗？

[实验探究]

| 实验步骤 | 实验现象 | 分析和结论 |
| --- | --- | --- |
| 实验3：<br>向实验2中的试管里吹入_____气体直至_____。 | (学生记录) | 结论：_____ |
| 结　论 | 氢氧化铝是_____氢氧化物，具有_____性和_____性。<br>氢氧化铝既是三元弱碱，又是一元弱酸，能溶于_____和_____；<br>不溶于_____和_____。 | |

[提问]制取$Al(OH)_3$可以用可溶性铝盐和弱碱，能不能用偏铝酸盐呢？

[回答]可以，需要加入酸。

[演示实验]氯化铝中加过量的氢氧化钠溶液，分成两份，然后向一试管中逐滴滴加盐酸至过量，不断振荡；另一支试管中吹入过量二氧化碳气体。根据观察到的实验现象，引导学生加以分析。

[交流讨论]小组讨论得出结论和解释，写出相应的反应方程式。

$$NaAlO_2+CO_2+2H_2O \longrightarrow Al(OH)_3\downarrow +NaHCO_3$$

[思考讨论]偏铝酸盐可以和弱酸反应制取 $Al(OH)_3$。

[板书]氢氧化铝的实验室制法：

(2)偏铝酸钠与过量的 $CO_2$

[讲述]氢氧化物除具备两性外，其受热还可以分解。一般难溶氢氧化物受热都可以分解。

[板书] $2Al(OH)_3 \xrightarrow{\triangle} Al_2O_3 + 3H_2O$

[实践应用]胃液中含有盐酸，胃酸过多的人常有胃疼烧心的感觉，易吐酸水，服用适量的小苏打($NaHCO_3$)，能治疗胃酸过多，请写出其反应的离子方程式：_____；如果病人同时患胃溃疡，为防胃穿孔，不能服用小苏打，原因是：_____，此时最好用含氢氧化铝的胃药(如胃舒平)离子方程式：_____。

[归纳总结]引导学生归纳总结"铝三角"关系。

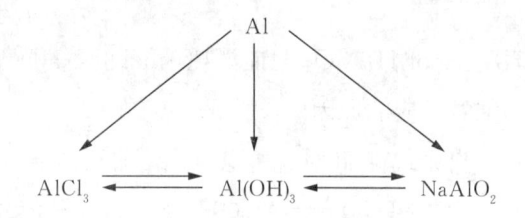

$$Al \rightarrow AlCl_3 \leftrightarrow Al(OH)_3 \leftrightarrow NaAlO_2$$

# 八、案例分析

## （一）教学设计的亮点

在教学设计时，充分利用探究实验的功效，采用实验、观察、交流与类推等方式来突破氢氧化铝的两性教学这一难点，促使学生在课堂学习中掌握好本课时的内容。一方面通过实验激发学生学习兴趣，调动学生的主体作用，另一方面通过实验使学生的认识经历感性认识再到理性认识的过程，培养学生的实验意识和创新思维。但难免会有较大难度，学生的实验基本操作能力，如动手操作能力、观察和提取信息能力及归纳总结能力等较弱，加之小组合作的默契程度不够，可能会导致实验操作阶段耗时较多，方案设计不理想。因此，本节课的教学设计采用"宏观—微观—符号"三重表征方式，先从宏观现象入手提出问题，然后猜想假设，在此基础上进行学生实验探究，对实验得出的结论再从微观角度分析本质，最后再通过符号表征结论，并引导学生应用结论解决社会生活中的问题。

## （二）教学存在的问题

本节课思维容量大，能力要求高，只有基础知识牢固，实验基本功扎实，方能实现本节课的教学目标。由于本节课涉及的化学方程式较多，并要求书写离子方程式，在此过程中耗费时间较多，加之学生分组实验的时间控制不够合理，导致未能在有效时间内完成教学目标，使得在总结时没有很好完善开头复习时留下的铝及其化合物之间的关系图，没有起到首尾呼应的效果。

两性氢氧化物概念的形成是本节课的难点，在微观分析氢氧化铝的两种不同电离方式时展开不够深入，应该从平衡移动的角度出发，深入探讨氢氧化铝和强酸、强碱反应的本质，氢氧化铝与强酸反应的实质是碱式电离出来的氢氧根离子与强酸电离出的氢离子结合，使得氢氧根离子的浓度降低，电离平衡被打破，向着碱式电离的方向移动，最终产物有铝盐；氢氧化铝与强碱反应的实质是酸式电离出来的氢离子与强碱电离出的氢氧根离子结合，使得氢离子的浓度降低，电离平衡被打破，向着酸式电离的方向移动，最终产物有偏铝酸盐。

　　在演示偏铝酸盐和酸反应实验时，由于实验药品没有偏铝酸钠，需要在氯化铝溶液中加过量的氢氧化钠溶液制备偏铝酸钠，在此过程中加入的氢氧化钠过量的多了，从而导致在吹入大量二氧化碳气体时被过量的氢氧化钠溶液吸收而未出现沉淀，影响了实验的效果。

　　在课堂的整体把控上存在不足，不能有效关注到每一名学生。虽然学生对实验的参与度和积极性很高，但课堂整体气氛相对沉闷，实验的探究性不强，基本上限定在既定的思路和步骤内，开放性的自主探究程度较小，此外，对生成性的课堂教学处理机智性有待加强和提高。

# 基于核心素养视角的教育设计
## ——以"醛"为例

上海市宝山中学　李 蔚

## 一、设计思想

本节课选自沪教版高二第十二章第三节第1课时"醛"。醛作为一种与我们生活密切相关的重要有机物,其性质的掌握与应用尤为重要。通过前面的学习,学生对不饱和烃及醇的结构与性质已经有了较为深刻的理解,初步形成了官能团决定有机物性质的基本观念,而醛中的碳氧双键(羰基)与烯烃中的碳碳双键有相似性,通过两者结构、性质的对比,从而使学生更好地理解醛基的性质。巩固"结构决定性质、性质决定用途"的化学核心思想,通过认识乙醛,知识迁移认识其他醛类化合物,同时为后面羧酸和酯类的学习方法做好铺垫、起到承上启下的作用。

教学设计通过日剧引入,使学生迫切地想知道醛的性质,甲醛是怎样的物质？毒性如何？会发生哪些化学变化？据此,结合教学内容及教学基本要求,本节课教学设计主要以"宏观辨识与微观探析"这一核心素养为中心展开。本节课通过电视剧片段导入新课,展示法医破案时的思考甲醛的用途以及甲醛进入人体内可能发生的变化,引发学生的求知欲,为探究醛的性质创设情境问题。在对比醛基与碳碳双键结构的基础上,预测醛的化学性质,引导学生从物质的微观结构与宏观性质的联系出发,通过官能团这个切入口对所学知识进行迁移。再由学生亲身经历"对比思考醛的性质—实验论证醛的性质—观察现象得出结论—迁移应用"这一完整实验探究过程,充分感受"结构决定性质、性质决定用途"的化学学习观,掌握化学必备知识,培养学科关键能力,促使"宏观辨识与微观探析"等核心素养的全面发展。

## 二、教学目标

1. 通过"醛的结构和化学变化的预测和探究",掌握醛的性质。培养运用化学模型,推理论证化学变化,归纳物质变化规律的一般方法。

2. 通过运用醛的性质来解释和解决实际问题,感悟化学知识在实际生活中的应用价值。

3. 通过完成"乙醛能否与氧化剂发生氧化反应"实验,养成认真踏实的实验态度和善于思考的科学精神。

## 三、核心素养发展目标

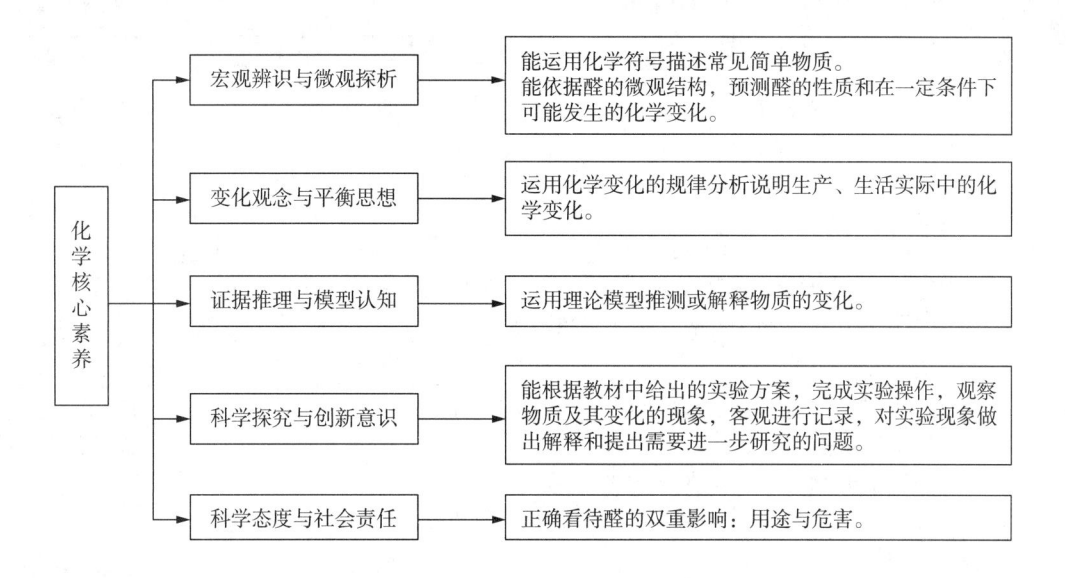

化学核心素养
- 宏观辨识与微观探析 → 能运用化学符号描述常见简单物质。能依据醛的微观结构，预测醛的性质和在一定条件下可能发生的化学变化。
- 变化观念与平衡思想 → 运用化学变化的规律分析说明生产、生活实际中的化学变化。
- 证据推理与模型认知 → 运用理论模型推测或解释物质的变化。
- 科学探究与创新意识 → 能根据教材中给出的实验方案，完成实验操作，观察物质及其变化的现象，客观进行记录，对实验现象做出解释和提出需要进一步研究的问题。
- 科学态度与社会责任 → 正确看待醛的双重影响：用途与危害。

## 四、重点和难点

醛的性质及应用；能将化学变化和理论模型之间进行关联和合理匹配；运用化学变化的规律分析说明生产、生活实际中的化学变化。

## 五、教学流程

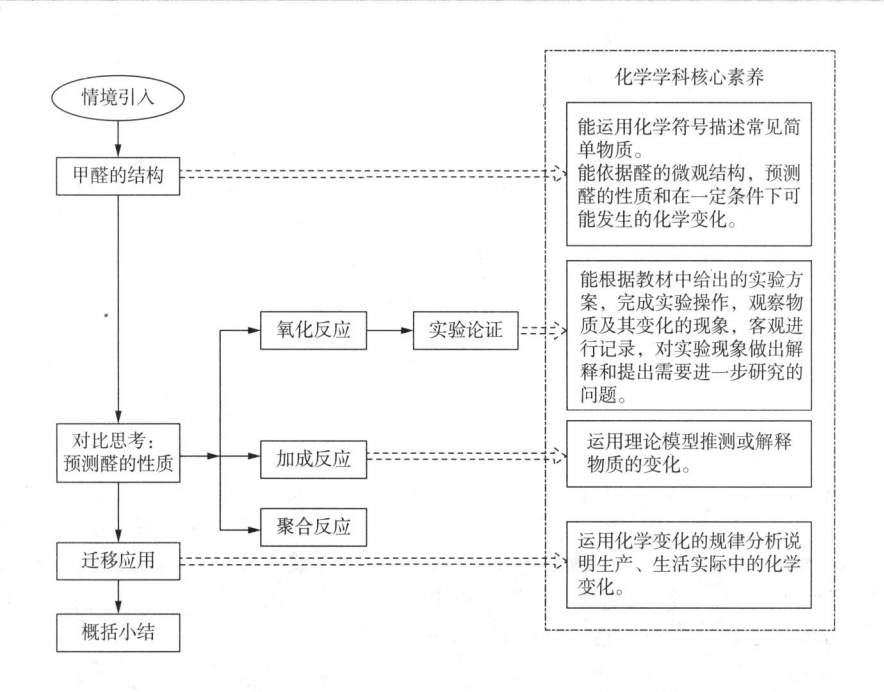

情境引入 → 甲醛的结构 → 对比思考：预测醛的性质 →（氧化反应 → 实验论证；加成反应；聚合反应）→ 迁移应用 → 概括小结

化学学科核心素养
- 能运用化学符号描述常见简单物质。能依据醛的微观结构，预测醛的性质和在一定条件下可能发生的化学变化。
- 能根据教材中给出的实验方案，完成实验操作，观察物质及其变化的现象，客观进行记录，对实验现象做出解释和提出需要进一步研究的问题。
- 运用理论模型推测或解释物质的变化。
- 运用化学变化的规律分析说明生产、生活实际中的化学变化。

## 六、教学过程

| 环节 | 教师活动 | 学生活动 | 设计意图 |
|---|---|---|---|
| 情境引入—提出课题 | 【引入】今天我们学习醛类化合物,请大家书翻到课本P62,请语文课代表读下第一段。甲醛有毒,毒性如何,为什么大家闻之变色?我们看看法医是怎么说的。<br>【视频】日剧《非自然死亡》片段。<br>【问题】从书本第一段和视频中,我们可以得知甲醛的哪些知识点?P63页第一段,划出知识点。 | 朗读。<br><br><br><br><br>甲醛有毒,是一种无色具有刺激性气味的气体,易溶于水,40%的甲醛叫福尔马林。 | 引入课题。 |
| 醛的结构 | 【设问】甲醛是最简单的醛,从视频中,我们可以知道其分子式是 $CH_2O$。<br>【练习】同学们能不能根据分子式写出它的结构式?<br>【板书】—CHO的结构叫作醛基,有醛基的有机物称之为醛。<br>醛的官能团符号:—CHO;<br>名称:醛基。<br>【讲解】所以甲醛的结构简式,省略C—H键后,写成HCHO有1个碳的醛称为甲醛,有2个碳的醛称为乙醛。<br>【练习】请同学书写乙醛的结构简式。 | 上黑板写。<br><br><br><br><br><br><br><br>上黑板写。 | 能运用化学符号描述常见简单物质。 |
| 醛的性质—对比思考—氧化反应 | 【提问】结构决定性质,醛的结构中含有碳氧双键,类似我们已经学过哪种双键的化学性质?<br>【设问】那么碳碳双键和醛基是否有相似性,今天我们就来探讨一下。<br>【设问】我们学过的含有碳碳双键典型的有机物是?<br>【练习】以乙烯为例,乙烯能发生哪些类型的反应,请同学在表格第一列填写。<br>【设问】乙烯能发生氧化反应,具体能与哪些物质发生氧化反应?<br>【提问】乙烯能够在氧气中燃烧,同学们设想一下,乙醛是否也能在氧气中燃烧?有理论依据支持你的猜想吗?<br>【练习】书写乙烯和乙醛分别和氧气反应的化学方程式。 | 碳碳双键。<br><br><br><br>乙烯。<br><br><br><br><br>燃烧能使酸性高锰酸钾褪色,大部分的有机物都能在氧气中燃烧。 | 能依据醛的微观结构,预测醛的性质和在一定条件下可能发生的化学变化。<br><br><br><br><br><br><br><br>能解释同类的不同物质性质变化的规律。 |
| 醛的性质—对比思考—实验论证 | 【提问】乙烯能使酸性高锰酸钾褪色,乙醛是否可以呢?请设计一个实验证明这个猜想。<br>【演示实验】<br>【讲解】乙醛能使酸性高锰酸钾褪色。从氧化还原的角度来分析这个反应,高锰酸钾是一种常见的强氧化剂,它遇到乙醛后,褪色,说明乙醛作还原剂,有还原性。 | 取1滴管的酸性高锰酸钾与试管中,滴加乙醛溶液,若紫色褪去,则乙醛能使酸性高锰酸钾褪色。 | 能对简单的化学问题的解决提出可能的假设,依据假设设计实验方案。 |

续前表

| 环节 | 教师活动 | 学生活动 | 设计意图 |
|---|---|---|---|
| 醛的性质—对比思考—实验论证 | 【设问】我们已知乙醛有还原性,如何验证乙醛还原性的强弱呢?<br>【讲解】我们用硫酸铜与氢氧化钠配置新制氢氧化铜悬浊液,+2价的铜处于最高价,有氧化性。请同学们实验论证乙醛能够与弱氧化剂氢氧化铜反应。<br>【学生实验】<br>【要求】一个同学做,一个同学记录实验现象,同时,思考同桌实验成功或失败的原因。<br>【提问】请一位同学描述实验现象。(PPT)<br>【提问】有的同学实验成功了,有的同学实验失败了,请分析原因,找出这个实验操作成功的关键在哪里?<br>【PPT】配置$Cu(OH)_2$时,NaOH溶液要过量;反应要煮沸加热。<br>【提问】生成的砖红色沉淀是氧化亚铜,铜元素从+2价降低为+1价,说明氢氧化铜有氧化性,那么乙醛会发生氧化反应转化为什么物质呢?(请同学们记下化学方程式) | 找一弱氧化剂与乙醛反应。<br><br><br><br><br><br><br><br><br><br><br><br><br><br>乙酸。 | 能根据教材中给出的实验方案,完成实验操作,观察物质及其变化的现象,客观进行记录,对实验现象做出解释和提出需要进一步研究的问题。 |
| | 【提问】+1价的Ag氧化性介于+2价的铜与高锰酸根离子之间,它是否也能与醛反应呢?<br>【演示实验】银镜实验。(实验论证)<br>【讲解】在试管里加入$AgNO_3$溶液,滴加1滴NaOH溶液,溶液变浑浊,生产AgOH。然后,一边振摇试管,一边逐渐滴入稀氨水,直至最初产生的沉淀恰好溶解为止得到的溶液叫作银氨溶液。再加入1mL乙醛溶液,振荡后把试管放在热水浴里温热。<br>【讲解】这个实验的关键是试管要干净,书上介绍的步骤是$AgNO_3$溶液中逐渐滴入稀氨水,直至最初产生的沉淀恰好溶解为止。氨水中有$OH^-$,反应开始也是得到AgOH,渐滴入稀氨水得到澄清的银氨溶液。原理是一致的,但由于NaOH是强碱,所以我的实验反应速度会快点。受热均分,加快反应速率。<br>【提问】我们请同学预测下醛与+1价的Ag溶液反应的实验现象。<br>【讲解】我们可以看到试管壁上附着有光亮的银,我们把这个现象叫作银镜,这个实验也称为银镜反应。<br>【PPT】<br>【小结】通过乙醛能与氢氧化铜和银氨溶液这些强、弱氧化剂发生氧化反应,可以知道乙醛有较强还原性。 | +1价的Ag氧化性强于+2价的铜,氧化性弱的能反应,则氧化性强的必能反应。<br><br><br><br><br><br><br><br><br><br><br><br><br><br><br><br>+1价的Ag化合价降低,变成0价的Ag,应该会有单质Ag生成。 | 能运用对立统一的思想揭示化学变化的本质。 |

续前表

| 环节 | 教师活动 | 学生活动 | 设计意图 |
| --- | --- | --- | --- |
| 醛的性质——对比思考——加成反应 | 【提问】接下来,我们对比思考一下,乙醛会不会和乙烯一样能发生加成反应?<br>【提问】乙烯能和哪些物质发生加成反应?<br>【练习】请同学在学案上书写乙烯和氢气反应的化学方程式,通过化学键的断裂和形成解释加成反应的原理。<br>【提问】仿照碳碳双键,写出乙醛与氢气发生加成反应的化学反应方程式,解释断键原理。<br>【讲解】乙醛和氢气发生加成,氢原子增多,也可以称为还原反应。<br>【讲解】乙烯可以形成聚乙烯;醛也可以发生聚合反应。生成书本 P62 页上指出的物质酚醛树脂,属于聚合反应中的另一种缩聚反应。 | 乙烯碳碳双键中的一根键不稳定,容易发生断裂,同时氢气中的 H—H 键也断裂。碳碳双键断裂后分别接上两个氢原子,形成乙烷。<br>溴水、水、溴化氢、氢气等。 | 能从宏观和微观上收集证据,能依据证据从不同角度分析问题,推出合理的结论,并运用理论模型推测或解释物质的变化。 |
| 醛的性质——难点突破 | 【PPT】<br>醛的性质——难点突破<br>$$\text{醇} \underset{\text{氧化反应}}{\overset{\text{还原反应}}{\rightleftharpoons}} \text{醛} \xrightarrow{\text{氧化反应}} \text{酸}$$<br>$$R{-}\underset{\underset{H}{|}}{\overset{\overset{O-H}{|}}{C}}{-}H \underset{Cu, O_2, \triangle}{\overset{H_2, 催, \triangle}{\rightleftharpoons}} R{-}\overset{\overset{O}{\|}}{C}{-}H \xrightarrow{Cu(OH)_2, \triangle} R{-}\overset{\overset{O}{\|}}{C}{-}O{-}H$$<br>【讲解】以上,我们了解了醛的反应类型,我们描述一下它发生氧化反应和还原反应过程中的断键原理。<br>【讲解】醛氧化得到酸,还原得到醇,醇可以再氧化得到醛。可以看出,醛在有机合成中起着重要的作用。 | | 能归纳物质及其变化的共性。<br>能从原子、分子分析化学变化的本质。 |
| 醛的性质——迁移应用 | 【讲解】醛的用途除了用于有机合成。在生活和学习中我们还会在哪些地方用到它们,使用时要注意哪些问题?<br>【设问】比如福尔马林在法医学中被广泛应用,视频中法医提到甲醛接触到空气氧化后成为蚁酸。蚁酸就是甲酸的俗称。这个化学变化符合醛的哪点性质吗?<br>【PPT】化学方程式。所以甲醛、乙醛的保存应与氧化剂类分隔存放、包装必须密封,且不宜久存。<br>【PPT】斐林试剂是德国化学家赫尔曼·冯·斐林在1849年发明的。常用于鉴定可溶性的还原性糖的存在。斐林试剂与单糖中的还原性糖(如葡萄糖)反应生成砖红色沉淀。<br>【问题】由此可知斐林试剂的主要成分是什么?还原性糖中可能含有哪种有机官能团?<br>【讲解】斐林试剂有个缺点是氢氧化铜要即配即用,不能长久放置,后来美国化学家本尼迪克发明了班氏试剂,对斐林试剂进行了改良,但其本质都是醛基和氢氧化铜反应生成 $Cu_2O$,凭借此原理检验糖尿病患者尿液中的糖分。 | 醛有还原性,氧气有氧化性,在空气中受到催化剂的影响发生氧化反应。<br><br>氢氧化铜。<br>醛基。 | 运用化学变化的规律分析说明生产、生活实际中的化学变化。 |

续前表

| 环节 | 教师活动 | 学生活动 | 设计意图 |
|---|---|---|---|
| 概括提升 | 【PPT】这节课,我们通过推导醛的结构,知道了醛的性质,并了解了醛在生活中的一些用途。<br>【总结】最后,老师要提醒大家的是:我们学习化学知识,要尊重科学伦理道德。运用所学知识和方法解决生活中的简单的化学问题,探讨某些化学过程对人类健康、社会可持续发展带来的影响。不能用化学试剂、化学理论危害他人或社会,造成不可挽回的错误。 |  | 培养学生的社会责任观。 |

附:板书设计

【醛的结构】

官能团名称:醛基;符号:—CHO。

【醛的性质】

1. 氧化反应。(有还原性)

(1) 燃烧。

(2) 与强氧化剂:能使酸性高锰酸钾褪色。

(3) 与弱氧化剂:与新制氢氧化铜反应,生成砖红色沉淀。

与银氨溶液,发生银镜反应

2. 还原反应:与氢气。

# 七、案例分析

## (一) 以热门日剧引入,激起学习探究兴趣

通过课本 P62 页第一段和日剧《非自然死亡》引入甲醛,通过阅读和观看视频。引导学生归纳甲醛在生活中的常见用途和物理性质。培养学生提炼信息、归纳信息的能力。

## (二) 通过类比的方法,解释物质反应规律

教学中以类比思维的应用为指导学生学习的主旋律,包含了碳碳双键和醛基中碳氧双键的性质比较,氢氧化铜悬浊液和银氨溶液氧化性的性质比较等,通过类比,给学生探究物质性质的思维指明了方向,使得学生可以依据知识的最近发展区进行推理,假设,进而通过实验验证,得出新的结论,这样就培养了学生的科学探究意识和科学研究的方法。

## (三) 以实验贯穿课堂,验证醛的氧化反应

整节课中,学生设计实验验证醛是否能使高锰酸钾褪色;学生课堂实验"乙醛能否与弱氧化剂氢氧化铜发生氧化反应";教师演示实验"银镜反应",整节课通过不同的实验手段演示了醛能

发生氧化反应。通过实验，培养学生严谨务实的科学态度，在学生做实验的过程中，教师细心提醒学生记录实验现象，出现反常现象时也应如实记录并分析原因。从而使学生养成认真踏实的实验态度和善于思考的科学精神。

### （四）通过知识的迁移，尊重化学伦理道德

通过化学史及生活中醛的应用，进行知识迁移，使学生能依据所学知识解释生活中简单的化学问题。最后，教师提醒学生，我们学习化学知识，要尊重科学伦理道德。运用所学知识探讨某些化学过程对人类健康、社会可持续发展带来的影响。不能用化学试剂、化学理论危害他人或社会，造成不可挽回的错误。

本节课中，需要改进的是醛的缩聚反应已经不在考纲范围以内，是否不讲还是一笔带过，值得考虑。

# 乙炔（第二课时）

上海市高境第一中学　许意达

## 一、设计思想

从导电高分子说起引入乙炔内容的学习，教学设计主要是通过对比、比较乙烯的结构、性质，让学生通过模型、实验等分析推断乙炔的结构、性质，通过乙炔气体的性质实验中的提问、观察、分析、解答，引导学生形成认真细致的科学态度与习惯。

## 二、教学目标

1. 知道乙炔的物理性质、主要用途；理解乙炔的分子结构、化学性质。
2. 通过乙炔的性质实验，感受结构决定性质的学科思想；从乙烯、乙炔结构的相似点出发，对乙烯的相关性质进行迁移，推断乙炔的性质。
3. 通过对乙烯和乙炔的比较，体验严谨求实的科学态度；领悟化学现象与化学本质的辩证认识。

## 三、核心素养发展目标

宏观辨识与微观探析：能从元素和原子、分子水平认识乙炔的组成、结构、性质和变化，形成"结构决定性质"的观念。

证据推理与模型认知：具有证据意识，能基于证据对乙炔性质提出可能的假设，通过分析推理加以证实或证伪；建立观点、结论和证据之间的逻辑关系。

## 四、重点和难点

乙炔的化学性质。

## 五、教学流程

从导电高分子引入乙炔 → 分析乙炔结构 → 归纳小结 → 讨论乙炔性质 → 乙炔的应用 → 归纳小结 → 实验论证 → 与乙烯性质相对照

## 六、教学过程

| 教师活动 | 学生活动 | 说明 |
|---|---|---|
| 【引入】播放一段和化学界"奥斯卡"相关的新闻——2018年诺贝尔化学奖的获奖情况。从而从2000年诺贝尔化学奖的研究成果导电性高分子材料聚乙炔引出这堂课的"主角"——乙炔。 | 观看,倾听。 | 通过对新闻的观看和学习,引起学生的学习兴趣。 |
| 【设问】能用来合成导电性高分子材料的乙炔具有怎样的分子结构呢?我们从分子式、电子式、结构式方面来了解。<br>【活动】给出乙炔分子式$C_2H_2$,请学生推导乙炔的电子式、结构式、结构简式。<br>提示:(1)写出乙烷、乙烯的结构式。<br>(2)乙烯中碳碳双键怎么形成的?<br>(3)乙炔中两碳原子的结合特点?<br>【补充讲解】乙炔分子中两个碳原子和两个氢原子在一条直线上,即C—H,键角为180°。乙炔分子结构呈现直线型。<br>炔烃:分子中含有碳碳三键的不饱和链烃。碳碳三键中有两个键容易断裂,化学性质较活泼。 | 书写乙烷、乙烯结构式,并从中推导乙炔中碳碳三键的结构<br><br>书写乙炔的电子式、结构式、结构简式。 | 在书写乙烷、乙烯结构式的过程中,复习并体会有机物结构式的书写方法。<br>通过归纳总结推导出乙炔中碳碳三键的结构。 |
| 【过渡】已学过的乙烯和乙炔一样也是不饱和链烃,碳碳双键中的一个也容易断裂。结构相似,性质也相似。乙烯可以发生哪些反应?<br>学生回忆回答:<br>(1)氧化反应(燃烧、与高锰酸钾反应)<br>展示乙烯、乙炔燃烧方程式和与高锰酸钾溶液反应现象。<br>【实验】高锰酸钾与乙炔的反应(请学生小助手一起实验)<br>纯的乙炔是无色、没有气味的气体,比空气稍轻,微溶于水,易溶于有机溶剂。<br>【问题】刚才所做实验发现制取的乙炔气体实际上有特殊难闻的臭味,为什么呢?<br>【补充讲述】实验室制取的乙炔气体是有特殊难闻的臭味,是因为电石中混有杂质,与水反应可得到$H_2S$、$PH_3$、$AsH_3$。因而乙炔中常混有$PH_3$、$H_2S$、$AsH_3$等杂质而有特殊难闻的臭味。<br>(2)加成反应<br>展示乙烯与溴水反应的化学方程式。<br>【实验】乙炔与溴水的反应。<br>【讲解】乙炔和溴在发生加成反应时,碳碳三键中的两个键是分步段断裂的。<br>(3)聚合反应<br>乙炔在一定条件下可以聚合生成聚乙炔。<br>【讲解】利用乙炔的性质,乙炔在生活中有很多用途:氧炔焰切割金属、制PVC材料。 | 复习回忆乙烯的相关性质。<br><br>观察实验,思考。<br><br><br><br><br><br>根据乙烯与溴的反应中碳碳双键断裂加成的特点,类比写出乙炔与溴分步加成的方程式。 | 以已学过的乙烯的性质作为铺垫,帮助学生学习乙炔的性质。<br><br><br>通过乙炔气体实际上有特殊难闻的臭味这一细节问题的提问,帮助学生形成认真细致的科学态度与习惯。<br><br><br>从乙烯的加成到乙炔的加成反应,锻炼学生知识迁移的能力。 |
| 【小结】结构决定性质,乙炔中碳碳三键的存在使得乙炔的化学性质活泼可以发生氧化、加成、聚合。 | | 加深学生结构决定性质这一观念的认识。 |

附：板书设计

【乙炔的结构】

$C_2H_2$　　　　$CH\equiv CH$　　　官能团：碳碳三键

【乙炔的性质】

1. 氧化反应。

(1) 燃烧；

(2) 与酸性高锰酸钾反应。

2. 加成反应。

3. 聚合反应。

# 七、案例分析

在第一次上这节课时，由于对学生知识掌握程度了解不够，怕学生写不出乙炔电子式和结构式。于是从原子结构开始一路讲到乙烷、乙烯、乙炔电子式书写。耗时太长，导致后面有关乙炔性质没有讲完。在赵老师的点拨和指导下，我重新修改了教案。改动如下：

从诺贝尔化学奖出发，从导电性高分子材料引入乙炔，激发学生学习兴趣。通过书写乙烷、乙烯的结构式，总结规律推断乙炔分子结构搭建乙炔分子模型，写出乙炔的结构式，电子式和结构简式(可让几个同学同时书写节约时间)。在学习乙炔的性质时，对比乙烯，运用已有的知识经验，结合化学实验验证，得到乙炔结论。一方面便于学生理解，另一方面也深化了化学中物质的结构决定物质的性质的理念，为后续学习苯、醇等铺垫。通过乙炔性质实验中一些细节问题处理，对学生形成认真细致的科学态度与习惯有明显作用。教学中始终贯彻结构决定性质这一学科思想，加深学生对不饱和烃共性与差异性，以及结构决定性质的认识。

# 海带提碘

上海市吴淞中学　边飞燕

## 一、设计思想

"3+3"高考模式下,教学方式的改变势在必行。实验教学从内容的选取、情景的创设再到呈现方式、教学模式的选择等各个方面,都值得我们去思考、尝试和探索。

高中化学中的实验设计通常是围绕问题解决展开的,寻找一个适切的问题作为载体,使学生能够运用所掌握的化学原理分析问题、设计评价实验方案,运用所学到的实验方法动手实验,获得结论,并能在实验的过程中不断发现新的问题、解决新问题。

从海带中提取碘的学生实验,设计意图旨在培养学生运用已有知识技能解决实际问题的能力,了解化学工艺流程设计的基本方法和步骤,感受实验在化学中的作用以及化学与生产生活的紧密联系。

本实验涉及的知识点多,综合性强,课堂容量大,有助于学生获得化学学习的成就感;同时,对学生的知识储备、思维容量、实验技能的要求都较高,可以说是机遇与挑战并存。

使用教材:《化学 高中一年级第一学期》(P40 上海科学技术出版社),教材配套的练习部分 P25。

## 二、教学目标

了解碘在自然界的存在,理解碘元素有不同的存在形式并可以相互转化;理解从海带中提取碘单质的基本原理。

初步学会从海带中检验出含碘物质,并设计出海带提碘的实验方案;理解萃取剂的选择依据;通过海带提碘不同的实验方案设计,从宏观和微观结合的视角分析问题,推出合理的结论。

体会查阅资料在实验设计中的重要作用;通过不同实验方案引起的思维碰撞,感知化学问题的复杂性;感悟到如何合理开发利用海洋资源是一条无尽的探索之路。

## 三、实验用品

实验仪器:试管、烧杯、坩埚、三脚架、泥三角、玻璃棒、剪刀、酒精灯、漏斗、分液漏斗、保温瓶等。

实验药品：食用优质海带、2%双氧水、1mol/L 稀硫酸、氯水（新制）、硝酸银溶液、稀硝酸、1%淀粉溶液、四氯化碳、95℃左右的热水、苯、无水乙醇、煤油、乙酸乙酯、植物油等。

## 四、核心素养发展目标

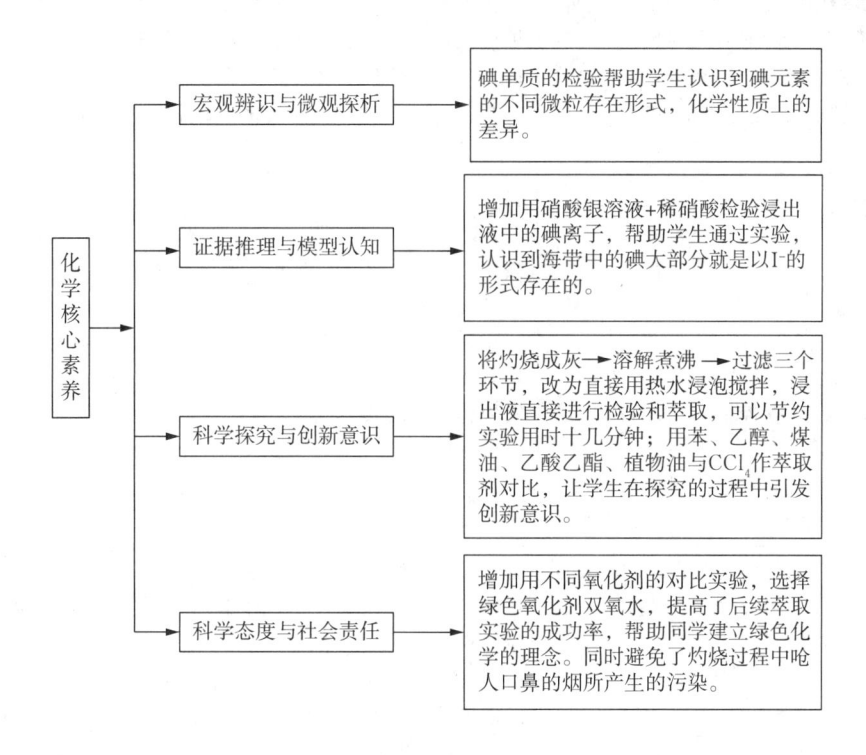

化学核心素养
- 宏观辨识与微观探析 → 碘单质的检验帮助学生认识到碘元素的不同微粒存在形式，化学性质上的差异。
- 证据推理与模型认知 → 增加用硝酸银溶液+稀硝酸检验浸出液中的碘离子，帮助学生通过实验，认识到海带中的碘大部分就是以$I^-$的形式存在的。
- 科学探究与创新意识 → 将灼烧成灰→溶解煮沸→过滤三个环节，改为直接用热水浸泡搅拌，浸出液直接进行检验和萃取，可以节约实验用时十几分钟；用苯、乙醇、煤油、乙酸乙酯、植物油与$CCl_4$作萃取剂对比，让学生在探究的过程中引发创新意识。
- 科学态度与社会责任 → 增加用不同氧化剂的对比实验，选择绿色氧化剂双氧水，提高了后续萃取实验的成功率，帮助同学建立绿色化学的理念。同时避免了灼烧过程中呛人口鼻的烟所产生的污染。

## 五、重点与难点

海带提碘的原理及实验操作。

## 六、教学流程

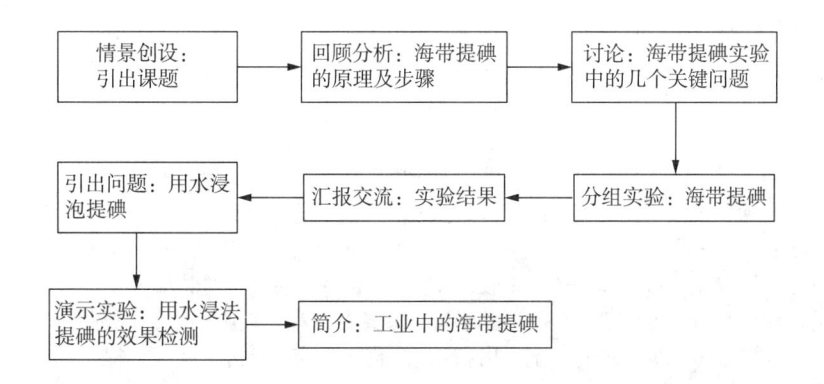

情景创设：引出课题 → 回顾分析：海带提碘的原理及步骤 → 讨论：海带提碘实验中的几个关键问题 → 分组实验：海带提碘 → 汇报交流：实验结果 → 引出问题：用水浸泡提碘 → 演示实验：用水浸法提碘的效果检测 → 简介：工业中的海带提碘

## 七、教学过程

| 教学环节 | 主要问题和任务 | 素养水平分析 | 教师活动 | 学生活动 |
| --- | --- | --- | --- | --- |
| (一)情境引入,问题初现,回顾分析 | 如何检验及提取海带中的碘?实验中除了用氯水作氧化剂外,还可以用其他氧化剂吗?在检验滤液中的微量$I^-$时,是先加氯水,还是先加淀粉溶液? | 科学探究与创新意识水平1:能根据教材问题设计简单的实验方案。 | 以图片和文字简介为何从海带中提取碘。提出3个问题:如何检验和提取碘;加入什么氧化剂;加入试剂的顺序。 | 阅读图片文字材料;根据已有经验设计海带提碘的方法步骤,并思考两个细节问题。 |
| (二)提出假设,实验验证 | 2~3滴淀粉溶液,再滴加适量氧化剂。通过实验发现选用氯水作氧化剂,要严格控制氯水的浓度和用量。理解后续实验选择双氧水作氧化剂的原因。 | 科学探究与创新意识水平1:观察物质及其变化的现象,客观进行记录,对实验现象做出解释,发现和提出需要进一步研究的问题。 | 进行演示实验1:分别以新制氯水和酸化的双氧水氧化和检验碘单质。 | 对比两种现象;产生思维冲突,发现氯水过浓会导致$I^-$直接被氧化到$IO_3^-$,看不到溶液变蓝;氯水过量会导致溶液出现蓝色后又很快消失。 |
| (三)核心问题呈现聚焦 | 对学生实验预习报告中两种不同的海带提碘方案:1.灼烧法;2.浸泡法进行讨论。 | 证据推理与模型认知水平3:能从宏观和微观结合上收集证据,能依据证据从不同视角分析问题,推出合理的结论。 | 组织学生就实验预习报告中两种不同的海带提碘方案:1.灼烧法;2.浸泡法进行分析讨论。 | 小组汇报实验方案的文献依据:1.教材中给出的信息。2.文献中给出的数据:海带中99.2%的碘为水溶性碘。浸出液中碘主要以$I^-$的形式存在,占浸出液总碘量的88.3%,其次为有机碘,占10.3%,$IO_3^-$含量最少,仅占1.4%。 |
| (四)完成实验操作并获得实验证据 | 完成实验,记录现象,确定实验证据和结果。部分小组实验1:实验按照教材中灼烧、煮沸溶解和过滤步骤,获得滤出液;部分小组实验2:热水浸泡法获得浸出液;全体小组实验3:硝酸银溶液+稀硝酸检验滤出液或浸出液中的碘离子;全体小组实验4:氧化(以稀硫酸酸化的双氧水)和萃取($CCl_4$)实验;部分小组实验5:以不同的溶剂萃取碘。 | 科学探究与创新意识水平2:能对简单化学问题的解决提出可能的假设,依据假设设计实验方案,组装实验仪器,与同学合作完成实验操作,能运用多种方式收集实验证据,基于实验事实得出结论,提出自己的看法。 | 允许方案合理的小组开设实验,观察各组进度,针对小组情况给予帮助或提出更高要求。根据差异,适时指导,深入探究。在同一实验课题下,由于实现方案设计的差异及实验内容的差异,采用灼烧法和浸泡法的小组实验进程差别很大,对于采用浸泡法已完成既定实验目标的小组,提出新任务。 | 进行学生分组实验,完成实验操作并获得实验证据。 |

## 八、案例分析

海带提碘实验按照教材中的步骤进行,时间紧张且成功率不高。教师通过预习作业,提出改进实验方案的问题,激励学生多方查阅文献;在课堂上将学生预习报告中两种不同的提碘方案(灼烧法、浸泡法)分别呈现,两种方案是否可行?哪种效果更好?引发了学生强烈的思维冲突碰撞。带着悬念的实验任务,极大激发了学生大胆假设,小心求证的实验热情。本实验采用浸泡法的小组将灼烧成灰→溶解煮沸→过滤三个环节,改为直接用热水浸泡搅拌,浸出液直接进行检验和萃取,节约实验用时十几分钟,同时避免了灼烧过程中呛人口鼻的烟所产生的污染。

增加用硝酸银溶液+稀硝酸检验浸出液中的碘离子,帮助学生通过实验认识到海带中的碘大部分就是以 $I^-$ 的形式存在的。

基于多元智能理论的小组合作学习方式,为学生在提出假设、设计实验、动手验证、交流质疑这个完整的探究过程中,充分发挥各自的优势智能创设平台,使学生为完成小组目标共同努力。

增加用不同氧化剂的对比实验,选择绿色氧化剂双氧水,提高了后续萃取实验的成功率,帮助同学建立绿色化学的理念。通过用苯、乙醇、煤油、乙酸乙酯、植物油等多种溶剂与 $CCl_4$ 做萃取剂的对比实验,突破教学难点,体现了实验方案设计的多元化及实验内容的差异化;实现了基于多元智能理论基础上的差异化教学策略:尊重差异,自主选择,探究学习。

演示及拓展实验之后,将海带提碘的原理回归到当今海带提碘实际生产工艺上,更好体现"生活——化学——生产——社会"这一永恒的主题。

附:实验报告

### 从海带中提取碘

[海带来源]　　　　　　　　　　　　　　　　　　　　　年　月　日

|  | 产品名称 | 配料 | 产地 | 保质期 | 生产日期 |
|---|---|---|---|---|---|
| 教师提供 | 乐惠宽叶海带 | 干海带 | 福建泉州 | 2年 | 2017.4.11 |
| 学生自带 |  |  |  |  |  |

[实验内容]

| 实验步骤 | 现象 | 解释或思考 |
|---|---|---|
| 1. 干海带剪碎(黄豆大小),置于坩埚中灼烧,至无烟成灰。 |  |  |
| 2. (1)溶解过滤。溶解可选用(①冷水,②热水,③煮沸)。过滤后滤液分多次待用;<br>(2)取滤液少许,加入 $AgNO_3$ 检验 $I^-$,并加入稀 $HNO_3$,观察沉淀是否溶解。 | 溶解时所用方法: |  |
| 3. 氧化(边滴加,边观察)(所用强氧化剂取用时请格外小心)<br>①氯水,②溴水,③稀硫酸+双氧水。 | 所选用的氧化剂: |  |

续前表

| 实验步骤 | 现象 | 解释或思考 |
| --- | --- | --- |
| 4. 用淀粉溶液检验 $I_2$。 | | |
| 5. 萃取与分液,所得含 $CCl_4$ 的混合液置于试管架统一处理。 | | |
| 备注:实验中观察到的异常现象或产生的疑问请及时记录。 | | |

[小组活动,书写感悟]

请4位小组成员每人一句,轮流写下自己对这节课的感言,并签名。

# 海洋中化学资源的提取

上海市罗店中学　纪淑文

## 一、设计思想

### （一）学习内容设计

依据《上海高中化学学科教学基本要求》中的"描述海水提溴的主要原理和过程""归纳海带提碘的主要原理和过程"，元素化合物性质及实验的学习要求，设计这节课。

### （二）课堂结构设计

本节课采用的教学方式有自主学习、互动交流、主题研讨等。自主学习、交流的思想源于陶行知先生的"小先生制"，主题研讨主要是参考了高校的一种课堂教学模式。

### （三）学情分析

这节课是在学生学习了高一化学中有关卤素的知识之后，对所学内容进行进一步的复习和总结，是对海水提溴和海带提碘进行深入理解和领悟。学生经过两个多月的高一化学学习，初步具备本节课学习的基础知识和基本方法。

## 二、教学目标

了解海洋资源，了解氯、溴和碘在自然界的存在；理解从海水中提取溴单质和从海带中提取碘单质的基本原理。

通过学习使学生能够归纳从海水中提取溴单质和从海带中提取碘单质的基本原理，描述海带中提取碘的实验步骤；知道相关物质提取、检验和分离的常用方法和步骤。

在学习过程中，使学生感知化学问题的复杂性，培养学生对复杂问题的处理和决策能力。

通过阅读交流培养学生自主学习能力；通过分组讨论帮助学生建立团队合作的意识；通过学生课上讲述，训练学生的语言表达能力。

通过从海洋中提取溴碘的学习，使学生感悟到自然是提供人类生活资源的重要来源，认识到开发利用海洋资源的重要意义;感受化学与生活、生产与技术的关系,增强学生保护环境、关爱人类的责任感。

## 三、核心素养发展目标

### (一)学科核心素养

能从不同视角对纷繁复杂的化学变化进行分类研究,逐步揭示各类变化的特征和规律;关注与化学有关的社会热点问题,认识环境保护和资源合理开发的重要性,具有可持续发展意识和绿色化学观念;深刻理解化学、技术、社会和环境之间的相互关系,赞赏化学对社会发展的重大贡献,勇于承担责任,积极参与有关化学问题的社会讨论。

### (二)学生核心素养

通过这节课的学习,培养学生的独立思考、敢于质疑和批判的创新精神,培养学生的科学精神与社会责任,理解化学、技术、社会和环境之间的相互关系。

## 四、重点与难点

重点:制备和分离提纯物质的一般方法和思路。
难点:理解工业方案的设计。

## 五、教学流程

### (一)流程图

引入 → 学生交流 → 师生交流 → 小结 → 思考

### (二)流程说明

1. 引入:PPT展示这节课研讨的五个主题。
2. 针对课上研讨的五个主题,依次分别进行学生交流、师生交流、小结。
3. 布置学生课后思考题。

## 六、教学过程

### （一）课前准备

教师布置预习任务并下发材料，学生查找、收集身边有关海洋中的化学资源的资料加以学习，针对海水提氯、溴和海带提碘的原理和过程，进行归纳和思考。

### （二）课上学习

主要以研讨交流形式展开。

【研讨内容】

主题一：海洋资源开发

(1) 目前已经被人们开发利用的海洋资源有哪些？

(2) 其中化学资源 $H_2O$、$Cl_2$、$Br_2$、$I_2$ 主要的提取方法是什么？

主题二：海水提氯

(1) 简述工业上从海水中提取单质氯主要的原理和过程。

要求：画出物质+操作的流程图，写出反应方程式。

(2) 工业上由 NaCl 制备 $Cl_2$ 采用的是电解法，为什么不用氧化剂将 NaCl 氧化，从而制得 $Cl_2$？

主题三：海水提溴

(1) 简述工业上从海水中提取单质溴主要的原理和过程。

要求：画出物质+操作的流程图，写出反应方程式。

(2) 工业制溴时，生成的单质溴 $Br_2$ 仍在海水里，由此制得粗溴的方法是什么？为什么可以采用这样的方法？

主题四：海带提碘

(1) 简述实验室从海带中提取单质碘的基本原理和过程。

要求：画出物质+操作的流程图，写出反应方程式。

(2) 实验室从海带中提取碘，得到单质碘的水溶液后，分离提纯时为什么用 $CCl_4$ 萃取后蒸馏进行富集，而不是采用热气流吹出？

(3) 工业上从海带中提取单质碘，得到单质碘的水溶液后，分离提纯时一般采用外加试剂氧化还原的方法，而不采用 $CCl_4$ 萃取后蒸馏，原因可能是什么？

主题五：海洋资源的保护

在开发利用和保护海洋资源的过程中，你认为要注意的是什么？具体措施有哪些？

### （三）课后反馈

布置学生思考题：通过这节课学习，你对哪个问题还有进一步的思考，或者还有什么疑问，写出具体内容。

【总体思路】学生预习→交流研讨→补充拓展。

【总体设计意图】以学生为主体,教师为指导,充分发挥学生的主观能动性,使学生学会筛选信息,自主学习,体验学习的过程,回归学习的本质;教师通过问题引导,学生通过主题交流研讨,促进知识的迁移,形成良好的知识结构,完成学习任务。

## 七、案例分析

这节课的内容在高中化学中占有重要的地位,除等级考的基本要求外,还要培养学生的学科核心素养,而学习方法也将为以后类似知识的学习奠定基础。

### (一) 教学内容

这是一节对于卤素单质的制备和提取的单元学习设计,是对零散的相关知识点进行的梳理和深化,以培养学生"宏观辨识与微观探析""变化观念与平衡思想""科学精神与社会责任"等学科的核心素养。

卤族元素的单质及化合物的性质有差别,但也有其内在的联系和规律,可以对相关物质进行分类研究,通过采用比较、归纳、分析、综合等方法,掌握它们的共性和差异,并能运用符号表征物质及其变化,逐步揭示各类变化的特征和规律,从而实现对元素单质及化合物的个性和共性的较为深刻的认识。通过引导学生从物质的微观层面——卤素原子的核外电子排布的特点,来理解卤素单质提取方法的相似性和不同点,形成"结构决定性质"的观念,进一步学会根据物质的微观结构和反应的规律,预测物质在特定条件下可能具有的性质和可能发生的变化。

海洋资源中卤素的提取的设计意图,旨在培养学生运用已有知识解决实际问题的能力,了解化学工艺流程设计的基本方法和步骤,感受化学与生产生活的紧密联系。主题研讨围绕相关的问题展开,学生尝试运用所掌握的化学知识分析问题、评价生产或实验方案,并能在学习过程中发现问题、解决问题。同时培养学生的独立思考、敢于质疑和批判的创新精神,以及精益求精的科学精神。

目前,人类面临很多环境问题,亟须解决。通过这节课有关"海洋资源的保护"的学习,使学生关注与化学有关的社会热点问题,并认识环境保护和资源合理开发的重要性,培养学生的社会责任感,帮助学生理解化学、技术、社会和环境之间的相互关系,建立具有可持续发展意识和绿色化学观念,及对环境的保护意识。

### (二) 课堂结构设计

本节课设想通过课程策划,对化学教学内容进行重新整合,改善课堂教学结构,将自主学习和合作学习的理论和实践结合起来,在课堂教学中寻找恰当的教学和学习模式,以提高学生的自主学习能力。

以上教学方式的实施过程中,往往会出现"意外"的问题,即教师课前没有预想到但却临时生成的有价值的问题。这样的问题若能及时解决,往往会有"无心插柳柳成荫"的意外收获。抓住和利用课堂中的灵感和火花,会取得意想不到的教学效果。

学生在学习方法上有很强的可塑性,需要老师及时加以引导,当学生和老师配合默契时,"共振效应"就会出现,良好的教学效果自然会形成。

### (三) 得到的启示

这是一堂超出预期效果的课,学生提问、回答踊跃,体验了学习的过程和本质,培养了学生多方面素养,但是,有的方面还可以继续改进,争取做得更好。

1. 存在的问题

个别同学由于准备不充分,表达不清浪费时间;有的学生认真准备,但不愿意在课堂上表达自己的观点。

2. 改进措施

建立激励评价制度,展示预习成果,进行预习检测;充分利用小组进行交流,以小组间竞争,促小组内合作,注意培养合作精神;教学设计在内容上选择那些适合"交流讨论"的进行尝试;提供清晰明确的学习指示和有效的课外学习资料;在方法上进行有效指导,并及时鼓励。

学生通过日积月累,才能不断提高学习能力,才能实现终身学习和自主发展。同时,我们在培养学生的过程中,也勿忘提高完善自己,育人同时不要忘了育己,这样才能在教学这条路上走得更深、更远。

# 配制一定物质的量浓度的溶液

上海市淞浦中学　许　健

## 一、设计思想

### （一）教学分析

本课是高一第二学期第五章"评说硫氮的功与过"中第二节"认识物质的量浓度"的第三课时。学生刚学习了物质的量浓度的概念及相关计算，在这基础上学习这节定量实验课。实验教学是化学学科实施科学教育的重要途径。配制一定物质的量浓度的溶液这一实验课是学生进入高中以来的第一节定量实验课，上好这节课对学生以后的化学学习尤其是定量实验的学习是非常受益的。

本课内容在《2017 课程标准》中出现在主题 1《化学科学与实验探究》中，是必修课程学生必做实验。具体要求为："初步学会溶液配制的化学实验基础知识和基本技能"。在《上海市高中化学学科教学基本要求》中体现如下表所示。

| 学习内容 | | 学习水平(知识、技能) |
| --- | --- | --- |
| 19.1 定量实验 | 19.1.1 配制一定物质的量浓度的溶液 | C/B |

这堂课的明线是配制溶液的步骤及仪器选择，暗线是处处渗透的"精准"的科学思维。通过"精准"引导学生思考"实验仪器的选择、实验步骤的设计、实验操作的规范"等定量实验的主要知识点，达到知其然并知其所以然。并通过知识迁移、自主创新、相互质疑、合作学习等达到教学目标。

### （二）学习者与情境分析

此课之前，在知识储备上学生已学习了物质的量浓度的概念及相关计算，在实验技能上学生在初中学过溶解、引流等基本实验操作。认识烧杯、量筒、天平等实验仪器。由于上课班级为普通高中高一平行班，学生在思维能力、知识迁移能力、自主创新能力上有待提高，尤其对于化学实验的学习。他们既对实验活动有好奇心，又对实验的深层理解有困难。基于此特点，本课设计上先应用引导探究模式突破此实验的两大关键点，后放手让学生自主思考，自主创新，小组合作讨论并相互启迪、相互质疑，自主设计实验步骤，使学生能自主建构知识，增强其对此实验的深刻理解。另外根据化学实验的特点,采用信息技术辅导教学,无论是展示实验仪器的演变,播放实验步骤的操作录像等都为学生创设了利于学习的情境,提高课堂的学习效率。

## (三) 学科核心素养培养在课堂设计中的落实

| 学科核心素养 | 教学设计 |
| --- | --- |
| 宏观辨识与微观探析 | 本课是学生进入高中学习的第一节定量实验课,在高二还要学习更多的定量实验。所以这节课中如何让学生更深刻地感受到"精准"是定量实验之魂是重中之重,能为后续学习打下坚实基础。而如何深刻地理解"精准"则需要学生宏微结合的角度全面看问题。本课在小组讨论完善实验步骤的教学过程中如何让学生自主发现需要补充"洗涤"这一步骤,就需要学生从微观角度发现溶质微粒残留,从宏观角度理解洗涤操作的必要性。 |
| 证据推理与模型认知 | 这节课的重点灵魂是定量实验的"精准",通过这节课,让学生建立"任何定量实验的设计都是以精准为目标的"这一认知模型是本课的重点。所以本课重点设计了两个学生活动:一是定容仪器—容量瓶的设计,二是完善实验步骤。这两个活动都需要学生从"精准"角度出发思考问题。通过活动,学生对于定量实验的精准有了深刻理解。建立了这一认知模型后,在以后碰到定量实验,学生自然会应用这一认知模型,处处考虑"精准"来设计实验。 |
| 科学探究与创新意识 | 本课是典型的化学实验的理论设计课,学生体验定量实验及探究活动的核心思想与基本方法是重点。本课设计时先采用引导与探究结合的方法解决该实验的两大关键点。后采用学生活动、自主探究的方式解决实验仪器的选择及实验步骤的设计。充分调动学生积极性,从实验目的出发,依据精准思想,结合全组力量完成实验设计。本课设计了一个学生设计定容仪器的活动,充分发挥了学生的创新意识,能根据实验目的设计符合要求的实验仪器,学生展示的成果也形态各异且符合要求甚至具有美感。 |
| 科学态度与社会责任 | 本课设计合适的仪器,感知从实际出发解决问题的科学态度,体验创造发明的乐趣,发展学生对化学实验的好奇心与兴趣。通过小组合作探究,增强了合作意识。通过设计及完善实验步骤,养成独立思考、敢于质疑、勇于创新的精神。通过实验设计中精准思想的渗透,培养严谨的科学实验态度。 |

## 二、教学目标

1. 学会配制一定物质的量浓度溶液的实验方法。
2. 认识容量瓶的用途,学会容量瓶的使用方法。
3. 通过分析实验的关键点,完善实验步骤,体验完善实验方案的科学过程。
4. 通过精度较高的定容仪器设计,增强知识迁移运用能力及创新思维能力。
5. 通过设计适合的定容仪器,感知从实际出发解决问题的科学态度。
6. 通过小组讨论,构建一种良好的合作学习方式,体会到相互启迪、相互质疑、共同学习的快乐。
7. 通过实验设计中精准思想的渗透,培养学生严谨的科学实验态度。

## 三、核心素养发展目标

通过宏微观结合的角度理解配制溶液过程可能造成误差的操作,培养宏观辨识与微观探析核心素养。

通过建立定量实验"精准"的认知模型,理解配制溶液的实验步骤、实验仪器等,从而学会分析新的定量实验,甚至设计新的定量实验,培养证据推理与模型认知素养。

通过配制溶液实验,完整体验定量实验从实验目的出发,依照"精准"要求,设计实验步骤、选择实验仪器的科学研究过程,培养科学探究素养。

通过设计定容仪器的活动,培养创新意识素养。

通过实验设计中精准思想的渗透,实验操作中试剂的使用等培养严谨的科学态度与社会责任素养。

## 四、教学重点和难点

重点:配制一定物质的量浓度溶液的实验方法;容量瓶的正确使用。

难点:完善优化实验的过程中,学生自主探究、自主创新、知识迁移能力的培养。

## 五、教学流程

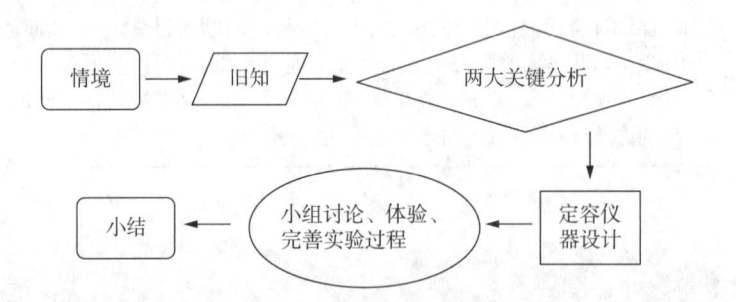

情境 → 旧知 → 两大关键分析 → 定容仪器设计 → 小组讨论、体验、完善实验过程 → 小结

## 六、教学过程

| 教学环节 | 教师活动 | 学生活动 | 教学策略与方法 |
| --- | --- | --- | --- |
| 环节1:创设情境,引入课题 | 【引入】你知道吗?化学实验中经常用到各种浓度的溶液,而买来的药品通常是固体。实验室中使用的溶液大都是实验员配制的。<br>【板书】课题:如何配制一定物质的量浓度的溶液。<br>【旧知】物质的量浓度。 | 【倾听】<br>产生学习兴趣。<br><br>打开笔记,记下课题。 | 创设情境,激发学生学习兴趣。 |

续前表

| 教学环节 | 教师活动 | 学生活动 | 教学策略与方法 |
| --- | --- | --- | --- |
| 环节2：复习旧知 | 【板书】$c=n_质/V_液$<br>【板书】实验目的：配制 500mL 0.1mol/L 的 $Na_2CO_3$ 溶液。<br>【分析】这是一个定量实验，定量实验对所需的物理量有很高的精度要求。此实验需要将固体配制成溶液，且浓度精确到 0.1。 | 集体回答物质的量。浓度的定义、单位、计算式。<br><br>【倾听】 | 巩固旧知，为后续两个实验关键点的分析做铺垫。 |
| 环节3：自主思考，理解关键点 | 【提问】配制时需精准定量的两大关键点是什么？<br>【分析】将溶质的物质的量转变成宏观的质量。<br><br>【提问】根据计算结果，分析定量"溶质的量"所需实验步骤及实验仪器。<br>【设问】如何将溶液体积精准定为 500mL？此步实验步骤命名为"定容"。<br>【提问】定容需要什么仪器呢？<br>【追问】需要什么规格的量筒呢？<br>【实物展示】500mL 量筒。<br>此量筒口径很大，故不精准。若将口径变成 10mL 量筒那样的就精准了，可却满足不了那么大的容积。<br>【提问】能否有个实验仪器既有较大的容积，又有较小口径精准定容的？能否将理想中的仪器画出来呢？<br>【PPT】演示定容仪器的演变。<br>这个新仪器的名称叫"容量瓶"。<br>【展示】实物：500mL 容量瓶。<br>图片：500mL 容量瓶。<br>介绍容量瓶和容量瓶的规格。<br>【提问】为何标示温度？<br>只有一根刻度线，表示什么含义？<br>本次实验需用什么规格的容量瓶？<br>【提问】本次实验的两大关键点已完成，老师提供给大家一些实验仪器。请同学们讨论还需什么实验步骤及实验仪器，体验如何操作，将表格补充完整。 | 【思考后回答】溶质的物质的量、溶液的体积。<br>【计算】全体学生动笔列式计算。<br>一个学生上黑板演示。<br>【思考、回答】<br>称量、托盘天平。<br><br><br>【思考、回答】量筒 500mL。<br>惊讶其那么大。<br><br><br><br>【思考、讨论】<br>自己设计仪器。<br><br><br><br>【回答】体积受温度影响。<br>液面最低处与刻度线相平表示液体体积即为标示体积。<br>500mL。 | 巩固计算格式，提高计算能力。<br><br><br><br><br>通过设计合适的仪器，感知从实际出发解决问题的科学态度，体验创造发明的乐趣。<br><br><br><br>体验实验仪器，有感性认识后激发自主探究能力。 |
| 环节4：自主探究、合作学习 | 【整理】根据学生的回答，整理实验步骤：计算、称量、溶解、转移、定容、摇匀。<br>实验操作方法：转移中的引流、定容中使用胶头滴管等。<br>【提问】转移前为何要冷却？<br>此过程是否还需改进？<br><br>【补充】转移后需洗涤烧杯和玻璃棒，洗涤液也需转移，洗涤一般 2~3 次。<br>【小结】根据图片回顾小结实验过程。<br>【对联】通过对联巩固实验步骤。 | 【体验仪器及讨论实验步骤】<br>【回答】学生回答。（几个）<br><br><br>【回答】溶解产生热效应，而温度会影响体积。<br>少量溶质残留在烧杯内壁和玻璃棒上。 | 小组合作，体验相互促进、相互竞争的学习乐趣。 |

续前表

| 教学环节 | 教师活动 | 学生活动 | 教学策略与方法 |
|---|---|---|---|
| 环节5：小结、巩固 | 【录像】配制500ml 0.1mol/L碳酸钠溶液。<br>【提问】本次实验用到了一个新仪器——容量瓶，谈谈你对容量瓶的认识，总结其使用方法。<br>【感悟】这是第一次学习定量实验，定量实验最重要的是精准，它包括实验仪器的精准及实验操作的精准两方面。根据此实验的学习，谈谈此实验中哪些地方体现了"精准"？<br>【作业】书本"思考与讨论"。<br>怎样用质量分数为37%、密度为1.19g/mL的盐酸来配制250mL 1mol/L的盐酸？ | 全班集体回答。<br><br>观看录像，体验实验过程。<br><br>【回答】容量瓶使用前需检漏。<br>容量瓶使用需选正确规格。<br>容量瓶不能储存溶液等。<br>【回答】天平、容量瓶等定量仪器的选择等。 | 信息技术的使用促进学生对新知识的理解，加快加深对新知识的掌握。<br>课堂小结的感悟为今后的定量实验学习打下基础。 |

## 七、案例分析

一定物质的量浓度溶液的配制是高中化学中重要的精确定量实验之一。通过这个实验教学，目的是训练学生实验操作能力，实验分析的思维能力等，这是高中少有的精确定量实验，精确度的问题会在教学中体现。

传统教学，尤其对于普通中学平行班的学生，由于学习能力的薄弱，课堂教学一般是老师讲解原理，介绍实验步骤并强调各种注意点，最后进行实验操作和误差分析。这样的教学往往造成学生死记硬背知识点，从而造成误差分析的不理解和实验注意点的疏漏。究其原因是教学过程中学生缺乏探索、缺乏思考、缺乏体验。所以本节课的设计初衷是引导学生主动参与、乐于探究、积极思考，培养学生获取新知识的能力、分析解决问题的能力、交流与合作的能力。基于此初衷，对于本节课我做了以下尝试。

对于实验步骤的分析和实验仪器的选择，放手让学生自主思考。为了利于学生思考，为其提供了小组合作的机会，实验仪器的体验等条件。期望学生在小组合作中通过相互协作、相互质疑等促进其思维的推进、思路的拓展和思维质量的加深；通过实验仪器的体验，促进对实验精准度的思考，如洗涤操作的必然性，定容时胶头滴管的选用等。从课堂反馈情况看，学生参与度高，思维积极活跃，课堂任务的完成顺畅且质量较高。

当然基于本校学生的实际情况，在自主思考实验步骤之前，我利用引导—探究模式设计了实验两大关键点的分析，为后期学生的自主探究搭建上坡平台。在设计这两大关键点分析时，通过复习物质的量浓度为分析做铺垫。在本课重点定容实验仪器——容量瓶的学习时，并不直接展示介绍，而是设计了从实验要求出发，利用已学仪器的选择与演变等，自主设计定容仪器，从而引入容量瓶的学习。这样的学习有利于学生对于容量瓶的知识掌握，如规格的选择这一薄弱点的加深。学生在顺利完成自主设计定容仪器之后，体验了自主思考的愉悦，对于后一重头环节——

自主探究、合作学习创造了良好的学习氛围与学习心态。

在大量的思维活动后,本课利用信息技术设计了教师实验的录像播放,给学生适当的身心调节。4分钟的实验操作录像观看可直接巩固加深学生对于此实验的操作认知,很好地达成此课重点内容的学习。在录像观看时,有一位学生为各个步骤作讲解,对学生观看录像时的思维活动起到了促进作用,也有利于该生和全班学生对于实验流程的巩固。

本课的小结做了两个精心设计,一是教学重点容量瓶的使用注意点小结,二是整个实验操作流程中哪些地方体现了精准。前一点是对教学重点的落实,后一设计则是对于学生科学素质的培养以及为后续实验的学习埋下伏笔。

本课的课后作业既有对本课知识点的针对性练习,对课堂教学内容进行巩固。又有对本课知识点的衍生练习,如用浓溶液配制的操作,以提升本课所学知识,使其萌发新的学习动机。

# PASCO化学传感器在"1mol气体的体积"教学中的应用实践(第一课时)

上海市吴淞中学　朱海英

## 一、设计思想

　　本章学习的三个课题分别属于气体密度法(测定1mol气体的体积)、重量法和容量法(滴定法)。"测定1mol气体的体积"这节课是学生第一次接触定量实验,缺乏将化学原理转换成实践操作的经验;由于定量实验的综合性较强,学生的分析能力和评价能力相对较弱,这些都增加了学习的难度。

　　学习"测定1mol气体的体积"这节课的一个难点是气体的体积和质量都难以直接测量,要通过排液量气的方法可以测量气体的体积,通过称量镁带质量确定氢气的物质的量。这种间接转换的思想方法是常用的科学研究方法,学生能从定性与定量结合上收集证据,对解决问题提出可能的假设,依据假设设计实验方案,提出自己的看法,基于现象和数据进行分析并得出结论。

　　通过使用PASCO温度传感器,可以从图表中快速发现镁带与稀硫酸反应时,气体温度升高,反应结束后不会迅速恢复到室温;通过使用心意答教学助手,学生可以清楚地观察到塞紧1mol氢气体积测定装置的最后一个塞子时,储液瓶中导管内液面上升,同时PASCO压强传感器显示装置内压强升高。学生立即明白了应用这种方法进行相关定量测定过程中必须关注温度和压强等因素的影响,认识到化学变化伴随着能量变化,能用数据、图表等处理实验信息,能对复杂的化学问题情景中的关键要素进行分析以建构相应的模型,能指出所建模型的局限性。

　　通过电子天平的使用,体会到技术的进步对科学研究的重要意义,以及人类认识世界必然存在逐步深入的过程。

## 二、教学目标

　　1. 理解测定常温下1mol气体(氢气)的原理和方法。

　　2. 知道化学反应气体体积测定仪的结构、原理,并初步学会用本仪器测定1mol氢气的体积,认识定量实验的一般过程。

　　3. 通过使用PASCO温度、压强传感器理解定量测定中产生误差的原因。

　　4. 认识定量实验中"准确性"的重要意义,感受定量实验中总存在一定的误差,感悟认真细致、实事求是的实验态度。

## 三、核心素养发展目标

本节课主要培养"证据推理与模型认知"和"科学探究与创新意识"化学核心素养。培养学生从定性与定量结合上收集证据,能通过定性分析和定量计算推出合理的结论。能根据教材中给出的问题设计简单的实验方案,完成实验操作,观察物质及其变化,客观地进行记录,基于现象和数据进行分析,发现和提出需要进一步研究的问题。

## 四、重点与难点

测定常温下 1mol 氢气体积的原理和方法;化学反应气体体积测定仪的使用。

## 五、教学流程

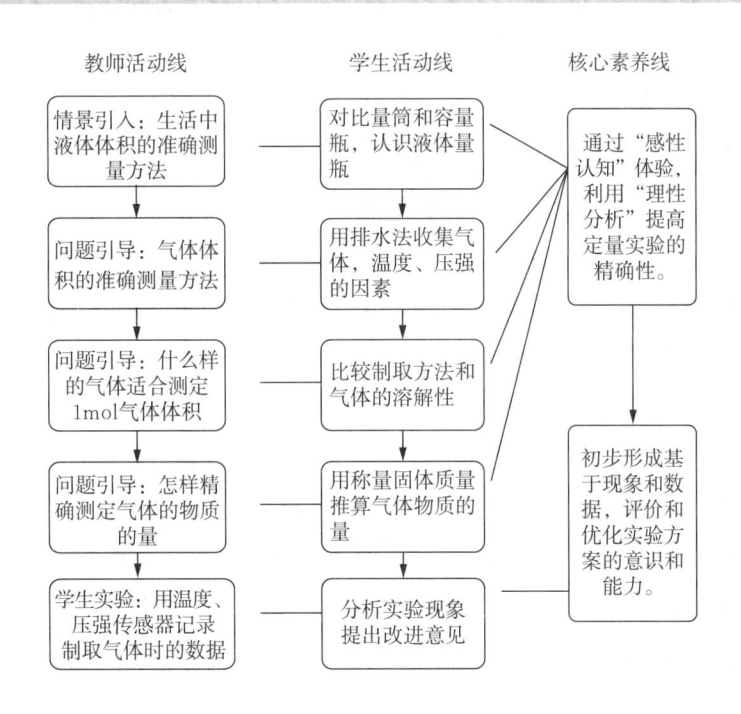

| 教师活动线 | 学生活动线 | 核心素养线 |
|---|---|---|
| 情景引入:生活中液体体积的准确测量方法 | 对比量筒和容量瓶,认识液体量瓶 | 通过"感性认知"体验,利用"理性分析"提高定量实验的精确性。 |
| 问题引导:气体体积的准确测量方法 | 用排水法收集气体、温度、压强的因素 | |
| 问题引导:什么样的气体适合测定1mol气体体积 | 比较制取方法和气体的溶解性 | |
| 问题引导:怎样精确测定气体的物质的量 | 用称量固体质量推算气体物质的量 | 初步形成基于现象和数据,评价和优化实验方案的意识和能力。 |
| 学生实验:用温度、压强传感器记录制取气体时的数据 | 分析实验现象提出改进意见 | |

## 六、教学过程

[引入]出示一瓶 1L 装的脉动饮料(未开封),我们怎么样可以知道这个瓶子里装的饮料是不是包装上标识的 1L 呢?

[生]用量筒测量体积。

[师]出示一只 10mL 量筒和一只 1000mL 量筒,我们怎么样可以更精确地测量出饮料的体积

呢？用哪个量筒更好呢？

[生]要用精确度高的量筒，但是用10mL量筒称量100次的话，误差也很大。

[师]也就是说，我们既需要容量大、又要精确度高的仪器，那这样的仪器大概是什么样子的呢？

[生]像容量瓶。

[师]很好，可以把容量瓶拿来直接使用吗？

[生]不行，容量瓶只有一根刻度线，我们需要有很多根刻度线，要有一个测量范围。

[师]出示液体量瓶，非常好，我们可以用这样的仪器，这是液体量瓶。如果测量出来，瓶中的饮料刚好是1L，当这个瓶子是空的，拧紧盖子，里面装的是什么？

[生]1L的空气。

[师]我们能马上知道空气的体积，运用的是什么测量方法？

[生]排水集气法。

[师]什么样的气体可以用排水集气法收集，并确定其体积呢？

[生]难溶于水的气体。

[师]如果在标准状况下，瓶中装了1L的气体，那气体的物质的量是多少？

[生]1/22.4 mol。

[师]如果这瓶气体从标准状况转移到我们现在的教室里，会发生什么变化？

[生]瓶中的气体温度升高、压强增大。

[师]如果想把气体的压强恢复到一个标准大气压，可以怎样做？

[生]放掉一部分气体或是降温。

[师]也就是说气体的体积会受到温度和压强两个因素的影响。那我们有没有办法通过实验测得此时的温度和压强下的气体摩尔体积？

[生]1mol气体的体积＝$V_{(气体)}/n_{(气体)}$

[师]在我们学过的实验室制取气体的方法中，选哪种气体比较合适呢？

[生]要无毒气体，难溶于水，也不能用加热的方法制取。所以选氢气比较好。

[师]氢气的体积可以用排水的体积测量，那怎么测量氢气的物质的量呢？

[生]可以根据方程式进行计算，用其他反应物的物质的量来转换成氢气的物质的量。

[师]初中阶段用锌粒与稀硫酸制氢气，从操作的角度上来讲，使哪种物质过量更易于操作、观察呢？

[生]硫酸过量，用锌粒的质量计算氢气的物质的量。

[师]在高一学原电池的时候，我们知道了纯锌与稀硫酸反应的速度很慢，会用粗锌代替，加快反应速度。现在要测量1mol氢气的体积，能不能用含有杂质的锌粒？

[生]不能用。要用纯净的金属。

[师]那要怎样选择合适的金属呢？

[生]不能用金属钠，还要比锌活泼。

[师]那可以根据什么规律去找?

[生]金属活动顺序表,可以用镁、铝。

[师]镁和铝的活泼性相差不多,那从计算的角度,选择哪种金属更方便呢?

[生]选择镁方便,镁的物质的量与产生的氢气的物质的量是1∶1。

[板书] 1mol $H_2$ 的体积 $= V_{(H_2)}/n(H_2) = V_{(H_2)}/n_{(Mg)} = V_{(H_2)} \times M_{(Mg)}/m_{(Mg)}$。

[师]我们刚刚改进了测量液体体积的仪器,提高了精确度;如果现在使用托盘天平称量镁带,准确度还没有菜市场的电子秤精确度高。所以今天为大家在介绍一个新的称量仪器"电子天平"。有人能告诉我这个仪器大概怎么用吗?

[生]先开机、去皮,和卖菜的电子秤一样的用法。

[师]很好,把生活经验结合进来,这些电子设备的基本原理不会相差太多。请一位同学上来演示一下操作,并读取一下显示的数据。

[学生实验操作]打开电子天平,按"置零"键,读数"0.000"g。

[师]从读数就可以看出,电子天平的精确度比托盘天平高了很多。那天平为什么要用玻璃罩子罩起来,还装了两扇门呢?

[学生活动]试着打开、关闭玻璃门,观察数据,结论是电子天平精确度高,很容易受到外界环境影响,数据容易变动,关上门稳定性好一些。

[师]电子天平的精确度比托盘天平高了很多。现在要直接用电子天平称量镁带的质量了吗? 出示镁带。

[生]镁带是黑的,还要擦去氧化膜。

[师]我们在等这位同学擦拭镁带的时候,先来一起看看这套测定1mol氢气体积的装置(如右图)。从左到右分别是气体发生器、储液瓶和液体量瓶。整套装置需要用四个塞子帮助形成密闭环境。在储液瓶中的红色液体是品红溶液,为了让大家观察起来更方便。反应容器的下面一个是加料口,储液瓶上面是加液口,那其他的两个口有什么用呢? 我们来观察一下。

[实验操作]用"心意答"教学助手的实物投影仪将储液瓶导管口的液面投到屏幕上,将装置的最后一个塞子塞紧。

[生]导管内液面上升。

[师]现在我打开PASCO的压力传感器,开始记录压力,然后连在储液瓶的第二个口上,大家观察到了什么?

[生]装置内的压力变大了,储液瓶中导管内的液面上升了。

[师]从这个测量结果我们能得出什么结论?

[生]导管内、外液面不平,装置内的压强会发生变化。导管内的液面高于导管外液面,装置内压强变大,气体体积会变小;导管内的液面低于导管外液面,装置内压强变小,气体体积会变大。这样用排水法测得的气体体积就不准。

[师]那我们怎样使导管内的液面下降到与导管外的液面重新相平呢?

[生]把气体抽掉一些。

[师]很好,我们可以借助打针用的针筒。请同学上来试一试。

[学生活动]一位同学将针筒插入加料口,拉动针筒,观察导管内液面的变化,一位同学用实物投影仪拍摄。

[师]谢谢两位同学,请大家再想一想,用来测定 1mol 气体体积的镁带和稀硫酸怎么放进去呢?

[生]从加料口放入镁带,用针筒注入稀硫酸。

[师]好的,现在请大家注意看,我现在针筒里吸 10mL 空气,然后将空气注入反应装置当中,你们会想到什么?

[生]加入稀硫酸的体积会增加排水的体积,所以要记录稀硫酸的体积。

[师]非常好,在这个反应装置上,我们分别连接测定压强和温度的探头,先请磨镁带的同学称量一下镁带的质量,放入气体发生器中,调整导管内液面高度,另一位同学用针筒抽取 10mL 稀硫酸。

[学生实验活动]加入镁带,调整导管内液面高度,打开 PASCO Capstone 的记录按钮,快速注入稀硫酸。观察实验现象和图中曲线的变化情况(如下两幅图)。

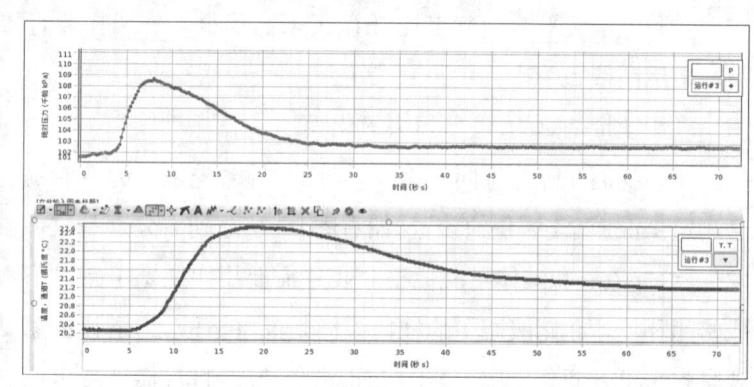

[师]从实验得到的信息,大家可以发现什么问题?

[生]反应后装置内气体温度升高了、压强增大了,储液瓶中的液体体积超过 130mL 刻度线,不能读数了。

[小结]很好,请大家课后讨论一下,怎样可以避免出现液体体积不在测量范围内的失败情况,怎样减小装置内压强和温度变化造成的实验误差,我们下节课一起进一步改进、完善这个定量实验。

# 七、案例分析

在课堂教学过程中使用 PASCO 化学传感器和"心意答"教学助手,一方面可以提高实验的观察效果,将压强、温度的变化变成更易观察的数据图表,根据图表信息,提出影响实验后气体排水体积准确性的装置内压强增大、温度升高的因素,然后提出提高实验精确度的具体措施。另一方面可以改变学生对化学实验使用烧杯、试管之类简单仪器的印象,也为学生提供一种开展研究性学习、创新实践的途径。

通过这节课的尝试,1mol气体体积测定的定量实验变得很容易理解和掌握。学生不仅学习兴趣很高,而且将物理知识和化学知识结合在一起,直观地体会到学科之间的关联,学习的态度更端正了。我也会继续将新的教学技术适当地应用到课堂教学中。

# 第三部分
# 研究性学习案例

# 校园塑胶跑道的污染与防治

上海市吴淞中学　焉　砚

## 一、设计思想

布鲁纳曾提出"知识的获得是一个主动的过程,学习者不应该是信息的被动接收者,而应该是知识获得过程的参与者"。对于高中生而言,未来对他们充满了挑战,他们的任务不仅仅是学好书本上的理论知识,更重要的是能对平时生活中感知的实际问题进行探讨。那么如何把培养和造就具有创新精神和实践能力的人才作为教学的宗旨,把创新作为推进学生发展的动力,把探究活动作为培养学生创新精神和实践能力的重要途径呢?学校教育的目的是致力于每个学生的发展,为学生的终身学习奠定基础。

上海市吴淞中学提出"让每一个学生都有一次研究的经历"的口号,多年来学校开设了内容丰富的研究性工作室,因此,绿色化学研究性学习小组开展了"塑胶跑道的污染与防治"的探究活动。早在2016年媒体不断报道苏州、无锡、南京、上海等地学生上学后集中出现了流鼻血、头晕、起红疹等症状,家长们怀疑与学校的塑胶跑道有关,随着新闻媒体关注的不断升温,塑胶跑道的污染问题愈来愈受到重视,保护校园环境成为热门话题,这一事件激发了学生的兴趣,他们主动查找资料、收集信息,进行实验探究,最终形成调查报告并撰写出论文。

## 二、教学目标

1. 了解塑胶跑道污染物的来源和危害。
2. 调查各污染源的防治措施。
3. 提出合理的改善校园环境的措施。
4. 培养学生通过各种途径获取信息,处理信息解决问题的能力。

## 三、核心素养发展目标

1. 引导学生学会科学研究的思维方法,提高学生观察、思考、分析、解决问题的能力。
2. 提高学生沟通的能力、小组合作能力以及实验探究能力。
3. 培养学生积极的探索精神和强烈的参与意识,激发学生的社会责任感。

4. 通过学习,引导学生关注社会热点,尝试解决力所能及的环境问题。

## 四、重点与难点

通过校园塑胶跑道的污染与防治的探究活动,初步形成绿色应用的意识,增强社会责任感。

## 五、教学流程

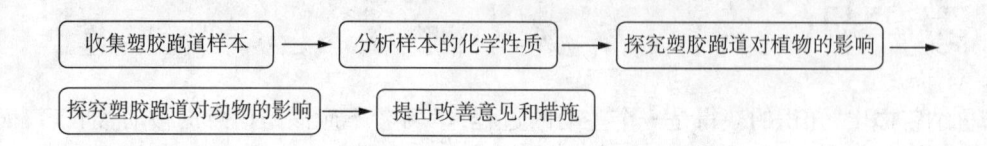

收集塑胶跑道样本 → 分析样本的化学性质 → 探究塑胶跑道对植物的影响 →

探究塑胶跑道对动物的影响 → 提出改善意见和措施

## 六、教学过程

【情景引入】国内外塑胶跑道最新的研究进展,分析塑胶跑道铺设过程中可能引起危害的化学物质及检测方法。研究学校塑胶跑道的加工和铺设工艺,从原料分析塑胶跑道毒害的根源。

【设计意图】提供大量信息和新闻素材探讨校园环境对师生健康可能带来的影响,具有理论指导实践的意义,学生明确探究目的,运用所学的化学知识和方法解决生活中复杂的环境污染问题。

**学生活动1——认识校园塑胶跑道**

通过多种途径查阅相关的资料,调查宝山区中小学塑胶跑道的基本情况,了解塑胶跑道存在的安全隐患。

活动要求:

(1) 调查三所以上同类型塑胶跑道的学校情况。

(2) 注明调查资料来源,设计调查问卷。

(3) 整理资料的内容要有自己的分析。

【设计意图】能积极参与社会实践活动,运用调查问卷等方法对有关的社会热点问题做出正确的价值判断,为实验方案的确立收集并整理信息。

**学生活动2——探究塑胶跑道的化学性质**

购买某厂家生产的同类塑胶跑道,选取新配制、一到两周、半年、一年等不同时间的样本并编号,送到上海市复旦大学分析检测中心,进行跑道挥发物和可溶性重金属的检测。

活动要求:

(1) 称取不同时间塑胶跑道样本各30 g,在60 ℃,时间为10—20分钟,用气相色谱仪、质谱仪检测挥发性有机物含量。

(2) 用原子吸收光谱测定可溶性重金属含量并记录数据。

使用仪器：气相色谱仪、质谱仪、原子吸收光谱仪。

注意事项：①参观复旦大学分析实验室，了解各仪器的使用原理。

②学会谱图的数据采集和分析。

③样本选择要考虑时间的连续性和全面性。

【设计意图】学习研究物质性质的方法，利用波谱、色谱等仪器，进行物质的分离、检验等不同类型的鉴定、鉴别实验，体会实验条件控制变量对完成科学实验及探究活动的作用。

**学生活动 3：探究塑胶跑道对周围植物的影响**

【探究实验 1】塑胶跑道浸出液对种子发芽的影响。

选取单子叶的水稻种子各 100 粒，双子叶的绿豆种子各 30 粒，放置于铺有塑胶跑道的 20 * 10 cm$^2$ 的玻璃容器底部，浸泡在 5%、10%、15% 等不同浓度的塑胶跑道溶液中，对照组是纯水，放于智能光照培养箱中，控制实验温度 25℃，湿度 70%，白天光照时间 12 小时，观察记录种子发芽的速度和出芽率。

【探究实验 2】含塑胶跑道颗粒的土壤对植物生长的影响。

选取水稻种子各 100 粒，绿豆、玉米各 30 粒，种于七种塑胶跑道土壤中：①对照组是纯土壤，②含 50% 新制塑胶跑道的土壤，③含 50% 一周塑胶跑道的土壤，④含 50% 半年塑胶跑道的土壤，⑤含 50% 一年塑胶跑道的土壤，放于智能光照培养箱中，实验温度为 25℃，湿度 70%，白天光照 12 小时，观察记录种子生长的速度，比较植物的茎叶长及种子破土率的不同差异。

【教师提问】

从这些实验数据中你能得到什么结论？塑胶跑道的浸出液对植物发芽有什么影响？含塑胶跑道的土壤对植物的茎、叶生长有哪些明显影响？这些影响与哪种重金属离子和有机物分子的含量有关？……

【学生回答】

根据水稻、绿豆、玉米的生长对比实验得出：无论单子叶还是双子叶植物，在含有塑胶跑道的浸出液和土壤中的发芽率、茎叶生长速度、破土率等均有不同程度的减缓，绿豆生长明显畸形。

【教师提问】

影响塑胶跑道周围植物生长的重金属离子、有机物分子从何而来？随着时间的推移，其含量变化有何规律？

【学生汇报】

有毒挥发物主要来源于跑道的胶水，新配制的塑胶跑道中苯的含量为 91.04mg/kg，超过国家标准 41mg/kg，经过一周到两周的 60℃ 高温处理，就会骤减到 1.87mg/kg，低于国标，随时间的推移，缓慢减少，半年后苯含量为 0.79mg/kg，一年后苯含量仅为 0.12mg/kg。

可溶性重金属盐来自塑胶跑道的催化剂等材料，其中铅元素含量相对较高，新配置出来的跑道铅含量为 25.0mg/kg 经过一到两周只下降 0.2mg/kg，半年后为 19.4mg/kg，一年后还有 2.3mg/kg，有明显的下降趋势。其余可溶性镉、铬、汞的含量相对较少。

综上，塑胶跑道周围的植物主要是受重金属铅和苯的共同影响。

【设计意图】在大学实验室向教授学习的过程中,学生不仅了解精密实验仪器使用方法和测量原理,还认识到通过图谱可以分析实验数据,重金属离子和有毒有机物分子对环境的破坏作用呈现出一定的规律,通过改变加工工艺可以减少污染物的排放。

学生活动4:探究塑胶跑道对周围动物的影响

【探究实验3】

模拟夏天的气候,在空调房中,将温度控制在30℃～40℃之间,随机选取15只小白鼠分成3组,每组各5只,在铺有塑胶跑道的环境下,每天放置小白鼠一小时,对比小白鼠一个月的进食量、活动频率、肝肾功能等,记录小白鼠各项指标有无显著性差异。

【教师提问】从这些实验数据中你得到什么结论?

【学生回答】

发现塑胶跑道散发的苯蒸气对动物的生理指标有明显的影响,小白鼠的食量明显下降,体重增长较正常小鼠缓慢,肝肾功能也出现明显差异。

【设计意图】探究塑胶跑道对动物影响的实验,能运用变量控制的方法初步探究反应规律;能根据物质的特征反应和干扰因素选取适当的检验试剂;能根据实验原理制作实验装置,能够使学生间接观察到有毒跑道对人类危害的程度,呼吁社会监管部门积极采取行动,加以整治。

学生活动5:提出改善塑胶跑道质量的意见和措施

【教师提问】毒跑道进入校园的原因?

【学生回答】

除了塑胶跑道铺设成本外,还有市场因素、供需关系、人为炒作、运输成本、政治因素等。

【布置任务】用一周的时间探讨解决问题的方法。

【学生交流】学生归纳出防治塑胶跑道污染的有效措施:

①改变塑胶结构;②推行环保材料;③使用环保生产工艺;④强化节能;⑤严格控制使用污染严重的胶水;⑥铺设植物草坪等有效的措施……

【设计意图】将治理有毒塑胶跑道的措施引入课堂,引导学生综合应用所学的知识处理实际问题,树立安全意识和环保意识,学生能与同伴进行合作交流,根据社会热点问题,进行分析和推理得出合理的结论,对治理校园污染的措施进行反思,说明证据和结论之间的关系,能用学生独特的视角表达和展示解决问题的能力,增强社会责任感。

# 七、评价和考核

评价由个人评价与小组评价相结合;课堂评价与学期评价相结合;学生自评、同学间互评与老师评价相结合。

学生学期结束前完成一份设计创作的成品或设计方案(科研小课题研究报告)。学生以个人或小组形式,申报一项区、市级以上课题,参加上海市青少年创新大赛、上海市明日科技之星、未来工程师大赛等。

| 评价项目 | 等第 | 评价指标 | 评价等级 | | | | |
|---|---|---|---|---|---|---|---|
| | | | A | B | C | D | E |
| 学习态度 | A<br>C<br>E | 主动参与活动,积极解决相关问题<br>参与部分活动,合作解决相关问题<br>不参与活动,不能解决相关问题 | 5 | 4 | 3 | 2 | 1 |
| 科学态度和科学精神 | A<br>C<br>E | 实事求是、严谨求实的科学态度<br>基本符合事实,偶尔出现错误<br>编造数据,修改实验记录 | 5 | 4 | 3 | 2 | 1 |
| | A<br>C<br>E | 主动求知,大胆质疑、有批判精神<br>虽有自己观点,跟随多数意见<br>从不提出质疑,等待他人结论 | 5 | 4 | 3 | 2 | 1 |
| 合作精神和交流能力 | A<br>C<br>E | 主动承担任务,交流信息与成果<br>能承担任务,在熟悉的环境中能够交流<br>等待分配任务,在公开场合从不发表意见 | 5 | 4 | 3 | 2 | 1 |
| 研究和解决问题的能力 | A<br>C<br>E | 研究方案设定合理,条理清晰<br>研究方案设定基本合理<br>方案设计逻辑混乱 | 5 | 4 | 3 | 2 | 1 |
| | A<br>C<br>E | 研究方法使用合理、恰当<br>研究方法使用基本合理<br>研究方法使用不切实际,实验目的无法达成 | 5 | 4 | 3 | 2 | 1 |
| | A<br>C<br>E | 研究环节安排得当,时间分配合理,媒体利用有效<br>对研究环节安排有考虑,但实验效率有待提高<br>研究环节安排无序 | 5 | 4 | 3 | 2 | 1 |
| | A<br>C<br>E | 对研究过程中新生成的问题、知识处理得当<br>对新问题有记录但未处置<br>对研究中出现的异常情况避而不谈 | 5 | 4 | 3 | 2 | 1 |
| 实验结果的准确性、科学性 | A<br>C<br>E | 实验数据记录完整<br>数据记录基本正确、完整<br>数据记录大部分错误(如有效数字、单位、遗漏等) | 5 | 4 | 3 | 2 | 1 |
| | A<br>C<br>E | 实验数据处理准确<br>实验数据处理基本准确<br>实验数据处理出现科学性错误 | 5 | 4 | 3 | 2 | 1 |
| | A<br>C<br>E | 分析合理、效果呈现明显<br>结果分析基本合理<br>没有分析 | 5 | 4 | 3 | 2 | 1 |
| 学习成果 | A<br>C<br>E | 有设计方案或作品,参加市级科技竞赛并获奖<br>对科技活动感兴趣,区级竞赛获奖<br>没有参加过任何活动 | 5 | 4 | 3 | 2 | 1 |
| 教师评语 | | | 总分 | | | | |
| | | | 等级评定 | | | | |

第三部分 研究性学习案例

## 八、案例分析

探究活动与一般意义上的学习最大的差别在于"研究","研究"这个词本身就具有挑战性,学生选择的研究内容往往是生活中自己最感兴趣,最能调动学习积极性的。当然,高中的探究活动和大学、科研机构的"研究"在内涵和要求上有着根本的区别。它形式上是"研究",实质上仍是学习,是一种综合性的学习,只不过是"像科学家一样"地学习。本活动利用了控制变量的方法,学生可以直接得到实验结果,给了学生分析实验方案的依据,大大地提高了交流与讨论的效率,在活动过程中师生有以下三点收获:

首先,激发问题意识,发现有价值的研究。

善于发现问题是探究活动的前提,学生只有产生疑问才能自觉、主动、竭尽全力地去观察、思考和探究,才能最大限度地发挥学生的主观能动性。这样学生就容易产生新的联想或进行知识的迁移,做出新的比较,综合出新的成果。教师用学生的疑惑积极引导和激发学生的好奇心,这是唤起学生创新意识的基础。因此在活动设计中,可采用小组讨论的形式来激发学生的问题意识。比如引导学生讨论感兴趣的话题,关注的社会热点,学习中的困惑等等,学生一般会选择适合自己年龄、认知水平、贴近生活的课题开展研究。

其次,充分利用校内外资源,创造必要的研究条件。

吴淞中学创立"道尔顿工坊"以来,开设了许多创新实验室,配备了先进的器材,为学生完成实验提供了许多便利条件。但学校不可能配备所有科学领域的实验器材,而学生的创新研究又是多方面的,这就需要依托校外的研究机构。学校本着"走出去、引进来"的原则,与高校、科研机构等各种资源进行整合,达到最大限度地利用和充分发挥,做到资源共享。

再次,开展科技活动,发现每位学生的特长。

学生在活动中获得好的成绩,会成为他们学习的动力,也会成为高校挑选人才的一个标准,所以活动中鼓励学生自主进行探究实验,教师对学生进行适当的指导,有利于发展学生的个性特长,培养学生的自信心和创造力。

当然,在活动过程中也存在几点不足之处:

活动中学生用到质谱—色谱仪、原子吸收光谱仪,这些仪器的使用超出高中学生的认知范围,实验需要在大学教授指导下完成测定和数据采集,所以相关结论也是在教授指导下分析得出的,以后应拓宽学生视野,与高校建立长期合作机制,让一部分学有余力的学生了解先进的设备和仪器,为科学研究做好充分的准备。

学生在实验环节有很多生成性的想法和问题,应该留出充足的时间讨论,让这些问题通过学生分析和交流来解决,从而激发学生对实验现象、结果,设计更多的思考,但是由于课堂时间有限,需要课后交流或下节课继续讨论。

应加强个别化的指导,"按需活动"。

探究活动提供给不同层次学生学习需求,活动指导应具有针对性和个性化。对于实验操作能力弱的学生可引导他们互相交流和讨论,对于实验动手能力强的学生可一边指导他们完成实验,一边引导他们分析原因,并探讨一些深层次问题,做到因人而异。

总之,设计"塑胶跑道污染与防治"的活动,其目的是让学生体验一种新的学习方式。与传统的学习相比,打破了学生学习的空间、时间和学科的界限,学习的深度和广度大大地增加,学生能体验到学习的乐趣。在活动过程中,培养了学生的化学核心素养——实验探究能力、科学精神和社会责任感等。

# "变废为宝——制作再生纸"活动设计

上海市吴淞中学　焉　砚

## 一、设计思想

造纸是我国四大发明之一,具有悠久的历史。千百年来,造纸的工艺在我国源远流传,再生纸制作简便、环保,再利用成本低,作为工艺品逐渐成为潮流,人们根据时代需要不断赋予再生纸新的生命,预示着造纸术并未退出历史的舞台,成为民族的符号。探索中国造纸文化项目来源于上海市吴淞中学"绿色化学研究性学习与艺术融合"这一单元,造纸是个很有文化内涵的主题,能让学生增强民族自豪感,提升爱国主义精神,学生通过设计、制作与测试等活动过程将所学知识与环保问题相联系,开阔视野,培养发散性思维和创新思维,提高动手实践能力,增强团队合作和表达交流等综合能力。

### (一) 教学分析

再生纸是以废纸做原料,将其打碎、去色制浆经过多种工序加工生产出来的纸张。其原料的80%来源于回收的废纸,因而被誉为低能耗、轻污染的环保型用纸。城市废纸多种多样,以不同类别的废纸为原料再制成不同的再生复印纸、再生包装纸等。再生纸一般可以分为两大类:一类是挂面板纸、卫生纸等低级纸张;另一类是书报杂志、复印纸、打印纸、明信片和练习本等用纸。

当前,许多国家已经生产和使用这两类纸张。其中,生产再生复印纸的原料就是办公用纸、胶版书刊及装订用纸等几类原本纸质就相对较好的城市废纸,其生产过程要经过筛选、除尘、过滤、净化等工序,工艺和科技的含量很高。随着人们环保意识的增强,再生纸制品越来越得到人们的认可和欢迎。通过本节课的学习帮助高中生建立从再生纸的制作到性能检测,再到工艺品加工、STEAM探索体验。

### (二) 学情分析

我国基础教育正由应试教育向素质教育转轨,而现代教育技术在现代信息技术的带动下得到迅猛发展和广泛运用,为素质教育目标架起了一道理想的桥梁,开展现代教育技术研究,正是按照教育要面向现代化、面向世界、面向未来的要求,正是为了更好地落实化学学科的核心素养,本着拓展学生们知识领域的跨学科学习目的进行教学探讨,提高学生对绿色化学理念的认识和社会责任。

## 二、教学目标

1. 认识造纸术历史及再生纸的发展,感受造纸术的历史价值和人文精神。
2. 尝试用 PASCO 传感器配制不同颜色的果蔬染料,分别用 DIS 力学传感器、光照度传感器等进行检测。
3. 利用所学的化学、物理、生物等知识,开展再生纸设计、制作与检测,培养学生的设计思维。
4. 通过观察思考、创意设计与制作过程,引导学生进行 STEAM 跨学科学习,培养学生发散性思维,发现与解决问题的能力,提高团队合作、表达交流等综合能力。
5. 通过拓展延伸,鼓励学生思维进行结构迁移,创作出更多的纸工艺品。

## 三、核心素养发展目标

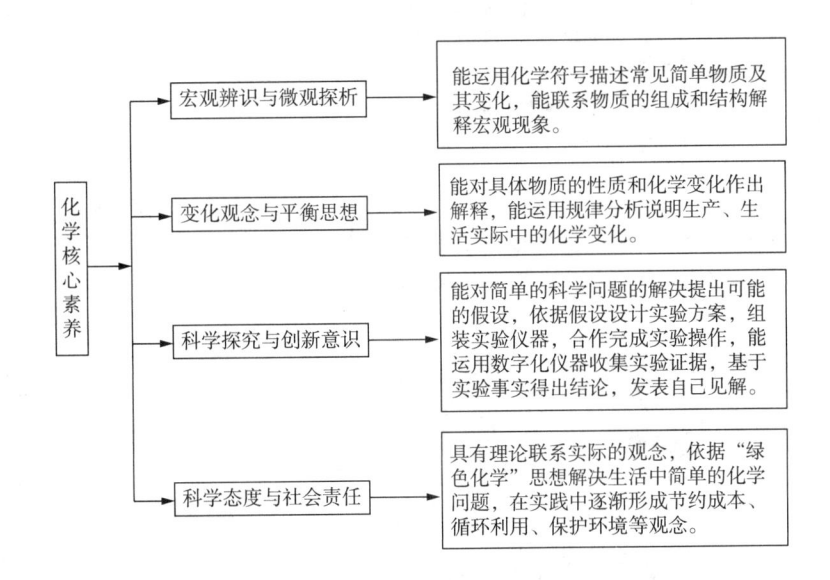

| 化学核心素养 | | |
|---|---|---|
| | 宏观辨识与微观探析 | 能运用化学符号描述常见简单物质及其变化,能联系物质的组成和结构解释宏观现象。 |
| | 变化观念与平衡思想 | 能对具体物质的性质和化学变化作出解释,能运用规律分析说明生产、生活实际中的化学变化。 |
| | 科学探究与创新意识 | 能对简单的科学问题的解决提出可能的假设,依据假设设计实验方案,组装实验仪器,合作完成实验操作,能运用数字化仪器收集实验证据,基于实验事实得出结论,发表自己见解。 |
| | 科学态度与社会责任 | 具有理论联系实际的观念,依据"绿色化学"思想解决生活中简单的化学问题,在实践中逐渐形成节约成本、循环利用、保护环境等观念。 |

## 四、教学重、难点

1. 尝试用 PASCO 滴数传感器、磁力搅拌器、PH 传感器配制果蔬染料,印染花草再生纸。
2. 分别用 DIS 力学传感器、光强度传感器等进行再生纸的性能检测。

## 五、教学流程

介绍造纸传统 → 制作再生纸 → 性能检测 → 作品展示

了解材料技法　　变量控制　　数字化实验　　解读创意

基本认识 → STEAM的探索 → 纸张的各种性能 → 艺术加工

## 六、教学过程

| 教学环节 | 教师活动 | 学生活动 | 设计意图 |
| --- | --- | --- | --- |
| 1. 介绍造纸历史以及再生纸的利用情况。 | 汉代造纸工艺流程图<br>①切麻 ②洗涤 ③浸灰水<br>④蒸煮 ⑤舂捣 ⑥打浆<br>⑦抄纸 ⑧晒纸 ⑨揭纸<br><br>展示再生纸,调查各国再生纸的使用情况?介绍中国造纸的历史,是古代劳动人民勤劳、质朴、聪明、智慧等品格的写照。 | 了解汉代造纸历史,现代生活中的纸张的广泛用途。思考在日常生活中为什么制造再生纸,并举例说明。<br><br>观察再生纸材料和图案的结构,能识别不同品种纸张的特色。 | 条理清晰地用语言表达,形成科学思维。 |
| 2. 制作再生纸 | (古法造纸 制作流程图)<br>1.准备工具 2.加纤维料 3.捣料 4.抄纸 5.卷型 6.二次造纸<br><br>(1) 将废纸剪成尽可能小的碎片,先放在沸水中浸泡15~30分钟,后放在脸盆里在水中浸泡24小时。<br>(2) 捞取湿纸片,以纸和水1∶2的比例,倒入榨汁机中打成糊状的纸浆。再将纸浆倒入脸盆中,再加入与纸浆等量的水稀释搅匀。<br>(3) 把纱网放到搅匀的纸浆中,轻轻地晃动,直到其表面的纸浆平坦,然后将纱网慢慢地拿出来。<br>(4) 将纱网放在有充足阳光的平坦地面上风干。 | 观看造纸录像,利用手中材料进行练习和创意染色,学生用自主、探究的方式掌握基本的造纸制作方法。<br>相互讨论,举一反三,有目的地进行再生纸工艺的探索、创新。 | (1) 学会对任务进行拆分,梳理工作流程。<br>(2) 熟练运用常用工具对材料进行处理。<br>(3) 按照操作流程进行制作,了解再生纸过程中的规范操作。<br>(4) 任何事物都是由部分组成的,了解整体与局部的关系。 |

续前表

| 教学环节 | 教师活动 | 学生活动 | 设计意图 |
| --- | --- | --- | --- |
| 3. 再生纸的染色 | (1) 连接仪器,搭建装置,并打开 PASCO 磁力搅拌器,放入 pH 传感器。<br>(2) 滴定管中加满溶液(酸溶液为 HCL,碱溶液为 NaOH)后打开活塞使溶液逐滴入烧杯。<br>(3) 每滴入一滴,滴数传感器亮一下,用以记录加入的液体体积。<br>(4) 记录紫甘蓝溶液的颜色与 pH 值的变化情况。<br><br>紫甘蓝色素从化学结构分类上属于花色苷类、花色苷是 18 种天然存在的花色素的糖苷化合物,为 2-苯基苯并芘或黄䓬盐离子的多羟基以及多甲氧基衍生物。<br>在一定的 pH 条件下,主要花色苷配基结构之间存在下列平衡:<br><br>蓝色的醌型碱 　　　　红色的䓬盐阳离子<br>(花色苷通式)<br>查尔酮(浅黄色) 　　查尔酮假碱(无色) | 通过实验现象发现紫甘蓝溶液可在不同 pH 值下得到多种颜色,染色效果明显。<br><br><br><br><br><br><br><br><br><br><br><br><br><br>记录实验数据,当 pH 值不同时,紫甘蓝主导的化学平衡不同,导致结构发生改变,颜色改变。 | 能对具体物质的性质和化学变化做出解释,能运用规律分析说明生产、生活实际中的化学变化。 |
| 4. 跨学科探究 | (1) 使用 DIS 力学传感器进行检测,将再生纸裁成 1cm 宽,10cm 长的纸条,对折,挂在传感器上,用力拉断纸条,记录力的最大值。<br>(2) 在光通量方面,通过 DIS 传感器进行测试,用同一光源照射纸张,纸张透过的光的通量不同。<br>(3) 次氯酸盐溶液与浆料中残余木素和有色物质作用,将它们氧化为结构比较简单的物质溶出或氧化成无色物质溶出,或保留于浆中,从而达到漂白的目的。 | 学生探究实验,控制变量,进行物理、化学实验,得出再生纸的韧性、透光度、漂白效果等数据,为再生纸的性质分析提供理论依据。 | 能对简单的科学问题的解决提出可能的假设,依据假设设计实验方案,组装实验仪器,合作完成实验操作,能运用数字化仪器收集实验证据,基于实验事实得出结论。 |

续前表

| 教学环节 | 教师活动 | 学生活动 | 设计意图 |
|---|---|---|---|
| 5. 裁切再生纸，创作花草纸、书签等 | 创作部分：裁切再生纸。<br>将绳子、竹片、线等缝合纸板，设计(选取花样、裁切)。<br><br>将裁切好的再生纸贺卡、书签上构图，注意大小、位置、聚散等构图因素，然后书写文字。<br>制作创意花草纸等需要用到的工具主要是花草、果蔬、淀粉。它的功能包括创作(画图)、染色、烘干三大部分；可以制作书签、贺卡、灯笼以及其他工艺品。 | 观察设计、裁切纸张。能理解它的工作原理和应用。课程中主要使用到的是印染工艺。小组合作裁切创意图案。 | 团队合作完成任务，培养学生的团队合作能力。 |
| 6. 展示及拓展 | 展示再生花草纸，设计工艺品，进行文创展、场馆展示。除了做灯笼、书签、贺卡外，教室装饰、办公室布置，道尔顿工坊、观澜书院的美化，都能利用再生纸设计出独具匠心的展品，发挥其艺术价值。 | 学生分组合作，教师个别指导。 | 学会设定评价维度，根据不同维度的标准进行客观的有依据的评价。 |

## 七、案例分析

　　纸是现代社会不可缺少的学习用品，在日常生活、学习、工作中有着广泛的应用，它的出现促进了人类社会的文明和文化的传播。现在大部分的学生只知道"树"是造纸的原料，并不了解纸张回收利用的价值，所以通过本节课学习可以使学生认识造纸术悠久的历史，体验制作再生纸的意义，培养动手能力，满足探究欲望，树立勤俭节约、保护环境的意识。

　　吴淞中学绿色化学研究性学习的学生从造纸的工艺着手，认识古法造纸术、制作果蔬染料、加工再生纸、创作纸质艺术品,体验跨学科、跨领域学习,激发学生对艺术设计、科学探索的兴趣。本节课是一节以学生为主体的自主探究学习的实践课,学生能运用发现、探究、总结、实践再继续探索的方式提高解决问题的能力,增强动手能力,发散思维,进行物理、化学、生物实验,得出再生纸的漂白效果、韧性、透光度等数据,为再生纸的性质分析提供理论依据。通过学习,学生能感受到再生纸制作的经济价值,逐渐形成保护环境,热爱生活、美化生活的意识,激发对科学的热爱,增强继承、保护传统造纸文化的使命感和责任感。我们的学生像科学家和工程师那样,注重运用所学的知识,尝试探索解决未知的问题,或许正是今天的STEAM项目学习,将培养的是未来造福全人类的伟大科学家和工程师。